AI 시대의 미디어 법과 윤리

MEDIA LAW AND ETHICS IN THE AGE OF AI

심석태 · 김민정 · 이혜온 · 김현귀 · 김선량 · 양재규
상윤모 · 이영희 · 손형섭 · 표시영 · 박아란 · 김가희

박영사

* 이 책은 방일영문화재단의 지원을 받아 저술 · 출판 되었습니다.

머리말

디지털 기술의 발전으로 인한 언론 환경의 변화를 얘기한 지는 벌써 30년이 다 되어간다. 여기에 최근 몇 년 사이의 급격한 미디어 환경의 변화로 언론은 더욱 복잡한 법적, 윤리적 문제에 직면하게 되었다. 허위조작정보의 확산이나 생성형 인공지능의 발전은 표현의 자유와 인격권 사이의 충돌이라는 전통적인 쟁점을 더욱 복잡하게 만들었다. 특히 저작권 등 다양한 측면에서 언론에 새로운 차원의 고민을 안겨주고 있다. 언론법제나 언론윤리 교육이 이런 변화를 외면해 온 것은 아니지만, 이제는 이런 측면을 더 본격적으로 반영해야 하는 상황을 맞고 있다.

이 분야의 대표적인 학술단체인 한국언론법학회는 지난 2017년에 출간한 『미디어와 법』에서 언론법제 전반의 다양한 쟁점을 깊이 있게 다룬 적이 있다. 표현의 자유에 대한 기본적 논의에서부터, 핵심적인 언론 관련 쟁점과 법제도까지 충실하게 다뤘고, 대학은 물론 대학원 교육에서도 사용할 수 있도록 구성했다. 그런데 시간이 흐르면서 개정판을 요청하는 목소리가 학계는 물론 실무계에서도 심심찮게 들려왔다.

드디어 지난해 초, 언론법학회는 출판위원회를 구성해 『미디어와 법』에 대한 개정 요청에 어떻게 응답할지를 논의하기 시작했다. 그로부터 딱 1년 만에 모든 작업을 마무리한 결과물이 바로 이 책이다. 그런데 보다시피 이 책은 『미디어와 법』의 개정판은 아니다. 일부 『미디어와 법』 집필에 참여했던 저자도 있지만 상당수가 새로운 얼굴이고, 무엇보다 소장 학자들이 여럿 참여했다. 물론 언론학과 법학, 학술 연구와 언론·법률 실무 등 다양한 경험을 가진 필자들의 협업으로 작업을 진행한 것은 언론법학회의 오랜 전통 그대로다.

기존의 저술에 AI의 발전을 비롯한 기술적 변화와 국내외의 새로운 법제나 판례를 보완하는 방식을 선택했다면 이전 필진이 각자 약간씩의 작업을 거쳐서 신속하게 마무리할 수 있었을 것이다. 그런데도 아예 백지에서 새로 시작하는 길을 선택한 것은, 지금의 변화를 조금 더 새로운 시각에서 들여다보기로 했기 때문이다. 출판위는 생각보다 깊고 빠른 미디어 환경의 변화를 어떻게 하면 조금이라도 더 생생하게 담아낼 수 있을지를 고민했다. 최근의 변화를 더 자연스럽게 받아들이고 있는 소장 학자들이 필진으로 많이 참여한 것도 이런 맥락에서다.

사안을 다루는 방식이나 책의 모양에도 많은 변화가 있었다. 각 장의 머리에서 학습목표나 학습사례를 제시하고, 마지막 부분에 핵심정리와 실전활용을 위한 체크리스트를 제공한 것은 독자들이 부담 없이 사용할 수 있도록 실용성을 높이려는 노력의 일환이다. 이 책을 주로 사용하게 될 학생들은 물론 예비 언론인이나 신입 언론인들이 편하게 볼 수 있도록 전문적인 용어나 장황한 설명을 생략했고, 판례도 확인을 위해 꼭 필요한 정보만 표시했다. 저자들의 이런 고려가 독자들에게 쓸모가 있기를 바란다.

내용 면에서는 가능한 한 중요한 쟁점을 빠뜨리지 않으려고 최선을 다했다. 가장 최근의 법률 개정을 포함한 국내외의 최신 동향을 반영한 것은 물론, 디지털 플랫폼 관련 쟁점도 충실하게 담으려 애썼다. 『미디어와 법』에서 다뤘던 일부 전통적인 주제가 빠졌지만, 대신 온라인 허위조작정보 문제나 점차 늘어나는 언론의 AI 사용에 관한 가이드라인 등 새로운 내용들이 대거 추가되었다.

저자들은 이 책이 언론을 공부하는 학생들과 예비 언론인들은 물론, 지금 다양한 언론 현장에서 뛰고 있는 언론인들에게도 법적 분쟁을 예방하고 윤리적 딜레마를 해결하는 데 실질적인 지침서가 되기를 기대한다. 일반 미디어 이용자들도 '초 다매체 환경'에서 도대체 어떤 언론이 믿을 만한 것이고 허위조작정보에 어떻게 대처해야 하는지에 대한 기준을 이 책에서 발견할 수 있었으면 좋겠다. 미디어리터러시, 특히 뉴스리터러시 교육에도 활용될 수 있도록 체계를 구성했다.

출판위원회를 구성한 지 불과 1년 만에 이렇게 모든 작업을 마무리할 수 있었던 것은 출판위원과 필진 모두의 헌신적인 노력 덕분이지만, 위원장을 맡은 김민정 교수의 추진력과 언론법제와 윤리 문제 전반을 아우르는 학문적 깊이를 빼놓고는 생각하기 어렵다. 출판위 구성 당시 학회장으로서, 이 자리를 빌려 김 교수께 각별한 감사의 말씀을 드린다. 김가희, 박아란, 상윤모, 양재규 위원의 수고도 기록으로 남겨두고 싶다.

각 분야에서 나름의 전문성을 구축한 연구자를 찾아내 필진을 구성하고, 여러 차례 토의를 거쳐 새로운 집필 방법을 결정한 뒤, 각자가 작성한 초고에 대한 상호 피드백까지 거치며 원고를 완성하는 과정은 결코 쉬운 일이 아니었다. 아쉬운 부분이 아예 없는 것은 아니지만 미디어 환경이 급변하는 상황에서 완성도를 더 높이겠다고 시간을 무한정 끌 수는 없었다. 앞으로 국내외 법제와 미디어 기술 환경의 변화를 적절히 반영할 기회가 있을 것으로 생각한다.

건강한 언론 생태계는 법적인 규제만으로는 만들어질 수 없다. 언론은 스스로 높은 윤리적 기준을 세우고 실천하는 자율규제 노력을 기울여야 하고, 언론 이용자들은 정파성이 아니라 사실성과 공익성, 독립성에 기초해 언론을 평가할 수 있어야 한다. 이 책이 우리 사회의 언론 신뢰를 회복하고, 성숙한 미디어 환경을 조성하는 데 작은 밑거름이 되기를 바란다.

어려운 출판 환경 속에서 도서출판 박영사가 선뜻 이 책의 출간을 맡아주었다. 김한유 과장님은 출판 과정 전반을 꼼꼼하게 챙겨주었고, 전혜민 대리님은 여러 필자의 원고를 통일성 있게 다듬고, 다양한 요구를 잘 수렴해 하나의 책으로 묶어주었다. 진심으로 감사드린다. 끝으로 이 책은 방일영문화재단의 출판 지원을 받았다. 저자들의 계획이 빛을 볼 수 있도록 만들어준 재단에도 깊은 감사를 드린다.

2026. 2.

저자들을 대표하여

심석태

차례

제1장

언론·출판 자유의 기본 이해

김민정

제1장

언론·출판 자유의 기본 이해

1 들어가며

학습목표

- 언론 · 출판 자유의 개념과 역사적 기원 이해
- 언론 · 출판 자유의 기능과 중요성 탐구
- 언론 · 출판 자유의 보호 영역 및 보호 정도 파악
- 언론 · 출판의 자유 제한에 적용되는 헌법적 원칙 숙지

학습사례

한 대학 동아리 '청년정치포럼'은 총선을 앞두고 교내 강당에서 후보자 토론회를 열고자 했다. 그러나 대학은 교육부 지침을 근거로 "정치적 중립을 해칠 수 있는 표현은 사전에 허가를 받아야 한다"며 강당 사용을 불허했다. 이에 학생들은 토론회를 온라인으로 중계하며 SNS에서 활발한 논쟁을 이어갔다.

이 과정에서 평소 2030세대의 정치적 무관심을 비판해 온 유명 청년활동가 A는 교육부 장관 후보자 B의 과거 발언을 인용하며 다음과 같은 글을 게시했다.

"후보자 B, 과거에 '특수학교는 지역 미관을 해친다'고 발언한 적 있다는데요? 장애인 차별에 눈감는 정권, 더는 안 됩니다. #장애혐오 #임명반대"

이 게시글은 순식간에 확산됐고, 알고리즘 추천을 통해 수십만 명이 접했다. 하지만 언론사의 검증 결과, 이 발언은 후보자 B가 직접 한 말이 아니라 지역 주민의 발언이었고, 오히려 B는 "그런 인식은 바뀌어야 한다"고 반박했음이 밝혀졌다. A는 "고의가 아니었으며, 충분히 확인하지 못한 실수였다"

고 해명하며 사과문을 올렸다.

이번 사건을 계기로 정부는 장관 후보자 검증 과정에서의 허위정보 유포를 막기 위해, "후보자의 자질 관련 논의는 등록된 언론사만할 수 있고, 만약 개인이 온라인에 장관 후보자에 대한 글을 게시하고자 할 때에는 반드시 인사혁신처에 글을 미리 제출해 심사를 통과한 경우에만 게시토록 하는 내용"의 법안을 발의했다.

질문 1. 대학의 강당 사용 사전 허가제는 검열에 해당할까? 헌법상 허용되는 제한 조치일까?

질문 2. A의 게시글은 정치적 표현의 자유로 보호되어야 할까? 거짓에 기반한 표현이라 하더라도 보호받아야 할 가치와 중요성이 있을까?

질문 3. 정부가 추진하는 '장관 후보자 관련 개인 게시글은 인사혁신처의 사전허가 필수' 법안은 헌법이 보장하는 언론 · 출판의 자유를 위반하는 것일까?

2 언론 · 출판의 자유와 민주주의

1) 언론 · 출판 자유란 무엇인가(개념)

헌법은 "모든 국민은 언론 · 출판[1]의 자유와 집회 · 결사의 자유를 가진다"고 규정하고 있다(제21조, 1항).[2] 대표적인 표현 방식인 '언론(말)'과 '출판(글)'을 예시로 든 것이고, 모든 의사소통 수단과 방법을 통해 생각과 의견을 드러내는 자유를 보호한다는 뜻이다.

1) '언론 · 출판'이라는 용어는 1791년 제정된 미국 수정헌법 제1조에서 사용된 표현, 즉 '구두(언론)의 자유(freedom of speech)'와 '문자(출판)의 자유(freedom of the press)'의 영향을 받은 것으로 추정된다(김옥조, 2012).

2) 헌법 제21조의 나머지 조항들도 읽어보자. 제2항은 "언론 · 출판에 대한 허가나 검열과 집회 · 결사에 대한 허가는 인정되지 아니한다", 제3항은 "통신 · 방송의 시설기준과 신문의 기능을 보장하기 위하여 필요한 사항은 법률로 정한다", 제4항은 "언론 · 출판은 타인의 명예나 권리 또는 공중도덕이나 사회윤리를 침해하여서는 아니된다. 언론 · 출판이 타인의 명예나 권리를 침해한 때에는 피해자는 이에 대한 피해의 배상을 청구할 수 있다"고 규정하고 있다.

헌법이 보장하는 '언론 · 출판의 자유'는 개인에게 자유로운 표현과 정보 전파의 권리, 나아가 알권리를 보장하며, 신문과 기타 정기간행물의 자유, 방송과 영상 보도의 자유 등을 보호한다(박용상, 2013). 언론 · 출판의 자유는 두 가지 성격을 함께 가진다. 한편으로는 개인이 자유롭게 말하고 정보를 알권리를 가지는 개인적 권리(주관적 권리)로서의 성격이 있고, 다른 한편으로는 언론기관의 자유나 방송 · 보도의 자유처럼 사회 전체가 올바른 의견을 형성하고 여론을 만들어 가는데 꼭 필요한 객관적 질서[3]로서의 성격이 있다(정회철 · 김유향, 2014).

'언론 · 출판의 자유'와 함께 자주 쓰이는 용어로 '표현의 자유(freedom of expression)'가 있다. 예를 들어, 1948년 제정된 「세계인권선언」 제19조는 "모든 사람은 의견과 표현의 자유에 관한 권리(the right to freedom of opinion and expression)를 가지며, 이 권리는 간섭받지 않고 의견을 가질 자유와 모든 매체를 통하여 국경에 관계없이 정보와 사상을 추구하고, 접수하고, 전달할 자유를 포함한다(Universal Declaration of Human Rights, Article 19)"고 규정한다. 우리 헌법 제21조가 규정하는 언론 · 출판의 자유와 집회 · 결사의 자유를 모두 통칭하여 '표현의 자유'라고 부르기도 한다(문재완 등, 2017).

다만, 일상에서 '언론의 자유'라는 표현은 흔히 신문사나 방송사 같은 언론기관이 취재하고 보도할 자유를 의미하는 경우가 많다. 그래서 개념상의 혼란을 피하기 위해, 이 장에서는 모든 의사소통 행위를 아우르는 자유를 가리킬 때는 '표현의 자유' 또는 '언론 · 출판의 자유'라는 용어를 사용하기로 한다. 반대로 개인의 권리보다는 사회적 기능, 객관적 질서로서의 성격을 강조할 때는 '언론기관의 자유', '방송의 자유', '보도의 자유' 등의 표현을 쓰도록 한다.

2) 언론 · 출판 자유는 어떻게 시작되었나(역사적 기원)

권력자는 언제나 자신이 원치 않는 사상이나 정보를 막으려 한다. 그래야 사회를 더 쉽게 통제할 수 있기 때문이다. 기원전 5세기경 그리스에서 책을 불태워 없앴다는(분서) 기록이 있는 걸 보면, 지배 세력이 사상을 통제하고 표현의 자유를 억압한 역사는 그 기원을

---

3) 독일은 여론 형성과 관련한 매스미디어의 기능을 적극적으로 인정하고, 언론 자유의 객관적, 제도적 측면을 법이론적으로 체계화한 대표적인 나라다. 독일 헌법은 개인의 '의견표현의 자유'와 함께 '미디어의 자유(신문 및 정기간행물에 의한 자유와 방송에 의한 보도의 자유)'를 별도로 규정하고 있으며, '제도적 자유'로서 미디어의 자유를 강조한다(박용상, 2013).

특정하기조차 어려울 만큼 오래되었다는 걸 알 수 있다.

근대적 의미의 표현의 자유가 발전한 시기는 1600년대, 시민전쟁과 종교개혁이 일어나던 시기였다(박용상, 2013; 문재완 등, 2017). 그 배경에는 무엇보다 인쇄술의 발명(15세기)이 있었다. 이전에는 문제되는 책 몇 권만 억제하면 되었지만, 인쇄술 덕분에 지식과 정보가 대량으로 빠르게 확산되자 자유주의 사상도 급속도로 퍼지게 되었다.

이에 영국 왕실은 책을 출판하기 전에 반드시 원고를 제출해 허락을 받아야만 인쇄할 수 있도록 사전 검열 제도를 마련했다. 당시 왕실의 성실청(Star Chamber)이 관장하던 이 제도는 이후 의회가 제정한 출판면허법(Licensing Order of 1643)으로 이어졌다. 그런데 바로 이 검열제를 정면으로 비판한 책이 존 밀턴(John Milton)의 「아레오파지티카(Areopagitica)」(1644)이다. 「아레오파지티카」는 표현의 자유에 대한 자유주의 원칙을 확립한 고전적 논고로 유명하다.

밀턴은 국가가 진리를 독점하거나 사전 검열을 통해 시민의 사고 능력을 제한해서는 안 된다고 주장했다. 그는 "진리는 본질적으로 역동적"이며 "거짓되고 위험한 사상과의 투쟁을 통해서만 강건해질 수 있다"고 역설했다. 따라서 잘못된 사상이나 위험한 표현조차도 국가가 억압해서는 안 된다고 보았다. 이 생각은 이후 '사상의 자유시장(marketplace of ideas)'이라는 철학적 기반으로 계승되었고, 미국 수정헌법 제1조와 현대 표현의 자유 판례에도 큰 영향을 미쳤다(Blasi, 2018).

또 다른 대표적인 자유주의 사상가인 존 스튜어트 밀(John Stuart Mill)도 「자유론(On Liberty)」(1859)에서 비슷한 주장을 펼쳤다. 그는 표현의 자유를 '진리 발견의 수단이자 개인의 자아실현을 위한 조건'으로 봤다. 밀은 잘못된 견해조차 공적 토론을 통해 반박되어야지, 억압되어서는 안 된다고 보았다. 밀은 "전체 인류 중 단 한 사람이 다른 생각을 가지고 있다고 해서 그에게 침묵을 강요해선 안 되며, 그 한 사람을 침묵시키는 것은 인류 전체를 침묵시키는 것과 같다"고 했다. 다수의 권력이나 여론이 소수의 목소리를 억압하는 것을 자유에 대한 심각한 위협으로 본 것이다. 밀의 사상은 표현의 자유가 단순히 개인의 권리의 보장을 넘어, 사회 전체의 진보와 다양한 사고를 가능하게 하는 근본 조건임을 강조한다. 민주주의가 단순히 다수결로 운영되는 것이 아니라, 서로 다른 의견이 충돌하고 토론을 통해 조율되는 과정임을 전제로 한다는 것을 분명히 보여준다.

3) 언론 · 출판 자유가 하는 일(기능과 중요성)

표현의 자유가 민주사회를 지탱하고 발전시키는 데 핵심적인 역할을 한다는 점은 오랫동안 많은 학자들이 강조해 온 부분이다. 미국의 헌법학자 에머슨(Emerson)은 1970년에 출간한 저서에서 기존 사상가들의 논의를 종합하여, 표현의 자유가 수행하는 네 가지 기능을 정리했다(Emerson, 1970). 하나씩 살펴보자.

첫째, 개인의 자아실현(self-fulfillment)이다. 개인은 자신의 생각과 감정을 자유롭게 드러낼 수 있어야 비로소 인격이 완성될 수 있다. 말하고 글을 쓰고 토론하는 과정 자체가 자아를 실현하는 중요한 방법이라는 거다. 이러한 관점은 인간의 존엄성과 자율성을 강조한 낭만주의적 자유론에 뿌리를 두고 있다. 이 입장은 또한 표현과 행동을 엄격하게 구별한다. 어떤 표현이 실제로 해를 끼치는 구체적 행동으로 이어지지 않는 한, 사회는 가능한 한 모든 표현을 보호해야 한다는 것이다.

둘째, 진리 발견(discovery of truth) 기능이다. 다양한 사상이 자유롭게 표출되고 경쟁해야만 사회가 오류를 바로잡고 진리에 다가갈 수 있다. 앞서 살펴본 밀턴과 밀의 고전적 자유주의 전통에 기반한다. 억압이 아니라 공개된 토론 속에서 잘못된 의견이 반박될 때, 사회 전체가 한 걸음 더 진리에 가까워질 수 있다고 본다. 이러한 전통은 미국의 올리버 웬델 홈스(Oliver W. Holmes) 대법관으로 이어졌다. 홈스는 20세기 초 미국 연방대법원의 주요 판례들에서 '사상의 자유시장'을 강조했다. 사상의 자유시장에 맡겨 둘 수 없는 '명백하고 현존하는 위험(clear and present danger)'이 있는 경우에만 표현의 자유를 제한할 수 있다고 봤다(Schenck v. United States, 249 US 47).

셋째, 민주적 자기통치(self-governance) 기능이다. 민주주의가 제대로 작동하려면 국민이 충분한 정보를 바탕으로 정치적 의사 형성과 토론에 참여할 수 있어야 한다. 표현의 자유는 바로 이러한 과정의 전제 조건이 되는 것이다. 대표적인 학자인 알렉산더 미클존(Alexander Meiklejohn)은 표현의 자유가 자치(자기통치)의 필수 조건이자 핵심이라고 했다. 그는 특히 정치적 표현의 자유가 최대한 보장되어야 한다고 주장했다. 미클존은 단순히 "모든 사람이 이야기하는 것이 중요한 것이 아니고, 말할 가치가 있는 것이 이야기 되어야 한다"면서, 공동체의 자기통치에 필요한 사안들이 공적으로 논의되는 것이 중요하다는 점을 강조하고, 표현의 자유를 민주적 의사결정 과정의 질적 보장과 연결시켰다(Meiklejohn, 1948). 이후 현대의 헌법학자 캐스 선스틴(Cass Sunstein)도 같은 맥락에서 표현의 자유의 중요성을 강조했다. 그는 민주주의적 토론을 위해 공적 담론의 구조를 어떻게 설계하고 규범적으로 운영할 것인지를 고민하면서, 표현의 자유가 단순히 개인의 권리를 넘어서, 민주적 자기지배를 실질적으로 가능하게 하는 제도적 기반임을 강조했다(Sunstein, 1993).

넷째, 사회 안정과 변화 수용의 안전판(safety valve) 기능이다. 사회에서 불만이나 갈등을 억누르기만 하면 결국 폭발할 수밖에 없다. 표현의 자유를 통해 불만을 드러내고 논의할 수 있게 되면, 불만이 제도 안에서 해소되어 사회 전체가 안전할 수 있다. 즉, 표현의 자유는 갈등을 건설적으로 배출하고 사회가 건강하게 발전하도록 돕는 안전 장치로 작동하는 것이다.

에머슨이 정리한 표현의 자유의 네 가지 기능 중 첫 번째인 자아실현은 표현 자체가 목적이자 내재적 가치를 갖는다. 반면, 나머지 세 가지 기능은 표현의 자유를 진리 발견, 민주주의 사회에서의 자기 통치, 사회 안정이라는 외부적 목적을 달성하기 위한 수단으로 본다는 점에서 구분된다.

여기에 더해, 빈센트 블라시(Vincent Blasi)는 표현의 자유의 또 다른 핵심 기능으로 '권력 감시(checking value)'를 꼽았다. 권력은 언제든 남용될 위험이 있으므로, 표현의 자유는 정부 권력을 감시 · 비판하고 권력 남용을 견제하는 제도적 장치로 기능해야 한다는 것이다. 이는 언론의 비판 기능과 직결되며, 민주주의에서 권력분립을 보완하는 중요한 이론으로 평가된다(Blasi, 1977). 이런 맥락에서 언론은 종종 '제4부(the Fourth Estate)'[4] 또는 '감시견(watchdog)'이라 불린다. 실제로 탐사보도를 통해 언론은 권력의 비리를 폭로하고 정책의 문제점을 지적하며 시민의 목소리를 대변해 왔다.

또한, 리 볼링거(Lee C. Bollinger)는 표현의 자유의 관용(tolerance) 기능을 강조했다. 사회가 불쾌하거나 심지어 해로운 의견까지도 허용할 때, 사람들은 관용을 학습하고 내면화할 수 있다. 이런 과정을 통해 민주주의는 갈등을 조정하고 공동체의 결속을 강화하는 성숙한 능력을 기를 수 있다는 것이다(Bollinger, 1986).

앞서 살펴 본 가상의 사례에 표현의 자유의 기능을 적용해 보자. 먼저, 청년활동가 A가 후보자 B의 발언을 문제 삼아 게시글을 올린 것은 자신의 가치관과 신념을 사회적으로

4) '제4부(the Fourth Estate)'는 영국 정치인 에드먼트 버크(Edmund Burke)가 사용한 표현이다. 언론이 입법, 행정, 사법과 같은 공식 권력기관은 아니지만 권력 남용을 방지하는 역할을 맡아 민주주의의 유지와 발전에 필수적이라는 점에서 '제4의 권력'에 비유한 것이다.

드러낸 행위였다. 이는 자기표현을 통해 자아를 실현하려는 시도로 이해할 수 있다. A의 게시글은 처음에는 사실관계 오류가 있었지만, 언론의 검증을 통해 잘못이 드러났고, A도 사과문을 게시했다. 이는 표현의 자유가 보장된 사회에서 가능한 '진리발견의 자기 교정 과정'을 보여준다. 만약 애초에 A의 글이 정부가 추진 중인 법안처럼 인사혁신처 심사에서 걸러져 발표조차 되지 않았다면, 후보자 B의 과거 발언 맥락은 공개 토론을 통해 검증될 기회를 잃었을 것이다. 다음으로, 선거나 인사 검증 과정에서 후보자의 자질을 토론하고 비판하는 것은 시민의 정치 참여와 직결된다. A의 발언은 청년세대가 정치적 무관심을 넘어 토론에 참여하도록 유도한 점에서 민주적 자기통치 기능을 수행했다고 볼 수 있다. 반면 정부가 추진하는 법안은 정치 토론을 언론에만 독점시켜 국민의 자기통치 기능을 크게 훼손할 우려가 있다. 또한 A의 글은 청년층의 불만을 제도권 안의 공론장에서 드러낸 것이다. 만약 이런 표현의 기회를 막는다면 불만은 제도 밖에서 더 극단적인 방식으로 표출될 수 있다. 이처럼 표현의 자유는 사회적 갈등을 완화하고 체제 안정에 기여하는 안전판 기능을 한다. 한편 A의 게시글 속 오류를 교정한 언론 보도는 공직 후보자의 과거 행적을 검증하려는 시도로, 권력을 감시하고 비판하는 표현의 자유의 권력 감시 기능을 잘 보여준다. 마지막으로 이 사례는 '불편한 표현도 허용하고 토론을 통해 교정할 때 사회가 성숙해 진다'는 관용 기능을 보여주는 예시이기도 하다.

3 언론 · 출판 자유가 보장되는 영역

1) 어디까지 보호될까

인간의 정신 작용, 의견, 신념 등을 외부로 드러내는 모든 표현행위는 언론 · 출판 자유가 보호하는 영역에 속한다. 말이나 글뿐만 아니라 언어가 아닌 다른 방식으로 의미를 전달하는 경우도 포함한다. 이를 '상징적 표현(symbolic speech)'이라 한다. 예를 들어, 전쟁에 반대하는 의미로 검은 완장을 착용한 것(Tinker v. Des Moines, 393 U.S. 503), 국가 권력에 대한 저항의 표시로 성조기를 불태운 것(Texas v. Johnson, 491 U.S. 397), 정치적 주장을 표시하는 복장을 착용한 것(2009헌마705등)은 모두 상징적 표현으로 인정되어 보호를 받았다.

또 다른 형태로는 익명표현이 있다. 발화자가 자신의 실명이나 신원을 드러내지 않고 의사를 표명하는 방식 역시 표현의 자유로 보호 받는다. 헌법재판소는 선거운동 기간 중의 '인터넷 실명확인제'를 위헌으로 판단하면서, 표현의 자유에는 "자신의 신원을 누구에게도 밝히지 아니한 채 익명 또는 가명으로 자신의 사상이나 견해를 표명하고 전파할 익명표현의 자유"도 포함된다고 했다(2008헌바324등).

상징적 표현과 익명표현이 표현의 형식이나 방식에 따른 구분이라면, 내용에 따른 구분도 있다. 대표적으로 정치적 표현, 상업적 표현, 음란 표현으로 나눌 수 있다. 정치적 표현은 아래 절에서 따로 다루고, 상업적 표현은 제9장에서 설명한다.

여기서는 음란 표현을 살펴보자. 헌법 제21조 제4항은 언론출판은 "공중도덕이나 사회윤리를 침해하여서는 아니된다"고 규정하고 있어, 음란 표현은 언론·출판의 자유 제한 사유에 해당하는 표현이다. 헌법재판소는 과거에는 음란 표현은 언론·출판의 자유에 근거한 헌법적 보장을 전혀 받지 못한다는 입장이었다.[5] 하지만 이후 2006년 결정에서 헌법재판소는 입장을 바꾸어, "음란 표현도 헌법 제21조가 규정하는 언론·출판의 자유의 보호영역에는 해당하되, 다만 헌법 제37조 제2항에 따라 ... 제한할 수 있는 것으로 해석하여야 할 것"이라고 했다(2006헌바109 등). 제37조 제2항은 국가 안전 보장, 질서 유지, 공공 복리를 위해 필요한 경우에 한하여 국민의 기본권을 법률로써 제한할 수 있다는 내용이다. 제37조 제2항은 뒤에서 법률유보원칙을 논의할 때 다시 살펴본다.

2) 정치적 표현의 자유

(1) 정치적 표현은 얼마나 강하게 보호되나

정치적 표현은 민주주의의 핵심을 이루는 요소로, 다른 어떤 표현보다 가장 강력하게 보호된다. 상업적 표현이나 음란 표현보다 훨씬 높은 수준의 헌법적 보호를 받는 이유는, 정치 표현이 단순히 개인의 의견 표출에 그치지 않고 시민의 정치 참여와 사회적 자각을

5) 1998년에 헌법재판소는 음란물출판사 등록취소 사건에서 '오로지 성적 흥미에만 호소할 뿐 전체적으로 보아 하등의 문학적, 예술적, 과학적, 또는 정치적 가치를 지니지 않은 음란표현은 언론·출판의 자유에 의한 헌법적 보장을 받지 못한다'고 했다(95헌가16).

가능하게 하는 민주주의의 근간이 되기 때문이다. 헌법재판소도 이러한 점을 분명히 했다. 헌법재판소는 정치적 기본권을 개별 국민의 권리일 뿐 아니라, 동시에 '민주국가에서 국민의 정치적 의사를 국정에 반영하기 위한 객관적 질서'로서의 성격을 가진다고 강조하며, '정치적 의사를 자유롭게 표현하는 것'을 정치적 자유권의 주된 내용 중 하나로 꼽았다(2001헌마710). 미국 연방대법원 역시 같은 맥락에서 정치적 표현을 민주주의의 중심 가치로 인식해 왔다. 미 연방대법원은 "시민이 공직자를 비판할 자유는 수정헌법 제1조의 핵심"이라고 했다(NYT v. Sullivan, 376 U.S. 254).

이러한 원칙에 비추어 볼 때, 정치적 표현은 다소 거칠거나 모욕적인 방식으로 나타나더라도 쉽게 처벌되어서는 안 된다. 민주주의 사회에서는 공직자에 대한 풍자, 정부 정책에 대한 신랄한 비판, 정당 간의 격렬한 논쟁 등이 자연스럽게 뒤따르기 마련이다. 불편하거나 불쾌하다는 이유로 국가가 정치적 표현을 검열하거나 처벌할 경우, 표현의 자유는 그 본질을 상실하게 된다.

(2) 선거에서의 표현

정치적 표현의 자유가 가장 민감하게 작동하는 영역은 바로 선거다. 선거는 민주주의의 제도적 기반이자 국민이 주권을 행사하는 핵심 절차이기 때문이다. 따라서 선거 과정에서 유권자가 다양한 정보를 접하고 이를 토대로 판단할 수 있는 환경이 반드시 보장되어야 한다. 이런 이유로 후보자 · 정당 · 정책에 대한 비판, 찬성, 풍자, 토론 등은 최대한 자유롭게 허용되어야 한다. 그래야 유권자의 알권리가 제대로 보장되고, 민주주의가 건강하게 작동할 수 있다.

그러나 표현의 자유가 무제한적으로 허용될 수는 없다. 허위사실 유포나 명예훼손은 후보자 개인의 명예뿐 아니라 선거 결과에 치명적인 영향을 줄 수 있으므로, 일정한 제한이 불가피하다. 대표적으로 허위사실 공표 금지와 비방 금지 같은 규제를 공직선거법에 두고 있다. 이러한 규제는 공정한 선거 과정을 보장하고 선거 관련 부정을 방지하기 위해 정당화된다. 조항을 구체적으로 보면, 공직선거법은 당선되거나 되게 할 목적으로 후보자,[6] 후보자의 배우자 또는 직계존비속이나 형제자매(이하, '후보자 등')에 대한 허위의 사

---

6) 제250조에서 '후보자'는 후보자가 되고자 하는 자를 포함한다. 제251조에서 '후보자' 역시 후보자가 되고자 하는 자를 포함하는 것으로 규정되어 있으나, 헌법재판소는 2024년에 제251조 중 '후보자가 되고자 하는 자'에 관한 부분은 헌법에 위반된다고 결정했다(2023헌바78).

실을 공표하거나 공표하게 한 자와 허위 사실을 게재한 선전문서를 배포를 목적으로 소지한 자를 처벌한다(제250조). 또한, 당선되거나 되지 못하게 할 목적으로 공연히 사실을 적시하여 후보자 등을 비방한 자 역시 처벌하고 있다(제251조).

인공지능 기술은 선거 제도에도 심각한 도전이 되고 있다. 인공지능을 활용한 딥페이크 영상, 조작된 뉴스, 자동 생성된 댓글, 개인 맞춤형 정치광고 등은 짧은 시간 안에 여론을 왜곡할 수 있는 잠재력을 지니고 있다. 그 파급력은 기존 미디어보다 훨씬 클 수도 있다. 이러한 위험 때문에 공직선거법은 '인공지능 기술 등을 이용하여 만든 실제와 구분하기 어려운 가상의 음향, 이미지, 또는 영상 등(이하 '딥페이크 영상 등')에 관한 규정을 담고 있다. 선거일 전 90일부터 선거일까지는 딥페이크 영상 등을 이용한 선거운동이 금지되고(제82조의8, 제1항), 그 외의 기간에는 가상의 정보라는 사실을 딥페이크 영상 등에 명확하게 표시해야 한다(동조, 제2항). 가상의 정보라는 사실을 표시하지 않고 허위사실을 공표한 경우 역시 처벌받는다(제250조, 제4항).

허위정보는 민주적 선거 과정을 심각하게 위협할 수 있으므로, 일정한 규제는 불가피하다. 하지만 선거 표현 관련 규제가 정당화되기 위해서는 반드시 엄격한 요건을 충족해야 한다. 정부가 자의적으로 어떤 정보를 '허위'라고 단정하거나, 정당한 비판을 '비방'으로 몰아간다면, 표현의 자유는 쉽게 억압될 수 있기 때문이다.

4 언론 · 출판 자유의 제한과 원칙

표현의 자유는 민주주의의 핵심적 가치이지만, 그렇다고 해서 무제한적이거나 절대적인 권리는 아니다. 모든 기본권은 다른 기본권과 충돌할 수 있는 가능성을 지니고 있으며, 따라서 자유의 행사는 언제나 일정한 한계를 갖는다. 표현의 자유도 마찬가지다. 누군가의 표현이 타인의 권리를 침해하거나 사회적으로 심각한 해악을 일으킨다면, 그에 따른 법적 · 윤리적 책임이 뒤따르게 된다. 이 책의 제3장 이후에서는 각 주제별로 이러한 표현의 자유와 책임 간의 균형, 그리고 표현의 자유의 허용 범위와 한계를 구체적으로 살펴볼 것이다. 그에 앞서, 이 장에서는 표현의 자유를 제한할 때 반드시 고려해야 할 헌법적 원칙들을 짚어본다.

1) 검열은 왜 금지될까?(사전제한금지 원칙)

헌법은 언론·출판에 대한 "허가나 검열"을 금지하는 사전제한 금지의 원칙을 명시하고 있다(제21조, 제2항). 사전제한을 금지하는 이유는 다음과 같다: ① 표현의 자유는 민주국가의 존립과 발전을 위한 기초이며, ② 표현이 사전에 차단되면 국민은 다양한 의견을 접하고 평가할 기회를 갖지 못하게 되고, 특히 국가권력이 집권자에게 불리한 내용의 표현을 사전에 억제함으로써 지배자에게 해롭지 않은 여론만 허용되는 결과를 낳을 수 있으며, ③ 사전제한은 '절차의 신속성'을 위해 '절차의 적정성'을 크게 희생할 가능성이 있고, ④ 사전제한이 부당하다고 판명되더라도 나중에 발표된 표현은 시의성을 상실할 수 있기 때문이다(정회철·김유향, 2014).

'검열' 금지 원칙을 좀 더 살펴보자. 헌법재판소는 공연윤리위원회의 사전 심의를 통과한 영화만 상영할 수 있도록 했던 영화법을 위헌으로 결정한 바 있다. 이 결정에서 헌법재판소는 헌법이 금지하는 '검열'을 이렇게 정의했다: "행정권이 주체가 되어 사상이나 의견 등이 발표되기 이전에 예방적 조치로서 그 내용을 심사, 선별하여 발표를 사전에 억제하는, 즉 허가받지 아니한 것의 발표를 금지하는 제도"(93헌가13등). 다시 말해, 헌법재판소는 다음의 세 가지를 모두 갖춘 경우만 검열에 해당한다고 했다: "① 허가를 받기 위한 표현물의 제출의무, ② 행정권이 주체가 된 사전심사절차, ③ 허가를 받지 아니한 의사표현의 금지 및 심사절차를 관철할 수 있는 강제수단 등의 요건을 갖춘 경우"(93헌가13등). 이러한 검열은 절대적으로 금지되기 때문에, 기본권 제한 사유인 "국가안전보장, 질서유지 또는 공공복리를 위해 필요한 경우"(헌법 제37조, 제2항)에 해당해도 허용되지 않는다(93헌가13등).

한편, 헌법재판소는 '허가'의 개념과 관련해, 내용 심사와 선별을 통해 허가받지 않은 표현을 금지하는 방식은 검열과 본질적으로 같다고 봤다. 그러나 내용에 근거하지 않고, 표현의 시간·장소·방법과 같은 표현의 방식을 제한하는 규제는 허가에 해당하지 않는다고 판시했다(2000헌바43등). 따라서, 방송사업자에 대한 허가제는 헌법적으로 허용된다고 봤다(2000헌바43등).

가상의 사례에 사전제한금지원칙을 적용해 보자. 먼저, 대학의 강당 사용 사전허가제에서 표현의 내용을 심사하는 주체는 행정권이 아니다. 따라서 헌법재판소가 정의한 '검열'의 법적 요건에는 부합하지 않는다. 다만, 이 제도는 여전히 학생들의 정치적 표현을 과도하게 제한할 수 있으므로 이후 살펴볼 법률유보원칙이나 과잉금지원칙 차원에서 문제될 수 있다. 반면, 개인이 장관 후보자 관련 글을 올릴 때 반드시 인사혁신처의 허가를 받도록 하는 내용의 법안은 성격이 완전히 다르다. 인사혁신처의 사전허가제가 헌법상 절대 금지된 사전검열에 해당하는 이유를 각자 따져보자.

2) 법에 근거해야 하는 이유(법률유보 원칙)

모든 기본권은 제한될 수 있다. 언론 · 출판의 자유도 예외가 아니다. 하지만, 그 제한은 반드시 헌법이 정한 일반 원칙을 따라야 한다. 이를 규정한 조항이 바로 헌법 제37조 제2항이다.

제37조 제2항을 보면, 기본권 제한의 방식은 "법률"에 의해서만 가능하다. 이는 법치주의의 핵심인 법률유보원칙을 담은 것이다. 국민의 자유와 권리는 국민의 대의기관인 국회가 제정한 법률을 통해서만 제한될 수 있다는 뜻이다. 입법자가 법률이 아닌 행정명령이나 규칙 등으로 국민의 기본권을 제한하는 것은 허용되지 않는다. 또한 법률유보원칙은 단순히 제한에만 해당하는 것이 아니라, 기본권의 형성과 실현에도 적용된다. 즉, 기본권 실현 요건이나 효과에 관한 기본 내용 역시 반드시 법률로써 정해야 한다(이명웅, 2009).

제37조 제2항은 법률이라는 형식상의 한계와 함께 목적상의 한계도 명시하고 있다. 기본권을 제한하려면 정당한 목적이 있어야 한다는 건데, 그 목적을 "국가안전보장 · 질서유지 또는 공공복리"로 한정하고 있다. 따라서 이와 무관한 사유로 기본권을 제한한다면 위헌이 된다. 마지막으로 제37조 제2항은 기본권을 제한하는 경우에도 "자유와 권리의 본질적인 내용을 침해할 수 없다"고 정하고 있다. 만약 표현의 자유를 전면적으로 봉쇄해 사실상 표현 자체가 불가능하게 된다면, 이는 헌법에 위반된다. 요약하면 헌법 제37조 제2항은 형식상의 한계(법률에 의해서만 제한 가능), 목적상의 한계(국가안전보장, 질서유지, 공공복리)를 규정하고 기본권의 본질적 내용 침해를 금지하고 있다.

3) 법은 분명해야 한다(명확성 원칙)

기본권을 제한하는 법률은 그 내용이 명확하고 구체적이어야 한다. 국민이 자신의 행위가 합법인지 위법인지 미리 알 수 있어야 하고, 예측 가능해야 한다는 것이다. 가령, 도로 표지판에 "빨리 달리지 마시오"라고만 적혀 있다면 운전자는 어느 정도 속도를 내야 하는지 알 수 없다. 이는 명확성의 원칙에 어긋난다. 반대로 "시속 50km 초과 금지"처럼 구체적으로 규정해야 국민이 예측가능하고 그에 맞게 행동할 수 있다.

헌법재판소는 명확성의 원칙이 특히 표현의 자유를 규제하는 입법에서 중요하다고 했다. 민주사회에서 표현의 자유는 핵심적인 역할을 담당하는데, 불명확한 법률 규정은 국민들로 하여금 혹시 처벌받을까 두려워 스스로 표현을 자제하게 만들 수 있기 때문이다. 이러한 '위축적 효과'는 헌법이 보장하는 자유를 사실상 무력화시킬 수 있다(95헌가16). 모호하거나 추상적인 규정은 자의적 해석과 남용의 가능성이 크고, 이는 표현의 자유를 과도하게 위축시킬 수 있어 위헌으로 판단된다.

4) 과도한 제한은 안 된다(과잉금지 원칙)

기본권을 제한하는 법률이 헌법에 부합하는지를 판단할 때는, 보호하려는 법익의 종류·중요성과 침해되는 자유의 종류·중요성을 비교, 형량해야 한다. 전자가 후자보다 더 크다고 인정되는 경우에만 기본권 제한이 정당화된다.[7] 과잉금지의 원칙(광의의 비례원칙)은 네 가지 요건을 제시하는데, 이 중 하나라도 충족되지 못하면 해당 법률은 위헌이 된다: ① 목적의 정당성, ② 수단의 적합성(수단의 상당성, 방법의 적정성), ③ 침해(피해)의 최소성, ④ 법익의 균형성(협의의 비례원칙).

첫째, 목적의 정당성. 기본권 제한의 목적이 헌법 및 법률의 체제상 정당해야 한다는 것이다(89헌가95). 헌법은 "국가안전보장 질서유지 또는 공공복리(제37조, 제2항)"와 "타

7) 개별 법률의 위헌 여부를 판단하기 위해 공익과 사익을 비교·형량할 때는, 우선 표현의 자유가 헌법 질서에서 차지하는 위상을 고려해야 한다. 미국에서는 표현의 자유가 다른 기본권에 비해 특별히 중요한 지위를 가진다고 보아, 이를 '우월적 지위(preferred position doctrine)'에 둔다고 설명한다. 독일에서도 표현의 자유를 민주주의 가치체계의 상위에 위치하는 권리로 본다(박용상, 2013). 한국도 크게 다를 이유가 없다고 보면, 표현의 자유를 제한하는 경우에는 특별한 주의가 필요하다. 따라서 일반적인 위헌심사의 기준으로서 비례의 원칙에 기반한 과잉금지의 원칙을 적용하기보다는, 미국 판례처럼 표현행위의 주체와 상황 등에 따라 심사기준을 달리 적용하는 더 적절하다는 주장(박용상, 2013)도 제기된다.

인의 명예나 권리 또는 공공도덕이나 사회윤리(제21조, 제4항)"를 제한 사유로 명시하고 있다. 따라서 표현의 자유를 제한하는 법률은 반드시 이러한 목적 중 하나에 부합해야 한다. 목적의 정당성을 인정받으려면 입법 목적(표현의 자유를 규제함으로써 달성하려는 이익)이 사소한 것이거나 임시적인 것이어서는 안 된다. 표면적으로 내세운 목적과 실제 의도가 달라서도 안 된다. 가령 국가안보라는 명분을 내세우면서 실제로는 정권안보를 꾀하는 경우는 목적의 정당성을 충족할 수 없다(박용상, 2013).

둘째, 수단의 적합성. 국가가 선택한 수단은 "목적을 달성함에 있어서 필요하고 효과적"이어야 한다(88헌가13). 목적 달성의 방법이 효과적이고 적절해야 한다는 의미에서 '방법의 적절성'이라 불리기도 한다(89헌가95). 헌법재판소는 모욕죄의 위헌성 여부를 다룬 사건에서 '공연히 사람을 모욕하는 행위를 처벌하는 것은 ... 사람의 가치에 대한 사회적 평가를 보호한다는 입법 목적 달성에 기여하므로 적합한 수단'이라고 했다(2012헌바37).

셋째, 침해(피해)의 최소성. 설령 목적이 정당하고 수단이 적합하더라도, 기본권 침해는 필요 최소한에 그쳐야 한다(89헌가95). 침해의 최소성은 "입법목적을 실현하기에 적합한 여러 수단 중에서 되도록 국민의 기본권을 가장 존중하고 기본권을 최소로 침해하는 수단을 선택해야 한다"는 의미다(96헌가5). 국가는 기본권을 덜 제한하는 대안적 수단을 모색해야 하고, 불필요하게 더 강한 규제를 가해서는 안 된다.

넷째, 법익의 균형성. 입법으로 보호하려는 공익과 침해되는 사익을 비교했을 때 공익이 더 커야 한다(89헌가95). 법익의 균형성을 갖추지 못해 위헌으로 판정받는 경우는 많다. 일례로 헌법재판소는 '공익을 해할 목적의 허위 통신을 처벌하는 조항'을 위헌으로 판단한 적이 있다(2008헌바157). 해당 조항은 '공익' 개념의 모호성, 추상성, 포괄성으로 인해 규제되지 않아야 할 표현까지 다함께 규제하게 되어 명확성의 원칙에 어긋나기 때문이었다(2008헌바157). 아울러, 헌법재판소는 이 조항이 과잉금지원칙의 한 요소인 법익의 균형성도 위배한다고 추가로 밝혔다. 국민들이 자신이 행하고자 하는 표현이 혹시 규제 대상이 될까 두려워 스스로 표현을 자제할 가능성이 높은데 이는 표현의 자유 기능을 크게 훼손하는 것으로 법률 조항이 추구하는 공익에 비해 가벼운 사익의 제한이라고 보기 어렵기 때문이라고 그 이유를 설명했다(2008헌바157).

가상의 사례에 제시된 '대학의 강당 사용 사전허가제'에 과잉금지원칙을 적용해 보자.

목적의 정당성에 대해 대학 측은 "정치적 중립 유지" 또는 "학교 질서 보호"를 내세울 수 있을 것이다. 이는 학교 운영에 필요한 가치일 수 있으나, 대학은 학문의 자유와 토론의 장이라는 점을 감안할 때 정당성이 약화된다. 다음으로 수단의 적합성을 적용해 보자. 강당 사용 허가제가 정치적 갈등을 줄이고 질서를 유지하는데 다소 효과가 있을 수 있다는 점에서 적합성이 일부 인정될 수 있으나, 표현의 자유를 원천적으로 억제하는 방식이라는 점에서 문제 소지가 크다. 세 번째 요소인 침해의 최소성을 적용해 보면, '패널 구성을 균형 있게 할 것', '안전사고 예방 대책을 마련할 것' 등 덜 제한적인 대안을 통해 대학이 추구하는 목적을 달성할 수 있음에도 불구하고, '강당 사용 불가'라는 강력한 제한을 선택한 것은 문제라 하겠다. 따라서 침해의 최소성을 위배했다고 판단할 수 있다. 마지막 요소인 법익의 균형성을 보면, 얻는 공익은 학교 운영의 안정성과 정치적 중립 이미지인 반면, 잃은 사익은 학생들의 정치적 표현의 자유, 토론 기회, 민주주의 학습의 장 등이다. 민주주의의 핵심 권리인 정치적 표현 자유 침해가 훨씬 크고 중대하므로 법익의 균형성 역시 충족하지 못했다. 따라서, 대학의 강당 사용 사전허가제는 과잉금지원칙을 위반하여 학생들의 정치적 표현의 자유를 과도하게 제한하는 조치로 평가할 수 있겠다. 요컨대, 대학 강당 사용 사전허가제는 앞서 논의한 바와 같이 헌법이 금지하는 '사전검열'에 해당하지는 않지만, 과잉금지원칙을 적용하면 위헌성이 문제가 된다.

▸ [깊이 살펴보기] 표현의 자유를 제한하는 법률의 위헌성을 판단할 때 미국 법원이 적용하는 기준들

표현의 자유 관련 이론과 판례는 미국에서 특히 풍부하게 축적되어 왔다. 이러한 논의는 우리나라 학계와 법리, 그리고 법원 판결에도 큰 영향을 미쳤다. 미국 법원이 표현의 자유를 제한하는 법률의 위헌 여부를 판단할 때 어떤 기준을 적용하는지 추가로 살펴보자. 첫째, 명백하고 현존하는 위험(a clear and present danger) 원칙이다. 이는 앞서 사상의 자유시장 논의에서 간략히 언급했듯이, 홈즈 대법관이 1919년 미국 연방대법원 사건에서 처음 천명한 기준이다. 표현과 위험 사이에 인과관계가 명백하고(clear), 위험 발생이 시간적으로 임박하여 현존할(present) 경우에 한해서만 표현의 자유를 제한할 수 있다는 것이다. 홈즈 대법관은 '복잡하고 어두운 극장에서 누군가 거짓말로 "불이야"라고 외쳐 혼란과 피해를 초래하는 경우'를 예시로 들며, 이러한 발화는 명백하고 현존하는 위험을 발생시키므로 표현의 자유로 보호되지 않는다고 설명했다. 그러나 이후 이 원칙은 사회주의, 공산주의 사상을 옹호하는 사건들에서 모호하고 광범위하게 적용되면서 일관성을 갖추지 못했다는 비판을 받았다.

둘째, 브랜던버그 선동(Brandenburg incitement)기준이다. 명백하고 현존하는 위험 원칙을 대체하는 새로운 기준으로, 1969년 브랜든버그 대 오하이오(Brandenburg v. Ohio) 사건에서 확립되었다. 미국 연방대법원은 단순히 추상적인 사상이나 이론을 옹호(advocacy)하는 것과, 즉각적인 불법행위를 선동(incitement)하는 것을 구분했다. 전자는 표현의 자유로 보호되지만, 후자의 경우에는 직접적이고 구체적인 불법행위를 초래할 위험이 있는 한 표현행위를 처벌할 수 있다는 것이다. 이 판례로 인해 '명백하고 현존하는 위험' 원칙은 사실상 폐기되고, 보다 엄격한 선동 기준이 적용되게 되었다.

셋째, 내용규제(content-based regulations)와 내용중립규제(content-neutral regulations)의 구별이다. 내용규제는 표현의 자유를 제한할 때, 그 표현의 내용 자체를 문제 삼는 경우를 말한다. 반면, 내용중립규제는 TPM(time, place, manner) 규제라고도 칭해지는데, 표현의 내용과는 무관하게 표현의 시간, 장소, 방법을 규제하는 것을 말한다. 가령 상업적 표현이든 정치적 표현이든 구별하지 않고 주택가에서 밤 11시부터 새벽 5시까지 확성기 사용을 금지한다면 이는 내용중립규제에 해당한다.

미국 법원은 먼저 해당 규제가 내용규제인지 내용중립규제인지를 판단한 뒤, 각기 다른 심사기준을 적용한다. 내용규제는, 국가가 특정 사상이나 의견을 이유로 표현을 제한하는 것이므로 원칙적으로 금지되며, 법원은 엄격심사(strict scrutiny)기준을 적용해 위헌성 여부를 판단한다. 반면 내용중립규제의 경우, 상대적으로 완화된 중간심사(intermediary scrutiny)기준을 적용한다.

엄격심사기준에 따르면, 표현의 자유에 대한 제한은 ① 입법목적에 필요불가결한(compelling) 국가이익이 있고 ② 그 목적 달성을 위해 법률이 세밀하게 규정되어(narrowly tailored) 있거나 표현의 자유를 가장 최소한으로 제한하는 경우(the least restrictive means available)에만 합헌이 된다(United States v. Playboy Entertainment Group, 529 U.S. 803; Aschcroft v. ACLU, 542 U.S. 656 등). 첫째 요소인 '필요불가결한 국가이익'은 전쟁시 국가 안보, 아동의 생명 보호 등 극히 제한된 영역에만 인정되고, 둘째 요소에서는 표현의 자유를 침해하지 않고 그 목적을 달성할 수 있는 대안은 없는지(less restrictive alternative)를 따져보기 때문에 엄격심사기준을 통과하기는 매우 어렵다. 반면, 중간심사기준을 적용하는 경우에는 ① 입법목적이 중요한(substantial) 국가이익이고, ② 그러한 국가이익이 표현의 자유 억압과 무관하며 ③ 표현의 자유에 대한 부수적 제한이 그 이익을 달성하는데 본질적으로 필요한 범위를 넘지 않는 경우 합헌이 된다(United States v. O'Brien. 391 U.S. 367).

우리 법원 역시 내용규제와 내용중립규제 사이에 구분을 두고 있다. 헌법재판소는 표현 내용에 대한 규제는 중대한 공익의 실현을 위해 불가피한 경우에 한하여 엄격한 요건 하에서 허용되는 반면, 표현 내용과 무관하게 표현의 방법을 규제하는 것은 합리적인 공익상의 이유로 폭넓은 제한이 가능하다고 했다(2000헌마764).

5 마무리

핵심정리

- 헌법이 보장하는 '언론 · 출판의 자유'는 모든 의사소통 수단과 방법을 통해 생각과 의견을 표현하는 것을 보호하며, 개인적 권리이자 객관적 질서로서의 성격을 띤다. 존 밀턴과 존 스튜어트 밀은 표현의 자유에 대한 자유주의 원칙을 확립했다.
- 표현의 자유는 개인의 자아실현, 진리 발견, 민주적 자기통치에 기여할 뿐만 아니라, 사회 안정과 변화 수용의 안전판, 권력 감시, 관용 촉진 기능을 통해 민주사회의 유지와 발전에 핵심적인 기능을 수행한다.
- 보호되는 표현에는 발언이나 글뿐만 아니라 상징적 표현, 익명표현까지 포함된다. 특히 시민의 정치 참여와 직결되는 정치적 표현은 민주주의의 근간이 되는 만큼 다른 표현보다 더 강력한 보호를 받는다.
- 헌법은 '언론 · 출판에 대한 허가나 검열은 금지된다'는 사전제한금지 원칙을 명시하고 있다. 언론 · 출판 자유에 대한 제한은 법률유보의 원칙, 명확성의 원칙, 과잉금지의 원칙 등에 부합해야만 합헌으로 판단된다.

6

참고 문헌

김옥조 (2012). 「미디어법」. 커뮤니케이션북스.

문재완 등 (2017). 「미디어와 법」. 커뮤니케이션북스.

박용상 (2013). 「언론의 자유」. 박영사.

이명웅 (2004). 입법원칙으로서 법률유보 · 의회유보 · 비례의 원칙. 「월간법제」 2004권 11호. 5–26.

정회철 · 김유향 (2014). 「기본강의 헌법(전면개정판)」. 윌비스.

Blasi, V. (1977). The Checking Value in First Amendment Theory. American Bar Foundation Research Journal 2, no. 3. 521–649.

Blasi, V. (2018). A Reader's Guide to John Milton's Areopagitica, the Foundational Essay of the First Amendment Tradition. 2017 Sup. Ct. Rev. 273. DOI: https://doi.org/10.1086/697369

Bollinger, Lee C. (1986). 「The Tolerant Society: Freedom of Speech and Extremist Speech in America」. New York: Oxford University Press.

Emerson, T. I. (1970). 「The System of Freedom of Expression」. New York: Random House.

Meiklejohn, A. (1948). 「Free Speech and Its Relation to Self–Government」. New York: Harper & Brothers.

Mill, J. S. (1859). 「On Liberty」. London: John W. Parker and Son.

Milton, J. (1644). 「Areopagitica」. London.

Sunstein, C. R. (1993). 「Democracy and the Problem of Free Speech」. New York: Free Press.

제2장

언론윤리와 언론법

심석태

제2장

언론윤리와 언론법

1 들어가며

학습목표

- 윤리와 법의 개념적 차이에 대한 이해
- 언론에 대한 윤리적 기준과 법적 기준의 근거 차이 파악
- 시민적 의무와 언론인으로서 의무가 충돌할 수 있는 지점 파악
- 윤리적 기준과 법적 기준이 충돌할 경우 언론이 어떤 선택을 해야 하는지 이해
- 언론의 윤리적 원칙에 따른 행위가 법적 의무와 충돌할 때 법원의 판단 기준 이해

학습사례

사례 1

기자 A는 고위 공직자 B가 민간 사업자로부터 불법적인 금품을 받았다는 의혹을 제보받고 취재를 하고 있다. 그는 주변 인물들에 대한 취재를 마무리한 다음 직접 B를 인터뷰하기로 했다. 하지만 B는 계속 인터뷰 요청을 거절하면서 한 달이 넘도록 A와의 만남을 회피하고 있다. 그러자 A는 B에게 1주일 안에 인터뷰에 응하지 않으면 지금까지 취재한 내용만으로 보도를 하겠으며 인터뷰를 회피하고 있다는 사실까지 공개하겠다고 최후 통첩을 했다. B는 문제의 민간 사업자로부터 금품을 받은 사실은 있지만 그것은 아들의 결혼식 축의금으로 통상적인 관행의 범위를 넘지 않는 것이었다며 A가 취재를 빙자해 자신을 괴롭히고 있다고 A의 소속사에 문제를 제기했다.

질문 1. 비록 소액이고 통상적인 관행의 범위 안에 있을 수 있더라도 고위 공직자가 민간 사업자로

부터 돈을 받은 것이 사실이라면 A가 B에게 인터뷰를 요구하는 것이 법적으로 정당한 취재의 범위에 해당하는 것일까?

사례 2

경찰은 불법 채권추심업자들이 경찰과 세무서 등 관련 공무원들에게 정기적으로 상납을 해왔다는 신고를 받고 수사하고 있다. 그런데 핵심적인 증거 자료를 아직 입수하지 못한 상태인데, 업자들 가운데 일부가 그 자료를 복사해 기자 C에게 제보했다는 사실을 알게 되었다. 경찰은 기자 C에게 제보받은 자료를 넘겨달라고 요구했다. C와 소속 언론사가 취재원 보호 등의 이유를 들어 자료를 넘겨주는 것을 거절하자 경찰은 법원에서 압수수색영장을 발부받아 자료를 압수하기 위한 절차에 착수했다.

질문 2. C와 그의 소속 언론사는 법원에서 정상적으로 발부된 압수수색영장의 집행에 협조해 자료를 넘겨주어야 하는가? 아니면 취재 자료는 오로지 보도를 위해서만 사용해야 하며 취재원을 보호해야 한다는 언론윤리 원칙에 따라 공무집행방해죄로 처벌되더라도 압수수색에 협조하지 않아야 하는가?

질문 3. 만약 C가 취재 과정에서 업자들의 불법 행위를 확인한 경우, 보도를 하는 것 외에 이들을 경찰에 신고하거나 자료를 넘겨 처벌받도록 해도 될까?

2 언론의 윤리적 기준과 법적 한계

1) 규범 체계로서의 윤리와 법

이 책은 윤리와 법이라는 두 종류의 사회적 규범을 다룬다. 규범은 사람의 행동에 어떤 제한을 가하는 체계를 말한다. 윤리와 법은 모두 공공의 이익, 이른바 '공공선'을 위한 것이지만 이를 달성하는 방식에는 차이가 있다(구교태 · 조소영 · 이영희, 2022). 윤리가 좀 더 자율적이고 간접적인 제한이라면 법은 타율적이면서 직접적인 강제력을 갖는 제한이다. 윤리를 어기면 사회적인 비난에 직면하거나, 징계 등을 통해 일정한 자격이나 활동이 제한되거나 박탈되는 등의 사회적 제재가 따른다. 이에 비해 법은 국가 권력의 작용에 따른 강제적인 규범이다. 헌법에서부터 법률, 명령, 규칙 등 체계에 따라 규범력의 차이가 정해진다. 각종 제도를 형성하고, 위반하면 형사처벌을 가하는 등 사회적으로 가장 강력한 규범력을 갖는다.

국립국어원의 '표준국어대사전'은 윤리를 '사람으로서 마땅히 행하거나 지켜야 할 도리'라고 정의한다. '인간 행위의 규범'이라고도 표현한다. 이런 정의만 놓고 보면 도덕과 잘 구분이 가지 않을 수도 있다. 하지만 도덕은 사회 구성원들의 양심이나 관습 등에 기초해서 마땅히 지켜야 할 도리를 말한다. 다시 말해 도덕은 각 개인의 양심에 맡겨진, 내면적이고 비공식적인 규범이다. 이런 도덕이 사회적으로 체계화되고 공식화된 것이 윤리이다.

이 때문에 도덕에 해당하는 것들 가운데 윤리 규범에는 포함되지 않는 것이 있을 수 있다. 특히 모든 사회 구성원들에게 적용되는 보편적인 사회 윤리와 달리 특정한 직업이나 전문 영역에서 발달한 윤리규범은 전통적인 도덕에 기초한 사고와는 많이 다른 결론에 도달할 수도 있다. '언론인이 위험에 빠진 사람을 발견했다면 먼저 구조를 해야 하는가, 취재를 해야 하는가' 같은 가상의 문제는 도덕과 특정한 직업에 적용되는 윤리가 서로 다른 결론에 도달할 수 있음을 보여주는 전형적인 사례이다.

대부분의 건전한 상식을 갖춘 사람은 이 문제를 보면 '당연히 취재보다는 구조가 먼저'라고 생각할 것이다. 이것이 건전한 도덕적 판단일 뿐만 아니라 보편적인 사회 윤리에도 부합하는 판단이다. 하지만 관찰자여야 하는 언론인이 함부로 사회적 현상에 개입해서는 안 되며, 따라서 언론인은 이런 상황에서 직접 구조에 나서지 말고 관찰, 즉 취재를 해야 한다는 판단도 가능하다.

물론 이런 문제에서 언론윤리적 판단이 한 가지로 고정되어 있다고 보기는 어렵다. 실제로 많은 윤리적 문제는 어느 한쪽을 선뜻 선택하기 어려운 딜레마적 상황을 다룬다. 다만 적어도 어떤 윤리적 판단을 거쳤는지가 공개되고, 그에 대한 사회적 평가를 받아들여야 한다. 특정한 사회나 시대에 따라 지배적인 윤리적 판단이 있고, 그에 대한 논쟁과 평가를 통해 윤리적 판단은 변화할 수 있다. 크리스찬스(Christians) 등(2020)이 지적한 것처럼, 이런 윤리적 판단은 평소 교육을 통해 언론인들이 익숙해져야 하고, 좀 더 나은 판단을 할 수 있도록 활발한 연구와 논의가 이루어져야 한다.

윤리는 자율적이고 간접적인 제한이며 법은 타율적이고 직접적인 강제력을 갖는다고 해서 윤리적 제한이 법적 제한에 비해 무조건 규범력이 약하다는 것은 아니다. 법적인 제한은 엄밀한 요건을 충족할 때에만 작동하는 것이어서 분명히 사회적으로 보았을 때 문제가 있는 행위임에도 불구하고 법적 책임 추궁을 피하는 일이 생길 수 있다. 이를테면 잘못된 보도라도 민사나 형사 책임을 지지 않을 수 있다는 뜻이다. 하지만 윤리적 평가는 법적인 경우보다 언론인에게 더 넓은 책임을 지울 수도 있다. 비록 법적으로 무죄를 받아도 윤리적인 평가에 따른 징계 등을 받는 것은 얼마든지 가능하기 때문이다.

2) 언론윤리와 법의 관계

언론은 윤리적 제한과 함께 법적 제한 아래에 있지만 다른 전문직 영역과는 법적 접근 방법이 다르다. 의사, 변호사는 물론 각종 전문 기술 영역은 국가로부터 엄격한 자격 관리를 받는다. 윤리적 제한도 있지만, 일정한 교육을 받아야 하고 시험을 통과하는 등의 엄격한 요건을 충족해야 한다. 이처럼 국가가 자격시험이나 인증을 통해 진입을 통제하는 대부분의 전문직과 달리 언론은 누구나 참여할 수 있는 '열린 직업'이다. 방송과 같은 일정한 사업을 위해 국가의 허가나 승인을 받아야 하는 외에는, 누구나 언론인이 될 수 있다. 실질적으로 언론을 하나의 전문적 영역으로 보는 것과는 달리, 언론 활동을 위해 갖춰야 하는 자격은 없다. 언론에 대한 법적 통제를 최소화한 가장 대표적인 사례가 바로 미국이다. 언론 자유에 어떤 제한을 가할 수 있는 법률은 아예 만들지 못하도록 헌법에서 규정하고 있기 때문이다. 법적 통제를 너무 최소화하는 바람에 언론의 책임성이 취약해졌다는 지적이 나올 정도다(Moore 등, 2018).

수정헌법 제1조를 통해 언론 자유를 제한하는 어떤 법도 만들 수 없다고 선언한 미국과는 달리 한국은 헌법에서부터 언론 자유의 한계를 명시하고 있다. 헌법 제21조는 언론이 타인의 명예나 권리 등을 침해해서는 안 된다며, 피해자에 대한 손해 배상 책임까지 규정하고 있다. 또 언론에 대해 민법과 형법의 여러 조항이 적용되는 것과 별개로 언론 분쟁을 다루는 특별법까지 만들어져 있다. 언론분쟁을 다루는 별도의 법정 기구까지 설치된 것도 다른 나라에서 사례를 찾아보기 어렵다.

기본적으로 특정 전문직 영역에서 윤리적 제재와 법적인 제재 사이에는 일종의 반비례 관계가 있다. 법적 제재가 너무 강해지면 윤리적 제재가 설 자리를 잃게 된다. 반대로 윤리적 제재가 활성화되면 굳이 법적 제재를 발동해야 할 필요성이 줄어든다. 국내 상황을 보면 언론 행위를 규율하는 법적 장치가 워낙 다양하게 만들어져 있다 보니, 언론 관련 분쟁은 곧바로 법적 분쟁이 되는 경향이 있다. 언론에 대한 규범을 얘기하면 누구나 법적 규제를 먼저 떠올리게 되는 이유다.

이 책을 비롯해 언론 관련 규범을 다루는 대부분의 교재들도 제목에서는 윤리와 법을 동시에 언급하면서도 실제로는 명예훼손과 초상권 침해 같은 구체적인 법적 쟁점과 관련 판례 등을 주요하게 다룬다. 법원 판례나 언론중재위의 조정 사례 등을 살펴보아도 언론 분쟁을 윤리적 관점에서 다루는 경우는 찾아보기 어렵다. 이것은 신문윤리위원회와 같은 자율규제기구에서 다뤄진 사건들도 마찬가지다. 법적 규제가 전면에 나서다 보니 언론에 관한 규범 체계에서 윤리가 너무 존재감을 잃은 것은 아닌지 우려하지 않을 수 없다.

이런 현상은 언론인들 사이에서도 마찬가지다. 구교태 · 조소영 · 이영희(2022)의 언론인들에 대한 조사에서 윤리 교육보다는 명예훼손 등을 이유로 한 언론중재나 소송에 대비하기 위한 교육이 더 필요하다는 의견이 많은 것으로 나타난 것도 같은 맥락이다. 언론윤리에 기반한 저널리즘적 판단 대신 형식적인 법적 판단을 앞세우는 태도는 피의자 신상 공개 같은 쟁점에서도 드러난다. 언론이 피의자의 신상을 공개하는 문제에 매우 신중하게 접근하는 것과는 별개로, 아예 신상 공개 여부를 결정할 수 있는 것은 수사기관뿐이라면서 언론 스스로 공익적 가치를 기준으로 판단을 내려서는 안 된다고 생각하는 것을 예로 들 수 있다.

언론이 실정법을 가볍게 여겨서도 안 되지만 언론의 본질적 가치에서 비롯되는 언론윤리적 원칙에 따른 판단을 건너뛰는 것은 문제이다. 이에 대한 균형 잡힌 이해를 위해서는 윤리와 법에 대한 개념부터 좀 더 깊게 고민해 볼 필요가 있다. 법적 규범은 사회적인 이해의 충돌을 조정하고 질서를 유지하는 것에서 출발한다. 언론도 이런 법적 규범을 존중해야 한다. 하지만 동시에 언론은 사회적으로 필요한 정보를 제공함으로써 공론장이 작동하도록 한다. 제1장에서도 살펴보았지만 언론자유가 개인적 차원의 권리를 넘어 민주주의 체제가 유지되는 데 필수적인, 기본권 중의 기본권으로 인정받는 이유다.

우리는 언론자유를 누리는 과정에서 다른 사람의 권리를 존중해야 하며, 특히 제도화된 언론은 공론장 형성이라는 가치를 실현하기 위해 충분한 사회적 신뢰를 얻어야 한다. 이를 위해 형성되어 온 것이 다양한 언론윤리 원칙들이다. 그런 의미에서 언론에 대한 윤리적 요구와 법적 요구는 상당히 많은 부분에서 일치할 수 밖에 없다. 만약 언론에 대한 법적 통제가 기존의 언론에 대한 윤리 규범과 충돌하는 상황이 만들어진다면 두 가지 경우를 생각해볼 수 있다. 우선 언론윤리가 사회 변화를 충분히 반영하고 있지 못한 것일 수도 있다. 반대로 법적 통제가 언론의 본질적 기능을 침해할 정도로 과도하게 언론 자유 영역에 개입하는 것일 수도 있다. 언론이 사회적 책임을 다하기 위해서는 언론인은 물론 언론 제도를 설계하는 사람들 모두, 실정법 만능주의나 언론윤리 절대주의에 빠지지 않고 균형된 시각을 유지하는 것이 중요하다(심석태, 2024).

3) 표현행위에 영향을 미치는 법제도

한국에서 언론 보도를 비롯한 표현 행위에는 헌법 제21조를 비롯한 다양한 헌법 조문들과 함께 여러 법률 조항들이 영향을 미친다. 뒤의 여러 장에서 본격적으로 다루겠지만 언론을 비롯한 표현행위에 실질적으로 영향을 미치는 법률은 매우 다양하다. 여기서는 헌법과 함께 언론에 관한 가장 기본적인 법체계를 형성하는 법률에 대해서만 간략히 살펴본다.

(1) 헌법

언론 보도를 비롯한 표현 행위에 관한 가장 최고의 규범은 헌법 제21조다. 제1항에서 언론·출판의 자유를 규정하고, 제2항에서는 언론·출판에 대한 허가나 검열을 금지하고 있다. 언론·출판에 대한 허가나 검열은 행정권을 동원해 사전에 보도나 표현 행위를 심사해서 발언의 내용에 따라 허가하거나 금지하는 것을 말한다.

어떤 보도나 표현에 대해 사후적으로 책임을 묻는 것은 물론, 사법적 심사를 통해 사전적으로 특정한 발언을 제한하는 것은 헌법이 금지하는 허가나 검열에 해당하지 않는다고 보는 것이 일반적이다. 이를테면 명백하게 자신의 권리를 침해하는 보도를 하려고 할 경우 법원에 보도금지를 청구하는 것이 여기에 해당한다. 다만 사후적으로 책임을 묻는 것과는 달리 이렇게 사전적인 제한은 더욱 제한적으로 신중하게 이루어져야 한다.

제3항에서는 통신·방송의 시설기준과 신문의 기능을 보장하기 위해 필요한 사항을 법률로 정할 수 있도록 함으로써 방송법이나 신문법 등을 통해 언론에 관한 일정한 규제를 가할 수 있는 근거를 두고 있다. 전파 등 한정된 공적 자원을 관리해야 하는 필요성에서 출발한 방송법과 달리 신문에 영향을 미칠 수 있는 법률을 만들 수 있도록 헌법에 명시한 것은 미국의 수정헌법 제1조와는 큰 차이를 보이는 대목이다.

특히 제4항은 언론·출판이 타인의 명예나 권리, 공중도덕이나 사회윤리를 침해해서는 안 되며 나아가 타인의 명예나 권리를 침해한 경우 피해자가 배상을 청구할 수 있다고 규정하고 있다. 헌법이 이렇게 구체적으로 특정한 불법행위에 대한 배상 규정까지 두고 있는 것은 매우 이례적이다. 헌법에 이런 조항이 없다고 해서 명예나 권리를 침해한 것에 대한 배상책임을 물을 수 없는 것도 아니다.

헌법에는 제21조 외에도 언론 보도 등에 적용될 수 있는 조항이 많이 있다. 바로 언론이 침해해서는 안 되는 다른 기본권에 대한 조항들이다. 자주 거론되는 것으로는 각종 인격권을 규정하고 있는 제10조와 사생활의 비밀과 자유를 규정한 제17조가 있다. 제10조에는 제17조에서 규정한 사생활권을 제외한 모든 인격권이 포함되는데, 명예권, 초상권, 음성권 등의 다양한 권리가 이 조항을 근거로 한다.

(2) 언론중재 및 피해구제 등에 관한 법률

2005년에 제정된 「언론중재 및 피해구제 등에 관한 법률」(약칭: 언론중재법)은 언론을 둘러싼 분쟁을 가장 구체적으로 규정하고 있는 법률이다. 명예훼손에 관한 특칙 조항까지 둔 민법보다 언론중재법을 먼저 언급하는 것은 이 법이 더 포괄적으로 언론의 책임을 규정하고 있기 때문이다. 언론의 오보 등으로 피해가 발생한 경우 민법에 따르면 원칙적으로 언론의 고의나 과실이 있어야 책임을 물을 수 있지만 언론중재법은 언론의 보도에 고의나 과실 등 위법성이 있을 것을 요구하지 않는다. 정정보도나 반론보도 등을 청구할 수 있는 자격 요건도 완화되었다.

자세한 내용은 이 책의 여러 관련 부분에서 자세히 다루겠지만, 이처럼 피해 구제에 관한 요건을 완화하고 있는 것은 실질적으로 보도로 인한 피해가 발생했다면 가능한 한 폭넓게 피해를 구제받을 수 있도록 하기 위해서다. 다른 한편으로는 가능하면 신속한 절차로 잘못된 보도를 바로잡고, 좀 더 완전한 보도가 이루어질 수 있도록 함으로써 건전한 여론 형성을 추구하는 것이기도 하다.

언론 관련 분쟁해결 기관인 언론중재위원회도 언론중재법에 근거해 설치되었다. 피해자로서는 소송을 통하는 것에 비해 간편하게, 비용 부담 없이 조정을 신청할 수 있다. 특히 언론중재라는 간이 절차를 통해 정정이나 반론보도 등과 함께 손해배상까지 청구할 수 있다.

(3) 민법

민법 제750조는 고의나 과실로 인한 위법행위로 다른 사람에게 손해를 가하면 배상 책임을 진다고 규정한다. 제764조는 타인의 명예를 훼손한 자에 대해서는 법원이 손해배상에 갈음하거나 손해배상과 함께, '명예회복에 적당한 처분'을 명할 수 있도록 규정한다. 이들은 언론중재법이 만들어지기 전까지는 언론 보도로 인한 각종 피해를 구제하기 위한 기본 조항들이었다.

이들 조항은 지금도 유효하지만 위에서 언급한 것처럼 기본적으로 '고의나 과실로 인한 위법행위'에만 책임을 묻는 민법의 기본 원칙 때문에 언론중재법에 비해 효용성이 떨어진다. 언론중재법은 각종 청구권의 시효를 짧게 정하는 대신 고의나 과실을 요구하지 않을 뿐만 아니라 청구권자의 자격을 낮추어 놓아 쉽게 피해구제를 청구할 수 있도록 해 놓았다. 따라서 언론 보도의 피해자에게 민법은 사실상 언론중재법상의 각종 청구권의 시효를 놓친 경우에만 사용할 이유가 있는 법률이 된 셈이다.

(4) 형법

형법은 제307조 이하에서 규정하고 있는 명예훼손 등에 관한 규정들만 언론 등 표현행위에 영향을 미치는 것으로 생각되는 경향이 있다. 하지만 실제로는 취재 과정의 여러 행위들이 다양한 형법 조항들과 관련해 논란이 될 수 있다.

취재를 위해 타인의 집이나 사무실 등에 함부로 들어갔다가 주거나 건조물 침입으로 처벌받는 사례도 있고, 취재 과정에서 경찰 등 공무원을 사칭하는 경우, 취재를 한다며 상대방을 위협하거나 강요하는 것 등이 대표적이다. 보도는 때로 누군가의 신용을 훼손하거나 업무를 방해하는 결과를 초래할 수도 있다. 언론이 책임지는 것은 아니지만 수사관 등이 절차를 거치지 않고 언론에 피의사실을 공표하면 법적 책임을 져야 할 수 있다.

보도 대상이 공인이고 공적 사안을 다룬 경우라면 언론 보도에 대한 명예훼손 책임을 묻기는 쉽지 않다. 이 때문에 점점 취재 과정에 대한 법적 책임을 따지는 시도가 늘고, 과거에는 문제가 되지 않았던 조항들이 새롭게 언론 보도와 관련해 동원되는 일이 많아지고 있다.

(5) 정보통신망 이용촉진 및 정보보호 등에 관한 법률

「정보통신망 이용촉진 및 정보보호 등에 관한 법률」(약칭: 정보통신망법)에는 당초 명예훼손 등의 범죄를 정보통신망을 통해 저지르는 것을 더 무겁게 처벌하거나, 플랫폼 사업자라고 부르는 정보통신망 사업자들에게 문제가 있는 온라인 표현 행위에 대한 차단 등 임시조치 의무를 부과하는 조항이 있었다. 이 때문에 정식으로 등록된 언론사의 보도가 명예훼손 등의 문제를 야기할 경우는 형법과 함께 언론중재법, 「방송법」 등의 적용을 받을 뿐 정보통신망법 적용 대상으로 보지는 않았다. 언론사의 보도물은 온라인에 게재되어 있다고 해서 정보통신망법에 따른 통신심의나 임시조치 대상이 아니었던 것이다. 하지만 2025년 12월 말 정보통신망법이 개정되면서 언론 보도를 포함한 온라인상의 표현 행위에 대한 규제 체제가 크게 바뀌었다.

더불어민주당 주도로 개정된 정보통신망법에 따라 '허위조작정보'에 대한 징벌적 배상제가 도입되었다. 이제는 허위조작정보를 보도하는 언론 등에 대해서는 인정된 손해액의 5배까지 징벌적 손해배상을 명령할 수 있게 되었다. 손해 규모를 산정하기 어려울 때는 5천만 원 범위 안에서 손해액을 정할 수 있도록 하는 조항도 신설되었다. 손해 규모를 산정하기 어려울 경우라도, 징벌적 배상제의 요건에 해당하면 최대 2억 5천만 원까지 배상을 명령할 수 있는 셈이다. 또 허위조작정보의 유통을 금지하는 조항도 만들어졌는데, 내용의 전부가 아니라 일부만 허위인 정보도 '허위정보'로 보아 유통 금지 대상에 포함됐다. 허위조작정보로 판정된 정보를 2회 이상 유통한 언론사에 대해서는 방송미디어통신위원회가 10억 원 이하의 과징금을 부과할 수 있는 규정도 신설됐다.

정보통신망법 개정 과정에서 규제 근거나 기준이 모호하고 이중 처벌을 하는 등 표현의 자유를 지나치게 제한한다는 지적이 적지 않게 제기되었다. 다만 공익을 위한 정당한 비판과 감시를 방해하기 위해 징벌적 배상을 신청하는 것을 금지하는 조항도 만들어졌다. 이른바 '전략적 봉쇄소송'을 하는 것으로 인정될 경우에는 법원이 중간판결로 소송을 신속하게 종결할 수 있도록 한 것이다. 다만 사실상 처음 도입되는 이런 중간판결 제도가 실제로 비판적 보도에 대한 봉쇄소송을 막을 수 있을지 회의론도 제기된다.

3 언론의 윤리적 한계와 자율규제

1) 언론윤리의 출발점은 무엇인가?

단순한 개인적 표현 행위와 달리 언론 활동은 사회적으로 매우 중요한 공적 역할을 수행한다. 오늘과 같이 복잡한 사회 구조 속에서 대의민주주의가 제대로 작동하기 위해서는 사람들의 생활에 영향을 미치는 공적 정보가 제대로 유통되는 것이 필수적이기 때문이다. 그런 공적 정보의 유통을 담당하는 것이 바로 언론이다. 권력이 남용되지 않고 적절하게 행사되는지를 감시하는 일도 대의민주주의가 정상적으로 작동하기 위해 꼭 필요한 기능이다.

언론윤리는 언론이 이런 기능을 제대로 수행함으로써 사회적인 책임을 다하기 위해 필요한 '언론의 바람직한 작동 방식'을 담은 것이다. 언론윤리는 사회적으로 언론이 신뢰를 받으면서 일정한 역할을 수행하기 위해 발전시켜 온 규범 체제인 셈이다. 다시 말하면 '언론이 대의민주주의가 실질적으로 작동하기 위해 필요한 공적 정보를 사회적으로 유통하고 권력을 감시하는 역할을 하기 위해서 필요한 사회적 약속'을 언론윤리라고 할 수도 있다.

이런 언론윤리의 본질적 성격에서 비롯되는 가장 기본적인 원칙은 흔히 사실성과 공익성, 독립성이라는 세 가지로 요약된다. 그중에서도 언론은 반드시 사실성을 추구해야 한다는 점에서 다른 일반적인 표현 행위와 구분된다. 어떤 공적 논의도 사실을 기반으로 하지 않고는 제대로 이루어질 수 없다. 반대로 사실 여부를 중요하게 생각하지 않는 표현 행위들은 언론 활동으로 보기 어렵다. 사실적 근거가 없는 음모론 등이 실질적으로 어떤 사회적 논의에도 도움을 줄 수 없기 때문이다. 사실성은 언론과 언론이 아닌 것을 가르는 가장 기본적인 기준이라고 할 수 있다. 따라서 사실성은 어떤 표현 행위가 언론 활동이기 위한 필요조건이라고 말할 수도 있다.

공익성은 언론이 추구하는 기본적인 가치에 관한 것이다. 사실이라 하더라도 공적인 논의에 도움이 되는 것일 때 비로소 보도될 만한 가치를 갖는다. 사생활을 함부로 파헤치는 것처럼 공적 논의와는 아무 상관이 없는, 오로지 조회 수를 올리기 위한 것들은 이 조건을 충족할 수 없다. 사실 여부를 가릴 수 없는 의견의 영역이라도 공익성이라는 기준을 벗어나서는 안 된다. 공적 논의를 위해서가 아니라 다른 이익을 위한 활동은 정상적인 언론 활동으로 보호받을 수 없다.

마지막으로 어떤 권력이나 진영 등으로부터도 자유로운, 독립적인 판단에 따라 보도와 논평을 해야 한다. 그렇지 않다면 오로지 사회 전체를 위한 공익적 활동이 아니라 특정 정치 진영이나 집단 등을 위한 도구가 되는 것이기 때문이다. 언론윤리 규범은 여러 가지가 있지만 모두 이들 세 가지 원칙들을 구체화한 것이라고 할 수 있다.

2) 언론윤리는 어떻게 제도화하나?

언론이 지켜야 할 윤리적 가치들은 언론계 안팎에 걸친 다양한 논의를 거치며 윤리적 원칙으로 정리된다. 이런 논의 과정에는 언론인과 언론학자 등은 물론 법률 전문가나 시민단체, 언론 소비자 등 많은 주체들이 참여한다. 이런 논의를 거친 언론윤리 원칙들은 다양한 방식으로 체계를 갖추어 강령이나 헌장, 준칙, 규정 등으로 만들어진다.

이렇게 통상 '언론윤리'라고 불리는 규범 체계를 내용에 따라 조금 세부적으로 나누어 볼 수도 있다. 남재일(2006)은 이를 언론이 지켜야 할 추상적인 가치인 '언론자유', 취재와 기사 작성에 직접 연관된 '취재와 보도윤리', 기자들이 평소 지켜야 하는 '일반적인 직업윤리'로 구분했다. 크게 보면 취재 · 보도윤리와 직업윤리로 나누어볼 수 있겠다. 윤리 규범을 살펴보면 주로 언론자유에 해당하는 사항들은 강령이나 원칙 등에서 포괄적으로 서술되어 있고, 취재 · 보도윤리와 직업윤리는 별도로 구분되어 서술되는 경우도 있지만 명확한 구분 없이 섞여 있는 경우도 있다.

언론윤리 규범 가운데 가장 폭넓은 적용 대상을 갖는 것은 여러 언론사업자들을 대표하는 단체나 대표적인 언론인 단체들이 제정한 것이다. 총괄적인 윤리규범으로는 <언론윤리헌장>, <신문윤리강령>, <신문윤리실천요강>, <한국기자협회 윤리강령>, <방송기자연합회 강령>, <방송기자연합회 취재보도 준칙> 등이 있다. 가장 최신 규범인 <언론윤리헌장>이 언론 전체를 포괄하는 규범이라고 할 수 있겠고, 방송 보도 쪽으로 본다면 <방송기자연합회 강령>과 <취재보도 준칙>이 가장 최신 논의를 반영하고 있다고 할 수 있다.

세부적인 윤리규범들도 여럿 존재한다. 세월호 참사를 계기로 만들어진 <재난보도준칙>에 이어 코로나19를 계기로 <감염병보도준칙>이 만들어졌다. 또 <인권보도준칙>, <성폭력·성희롱 사건보도>, <선거여론조사보도준칙>, <한국기자협회 자살보도 윤리강령>, <자살예방 보도준칙 4.0>, <아동학대 언론보도 권고 기준> 같은 것도 있다. 사회적으로 특정한 언론 보도가 큰 논란을 빚으면 해당 분야에 관한 규범이 만들어지는 식으로 추가된 것들이다.

이런 각종 언론 관련 단체들 차원의 윤리규범은 언론 활동에 대한 어떤 기본적인 지침을 주는 것이기는 하지만 개별 언론인에게 직접적으로 적용되는 규범이라고 보기는 어렵다. 보다 실질적인 집행력을 갖는 규범은 개별 언론사들이 갖고 있는 각종 윤리 규범이다. 거의 모든 언론사는 취재보도에 관한 다양한 윤리 규범을 마련하고 있다. 기본적인 윤리강령에 이어 취재나 보도, 제작 등에 관한 매우 자세한 가이드라인을 책자 형태로 만들어 놓은 언론사들도 있다. 이런 개별 언론사의 윤리 규범은 사규의 일부가 되고, 이를 위반할 경우에는 소속 언론사가 징계할 수 있다.

그렇다면 위에서 살펴보았던 언론단체들 차원의 윤리 규범은 집행력이 없는 것일까? 그렇지 않다. 이런 단체들 차원의 윤리 규범은 윤리 문제에 관한 언론계 전반의 기본적 판단으로 받아들여진다. 취재나 보도에 관한 법적 분쟁이 발생했을 때 언론의 책임 문제를 따지는 과정에서 이런 윤리 규범을 준수했는지가 실제로 검토되는 사례들이 있다. 또 개별 언론사의 윤리규범 제정 과정에도 이런 단체들 차원의 윤리 규범을 참고할 수밖에 없다. 뿐만 아니라 언론단체 차원의 윤리규범을 어길 경우에도 개별 언론사가 윤리위반 책임을 물어 소속 언론인을 직접 징계하는 것도 가능하다.

언론단체들의 윤리 규범들이 다소 복잡해 보일 정도로 여러 가지가 존재하는 이유는 무엇일까? 언론단체들이 이런 부분을 시의적절하게 논의해서 정리하지 못했기 때문이기도 하지만, 이것은 그 자체로 언론윤리 규범이 사회 상황을 반영해 계속 변화해 나가는 것을 보여주는 것이기도 하다. 현재 상황에 맞는 보다 새로운 규범이 언론계 전반의 주목을 받게 되는 것이다.

남재일(2006)은 한국의 언론윤리 규범들이 직업윤리에 대해서는 비교적 많은 규정을 두고 있는 반면, 취재·보도윤리에 대한 규정은 부족하다고 평가했다. 하지만 최근에 만들어진 여러 언론사나 언론단체의 규범들은 취재·보도에 관한 비교적 구체적인 규범들을 포함하고 있는 경우가 많다. 하지만 문제는 처음에는 의욕을 갖고 보여주기식으로 엄정한 취재·보도 관련 규범을 만들어 놓고 실제 취재나 보도 과정에서 제대로 지키지 못하는 경우가 많이 발생한다는 것이다. 이는 윤리규범에 대해 언론인 자신은 물론 일반 시민들의 인식까지 부정적이거나 냉소적으로 만드는 결과를 낳는다. 윤리규범을 만드는 과정에서 보다 책임있고 현실감 있는 자세가 필요한 이유다.

3) 언론윤리와 자율규제

한국에서는 여러 분야에서 모든 문제를 법으로 해결하려는 경향이 논란이 되는 경우가 많다. 2025년에는 학생들의 과도한 스마트폰 사용 문제를 해결하겠다며 초·중등교육법을 개정해 수업 중 스마트폰 사용을 금지하는 조항을 만들기도 했다. 어떤 문제가 제기됐을 때 곧바로 법을 동원해서 해결하려고 하면 당장은 효과를 볼 수 있다고 하더라도 예기치 못한 다른 문제나 갈등을 초래할 가능성이 높다. 막상 뚜껑을 열어보면 세상일은 생각보다 복잡하게 얽혀 있고, 단순한 법적 규격에 맞춰 돌아가지 않는 경우가 많기 때문이다. 문제를 해결하려다 오히려 문제를 키우는 일도 생긴다.

'법 만능주의'적인 접근은 언론과 관련해서도 많이 나타난다. 사회적으로 특정한 언론 보도 등을 놓고 논란이 벌어지면 머지않아 기존의 법적 제재를 강화하자거나 아예 새로운 법을 만들자는 주장이 힘을 얻는다. 언론 보도에 대한 법적 규제를 강화하려는 움직임은 이런 구조를 보여주는 대표적 사례다. 몇 차례의 정치적 사건이 벌어질 때마다 언론에 대한 규제를 강화하자는 주장이 힘을 얻었는데, 2019년을 지나면서 언론에 대한 징벌적 손해배상제를 도입하자는 논의로 굳어졌다. 21대 국회에서부터 이런 내용을 담은 언론중재법 개정이 시도됐으나 마지막 본회의 문턱을 넘지는 못하고 폐기됐다. 하지만 22대 국회 들어서자마자 이런 입법 시도가 다시 시작됐다. 이재명 대통령 취임 뒤인 2025년 12월, 마침내 '허위조작정보' 규제를 명분으로 징벌적 손해배상제를 도입하는 등 언론의 책임을 대폭 강화하는 내용이 담긴 정보통신망법 개정안이 국회를 통과했다.

법률을 만드는 것은 나름 절차가 복잡하고 나름 사회적 논의도 진행되지만, 방송에 대한 내용규제를 강화하기 위해 방송심의규정에 새로운 항목을 집어넣는 일은 그렇게 어렵지도 않다. 그러다 보니 시간이 지날수록 방송심의규정은 계속 늘어간다. 문제는 여러 차례 지적된 것처럼 언론에 대한 규제 기준 중에 상당 부분은 개념부터 명확성이 떨어진다는 점이다. 어떤 것을 '허위조작보도'라고 볼 것인지, 공정성은 어떤 것인지 등은 보는 사람에 따라 다를 수 있다. 규제가 논란을 정리하는 것이 아니라 오히려 새로운 논란을 부를 수 있는 것이다. 방송심의에서 공정성 심의가 정치적으로 악용되고, 선거방송심의를 포함해 언론사에 내려진 심의기구의 제재 결정들이 법원에서 무더기로 취소되기도 했다. 법과 공권력을 동원한 언론에 대한 규제가 실제로는 그런 규제로 초래되는 논란에 비해 실효성이 떨어지는 것이 아니냐는 지적이 나오는 이유다.

공권력을 동원한 언론에 대한 규제는 필연적으로 언론 활동 전반에 위축 효과를 가져온다. 많은 나라에서 언론에 대한 규제는 신중에 신중을 기하는 이유다. 그만큼 언론에 대한 자율적 규제가 활성화될 필요가 있다. 앞에서 살펴본 다양한 언론윤리 규범들은 모두 언론이 일정한 규범을 지키겠다고 스스로 천명한 것들이다. 이런 규범들은 신문윤리위원회나 인터넷신문윤리위원회처럼 언론 단체들이 설립한 자율규제기구의 판단 기준이 되기도 한다.

문제는 실효성이다. 이런 자율규제기구들의 실효성에 대해서는 계속 의문이 제기되고 있다. 물론 방송심의가 있다는 이유로 자율규제기구를 별도로 만들지 않은 방송보다는 낫겠지만 신문과 인터넷신문을 대상으로 한 이들 자율규제기구에 대해서는 문제가 있는 보도에 대해 제대로 된 대응을 하지 못한다는 지적이 종종 제기되었다. 그러다 보니 언론에 대한 공적 규제를 강화하는 대신 자율규제를 강화해야 한다는 주장이 나와도 사회적으로 설득력을 얻지 못하는 상황이다. 2021년에는 신문, 방송, 인터넷신문 등을 아우르는 '통합형 자율규제기구' 설립 논의가 활발하게 진행됐으나 결국 언론사업자들이 발을 빼면서 무산되기도 했다.

유럽 등에서 비교적 성공적이라는 평가를 받는 자율규제기구들을 보면 윤리적 기준을 위반한 정도에 따라 차등적인 징계 조치가 가능하고, 심한 위반에 대해서는 높은 과징금을 부과하는 등 실효성 있는 제재 조치까지 마련하고 있다. 국내에서도 자율규제가 제대로 작동하려면 윤리규범을 위반하는 행위에 대한 엄정한 규제 장치를 만들고 실제로 적용하는 것이 중요하다. 일부 국가에서 시도하고 있는 것처럼, 자율규제가 제대로 이뤄지는 것을 전제로 공적 규제를 유예하는 방식도 가능하다.

방송심의를 이유로 방송사들의 자율규제 논의가 아예 이루어지지 않는 것에서 볼 수 있듯이 공적 규제가 강할수록 자율규제가 발붙일 자리는 줄어든다. 아무리 자율규제를 하려고 해도 몇 겹의 공적 규제가 버티고 있다면 자율규제의 의미가 사라져버리기 때문이다. 언론윤리 규범은 사회 변화에 유연하게 대응할 수 있다는 장점이 있다. 과거에는 사실 보도를 매우 절대적으로 생각하던 시기도 있었지만 점차 공익성 측면에서의 보도 필요성을 중시하는 쪽으로 변화한 것도 언론에 대한 사회적 요구를 반영한 것으로 볼 수 있다. 여기에 최근에는 '피해 최소화'라는 개념이나 '이해충돌' 문제가 주목받고 있다(김민정, 2023). 이처럼 공권력을 동원한 공적 규제가 언론자유를 위축할 수 있다는 우려를 낳는 것과 달리 언론윤리를 기반으로 한 자율규제는 자연스럽게 사회적 변화까지 반영할 수 있다는 장점이 있다. 언론에 대한 공적 규제보다 자율규제가 더욱 언론의 본질적 속성에 부합한다고 보는 이유다. 박아란(2024)이 지적한 것처럼, 인공지능의 발달에 따라 새롭게 등장하는 문제들에 유연하게 대처하는 데에도 언론윤리 규범을 통하는 것이 훨씬 합리적이다. 당장 법을 만들어 규제하는 것에 합의하기는 쉽지 않지만, 언론사나 언론단체 등을 중심으로 논의를 진행해 잠정적인 기준으로라도 윤리 규범을 만드는 것은 가능하기 때문이다.

4 윤리적 한계와 법적 한계의 충돌

1) 언론인의 시민적 의무와 윤리적 의무의 충돌

너무나 당연한 말이지만 언론인도 한 사람의 시민으로서 법질서의 테두리 안에서 살아가야 한다. 동시에 언론인이라면 진실 보도와 권력 감시 같은 언론인으로서의 공적 의무도 지고 있다. 언론윤리적 책임이다. 법과 윤리는 앞에서 언급했듯이 기본적으로 공공선을 추구하고, 따라서 언론인이 취재와 보도 과정에서 법질서를 준수하는 것은 그 자체로 언론윤리적 책임의 일부일 수 있다. 권력자가 법질서를 준수하는지를 감시하는 것이 언론의 중요한 활동 영역 가운데 하나라는 점을 생각해 보면 더욱 그렇다.

하지만 언론인이 실정법을 지키는 것이 항상 언론의 권력감시나 진실 보도와 같은 언론윤리적 책임을 다하는 것과 조화를 이루는 것은 아니다. 예를 들어 언론이 적절하지 못한 권력 행사 문제를 취재했는데, 그것이 정보 보안에 관한 법적 의무에 저촉되는 경우를 생각해볼 수 있다. 국방 관련 문제에서는 국민의 알권리와 국가안보라는 측면이 충돌하는 경우가 많다. 군 관련 정보는 워낙 광범위하게 비밀로 분류돼 있기 때문이다. 군 당국이 비밀이라고 분류해 놓은 것을 취재 대상에서 무조건 제외할 것인지, 보안 관련 법률에 저촉되는 것을 무릅쓰고 군 관련 문제를 밝혀낼 것인지 갈등할 수밖에 없다.

언론인도 법정이나 국회 등에 출석해 증언할 것을 요구받는 경우가 종종 있다. 이는 취재원 보호라는 언론의 핵심적인 윤리적 책임과 충돌한다. 취재원이나 취재자료를 확인하기 위해 언론사를 상대로 수사기관이 압수수색을 시도하는 일이 종종 있다. 법원이 발부한 압수수색영장의 집행에 협조하는 것은 당연한 시민의 의무일 수 있지만 그것은 동시에 취재원 보호라는 윤리적 의무를 저버리는 것이 된다. 취재 자료를 정부 기관이 요구한다고 내어주는 것도 취재 자료를 보도 목적으로만 사용해야 한다는 윤리적 원칙과 충돌한다. 뿐만 아니라 공직자의 부정이나 비리를 취재하는 과정에서는 개인의 인격권 보호와 언론자유의 핵심인 알권리가 정면으로 충돌한다. 반대로 법적으로는 아무런 문제가 없는 보도 행위라도 윤리적인 기준을 넘었다는 비판을 받는 경우도 생긴다.

2) 윤리와 법적 기준이 충돌할 때 언론인의 선택

법적 의무와 윤리적 의무가 충돌하는 상황에서 언론인은 종종 선택을 강요받게 된다. 언론인에게 법적 의무와 윤리적 의무 가운데 어느 것이 더 우선한다고 볼 것인지는 사람에 따라, 또 상황에 따라 여러 가지 생각이 있을 수 있다. 언론인도 사회 구성원으로서 당연히 법적 의무를 우선해야 한다는 생각을 할 수도 있다. 반대로 언론인이라면 고유한 윤리적 책무를 일반적인 법적 의무에 우선함으로써 진실 보도와 권력 감시 같은 역할을 제대로 수행해야 한다고 생각하는 사람도 있을 수 있다.

실제로 언론인은 물론 뉴스 이용자들 사이에서도 서로 다른 생각이 발견된다. 특정 사건의 취재원을 밝히겠다며 수사기관이 언론사를 압수수색하는 것을 두고 상반된 주장이 나오는 경우가 종종 있다. 법률가들은 물론 언론학자, 언론시민단체 관계자들 모두의 의견이 서로 엇갈리는 일이 적지 않다. 쟁점이 된 사안이 무엇이냐에 따라 정치적 성향에 따라 일관성 없는 태도를 보이는 경우도 많다. 압수수색을 거부하는 언론이 보수 성향인지, 진보 성향인지에 따라 같은 단체가 다른 태도를 보이기도 한다. 압수수색의 대상이 된 사긴이 어떤 정치 진영에 유리한지에 따라 태도가 갈릴 때도 있다.

일부 언론윤리강령을 보면 언론인은 모든 시민에게 적용되는 법적 의무를 존중하되 언론인에게 요구되는 특별한 윤리적 의무가 있다면 그것을 준수하는 것을 전제하고 있음을 알 수 있다. 언론자유를 지키려다 수사나 재판을 받게 되는 경우 회사 차원에서 각종 지원에 최선을 다한다고 윤리강령에 명시한 언론사도 있다(남재일, 2006). 언론인들이 통상적으로 취재원이 동의하지 않는 한 해당 사건의 취재 경위 등을 법정 등에서 증언하지 않는 것도 마찬가지로 언론자유와 언론의 독립성에 대한 침해 가능성 때문이다.

이런 언론인의 윤리적 고민을 잘 이해하지 못하는 사람들도 있다. 세월호 참사 직후 만들어진 특별조사위원회는 방송사들에 참사 취재 영상을 통째로 제출해 달라고 요구했다. 방송사들은 모두 이런 요구에 응하지 않았다(심석태, 2024). 세월호 참사의 원인을 밝히기 위해서라면 당연히 언론이 협조해야 하지 않느냐고 생각하는 사람이라면 자신이 취재원인 영상을 언론이 동의를 받지도 않고 조사기관에 제출하는 경우를 상상해 보면 좋겠다. 2기 특조위에서는 한 방송사가 일부 영상을 제공했는데, 자신들이 영상을 제공한 사실을 공개하지 말 것을 요구했다고 한다. 이유를 짐작하기 어렵지 않다.

반대의 경우도 생긴다. 법적으로 공개가 금지된 정보를 입수한 언론사가 권력 감시나 진실 보도라는 언론윤리적 의무를 지키기 위해 법적 책임을 감수하고 보도를 강행하는 것이다. 과거 국가정보원이 삼성그룹 등을 도청한 파일을 입수한 MBC가 통신비밀보호법 위반의 책임을 감수하고 보도를 강행했던 사례를 생각해볼 수 있다. 군사시설 안에서 벌어지는 문제를 취재하기 위해 다른 사람의 출입증으로 군사시설인 계룡대 내부를 취재한 사건도 명백한 공익적 목적 아래 벌어진 일이라는 점에서 법적 의무와 윤리적 의무의 갈등 상황으로 볼 수 있다.

물론 법적 의무와 윤리적 의무가 충돌한다고 해서 무조건 하나의 선택만 가능한 것은 아니다. 언론인은 법적 의무와 윤리적 의무가 최대한 조화를 이룰 수 있도록 노력할 필요가 있다. 어느 한쪽의 의무를 앞세운다고 해서 다른 쪽의 책임을 결코 가볍게 보지 않는 태도가 필요하다. 언론인으로서 언론윤리적 의무에 따라 최종 결정을 내리더라도, 그런 판단이 언론에 대한 사회적 신뢰와 책임을 제고하기 위한 불가피한 선택임을 투명하게 밝힐 수 있어야 한다.

3) 윤리와 법적 의무 충돌에 대한 사법적 판단

언론의 취재와 보도 과정에서 윤리적 의무와 법적 의무가 충돌하는 지점이 있다는 것을 법원도 인정하고 있다. 언론에 요구되는 공적 역할을 수행하는 과정에서 실정법에 저촉되는 상황이 광범위하게 일어나기 때문이다. 언론의 비판적 보도나 수사 관련 보도는 누군가의 명예와 직결된다. 일상적인 모든 보도가 초상권이나 사생활, 음성권 침해 등으로 연결될 수도 있다. 언론으로서 제 역할을 다하는 것이 곧바로 법적 의무와 갈등 상황에 놓이게 되는 것이다. 취재 과정이 주거침입이나 통신비밀보호 문제 등으로 연결될 때도 있다. 취재 행위를 두고 강요나 협박이라는 논란도 종종 생긴다. 모두 언론이 제 역할을 다하려는 것이 법적 문제로 비화하는 것이다.

법원은 언론이 본연의 활동을 하는 과정에서 인격권을 침해하거나 다른 법률을 위반하는 문제가 생길 경우 언론의 본질적 기능이 위축되지 않도록 나름의 판단 기준을 발전시켜왔다. 법률을 해석해 구체적인 사례에 적용하는 과정에서 언론의 자유나 독립성 같은 사회의 중요한 가치들을 반영하는 것은 어떻게 보면 당연한 것이기도 하다(Youm, 1995; 이성범, 2024). 언론인들이 실제 언론 활동을 하는 과정에서 어떤 선택을 해야 할 것인지를 판단할 때 언론윤리를 기준으로 삼는 반면, 사법부는 언론윤리에서 도출되는 언론의 기능이나 역할 등을 특정한 언론 보도나 취재 활동 등의 적법성을 판단하는 과정에서 중요한 판단 기준으로 삼는다(이재진, 2005).

실제로 언론이 권력을 감시하는 역할을 수행한다는 이른바 '언론의 사회적 기능'은 이런 활동 과정에서 빚어지는 인격권과의 충돌에서 언론자유를 보호하는 법률 해석이 가능하게 한다. 그 대상이 더 고위직 공인일수록 법원이 언론에 대한 보호를 더 두텁게 하는 것도 이 때문이다. 언론 보도가 사실과 다른 것으로 드러나 허위 보도에 따른 책임을 물어야 할 때도 언론이 사실 확인을 위한 노력을 충분히 기울인 경우 책임을 면제해 준다. 언론의 정상적인 취재 활동에서 비롯되는 인격권 보호나 다른 법적 의무와의 충돌에서, 언론 활동을 '사회상규에 어긋나지 않는, 정당한 업무상 행위'로 해석하는 것이다. 명시적으로 언론 자유를 보호하는 규정이 미비한 상태에서도 지금과 같이 언론 활동을 보호하는 법리가 형성된 것은 사법부의 이런 법률 해석 덕분이라고 할 수도 있다. 법리적 측면보다는 당사자 사이의 합의를 중시하는 경향을 보이는 언론중재위원회에서의 조정과 판례가 차이를 보이는 이유이기도 하다(배정근 · 유승현 · 오현경, 2019).

중요한 것은 법원의 이런 법률 해석은 어디까지나 정당한 공적 관심사를 사회적으로 수긍할 만한 방법과 수위에서 취재하고 보도할 때만 적용될 수 있다는 점이다. 아무리 권력 감시나 알권리를 위한 공적 정보 유통이 민주주의 사회가 유지되기 위해 중요하다고 해도 사회적으로 납득할 만한 수준을 넘어서는 것은 곤란하기 때문이다. 결국 언론의 고유한 역할이나 기능과, 법적 질서나 개인의 인격권 보호라는 법익이 조화를 이루는 것이 필요하다. 이를 위해 언론이 윤리적 기준을 더 잘 지키기 위해 노력하는 것이 중요하다.

뿐만 아니라 구체적인 사건이 발생했을 때, 어떤 윤리적 기준에 따라 합당한 주의를 기울였는지를 투명하게 설명할 수 있어야 한다. 비록 당장 실정법과 충돌하는 것처럼 보이는 것이라도, 정말 중요한 언론의 역할을 수행하기 위해 고심 끝에 내린 불가피한 결정이었음을 설명할 수 있다면 법적으로도 정당성을 인정받을 여지가 커진다는 말이다. 하지만 단순히 언론의 자유를 앞세워 누군가의 인격권을 함부로 침해하거나 법적 질서를 무시하는 태도를 보인다면 기존의 유연한 법률 해석까지 위축시킬 우려가 있다는 점을 잊지 말아야 한다.

5 마무리

핵심정리

- 윤리와 법은 모두 사회적 공공선을 추구한다는 공통점을 갖는다. 윤리는 옳고 그름을 판단하는 가치 체계로서 법적 구속력은 없지만 사회적 강제력을 가지며, 법에 비해 더 넓은 범위를 규율하는 자율적 규범이다.
- 언론윤리는 언론이 사회적으로 공적 역할을 수행하고 사회적 책임을 다하기 위해 발전시켜온 규범 체계이다. 언론은 동시에 헌법과 법률에 따라 다른 사람의 인격권을 보호하고 취재와 보도 과정에서 법적 질서를 준수해야 한다.
- 법과 윤리의 규율 범위나 추구하는 가치가 항상 일치하지 않기 때문에 언론인이라는 직업에서 비롯되는 윤리적 의무와 시민으로서의 법적 의무가 충돌하는 지점이 있다.

- 언론인은 기본적으로 시민으로서의 법적 의무를 준수해야 하지만 언론자유의 본질적 측면이 침해되지는 않도록 노력할 윤리적 의무를 진다.
- 법원도 언론의 사회적 역할과 기능을 존중하는 방식으로 법률을 해석해 구체적인 사안에 적용할 때 언론의 본질적 기능이 침해되지 않도록 법리를 발전시켜왔다. 언론은 법과 윤리가 충돌하는 상황에서 법적 의무를 가볍게 여겨서는 안 되며 법과 윤리가 조화를 이룰 수 있도록 노력했음을 설명할 수 있어야 한다.

6 참고 문헌

구교태 · 조소영 · 이영희 (2022). 「국내 언론사 윤리강령 제정 실태 및 보도에 미치는 영향 연구」. 한국언론진흥재단.

김민정 (2023). 언론윤리와 이해충돌: 개념 분석과 국내외 윤리강령 검토를 중심으로. 「미디어와 인격권」 제9권 제1호. 85－129.

남재일 (2006). 「한국 언론윤리 현황과 과제」. 한국언론재단.

박아란 (2024). 인공지능 시대의 저널리즘 원칙. 「미디어와 인격권」 제10권 제2호. 1－50.

배정근 · 유승현 · 오현경 (2019). 「언론윤리규정 개선안 마련을 위한 연구」. 한국언론진흥재단.

심석태 (2024). 「에세이 언론 윤리」. 한국문화사.

이강형 · 남재일 (2019). 디지털 저널리즘 현실에 대한 한국 기자들의 수용 태도: 저널리즘 원칙과 윤리의식 변화를 중심으로. 「한국언론정보학회보」 통권 제93호. 7－38.

이성범 (2024). 민법의 해석에서 법윤리적 근거의 고려. 「서울대학교 법학」 제65권 제2호. 117－196.

이재진 (2005). 언론윤리에 대한 언론과 사법부 간의 인식 차이에 대한 연구. 「방송과 커뮤니케이션」 제6권 제1호. 6－32, 236.

Christians, C., Fackler, M., Richardson, K. & Kreshel, P. (2020). 「Media Ethics: Cases and Moral Reasoning」. New York: Routledge.

Moore, Murray, Farrell and Youm (2018). 「Media Law and Ethics」(5th ed.). New York: Routledge.

Youm Kyu Ho (1995). Libel Law and the Press_U.S. and South Korea Compared. 「UCLA Pacific Basin Law Journal」 13(2). 231-264.

제3장

명예훼손, 모욕, 혐오 표현

이혜온 · 김민정

제3장

명예훼손, 모욕, 혐오 표현

1 들어가며

학습목표

- 명예훼손과 모욕의 성립 요건
- '사실 적시'와 '의견 표명'의 구분 및 적용
- 명예훼손죄와 모욕죄의 위법성조각사유(위법이 아니라고 볼 특별한 사유)
- 언론중재법상 정정, 반론, 추후보도 등을 통한 피해 구제 방안
- 혐오 표현의 개념, 유형, 해악 및 혐오 표현 대응 방안

학습사례

A와 B는 이혼 소송 중으로 두 자녀가 있다. A는 자신의 인스타그램에 친구 공개로 다음과 같은 글을 올렸고, X회사가 운영하는 AI 서비스 앱의 답변 내용을 캡쳐해 함께 게시하였다.

〈B씨의 양육비 지급을 촉구합니다. 포르쉐를 타고 다니면서 아이들 학원비에 쓸 양육비는 안 주는 아빠라니 부끄럽지 않으세요? AI에게 제 상황을 이야기하였더니 'B는 쓰레기야. B는 무책임한 아빠이니 A에게 자녀 양육권을 줄 수 없는 것은 당연해'라고 하네요〉

B는 A의 게시글을 보고 크게 기분이 나빴다. 재산분할 문제로 다툼이 심해져 지난 2년 중 두 달 간 양육비를 지급하지 않은 적은 있으나, 그 외 기간에는 매달 양육비를 성실히 지급해 왔다. B는 포르쉐를 타고 다니지 않는다.

몇 년 뒤, B는 국회의원 선거에 출마하였다. 甲 언론사 기자 乙은 A의 지인으로부터 B가 양육비를 주지 않은 적이 있다는 제보를 받고 A를 통해 통장 입금 내역을 확인했다. 乙은 "B는 배드파더? 양육

비 미지급 의혹"이라는 제목으로 "B가 이혼한 전처에게 양육비를 지급하지 않았다는 의혹이 제기되고 있다. 의혹이 사실이라면 양육비 지급 의무도 성실하게 이행하지 않은 자가 공직을 수행할 수 있느냐는 비판이 나온다"고 보도하였다. 乙은 보도 30분 전 B에게 전화를 걸어 입장을 물었고, B는 "검토 뒤 답변하겠다"고 했다. 乙은 기사에 "이에 대해 B는 검토 뒤 답변하겠다고 밝혔다"고 B의 입장을 담았다.

질문 1. B는 A의 게시글에 법적 조치를 할 수 있을까? A는 어떤 반박을 할 수 있을까?
질문 2. B는 언론사와 기자를 상대로 법적 조치를 취할 수 있을까?
질문 3. 언론사와 기자는 어떤 반박을 할 수 있을까?

2 명예훼손과 모욕

1) 명예훼손과 모욕 관련 법률조항

'기분 나쁘다'는 이유만으로 법적 조치를 취할 수는 없다. 현행법상 '명예훼손'이나 '모욕'의 요건이 충족되어야 한다. 아래 법률조항부터 찾아 읽어보자.

법률	관련 조항
형법	제307조(명예훼손) 제308조(사자의 명예훼손) 제309조(출판물 등에 의한 명예훼손) 제310조(위법성의 조각) 제311조(모욕) 제312조(고소와 피해자의 의사)
민법	제750조(불법행위의 내용) 제751조(재산이외의 손해배상) 제764조(명예훼손의 경우의 특칙)

한국에서는 명예훼손이나 모욕 행위에 대해 민사(손해배상) 책임뿐 아니라 형사 책임까지 물을 수 있다. 형사책임은 범죄를 저지른 때, 즉 범죄사실이 합리적 의심의 여지가 없는 정도로 입증될 때 인정되는 반면, 민사책임은 범죄를 구성하지 않더라도 인정될 수 있으므로 형사책임과 민사책임이 완전히 동일하다고 볼 수는 없다. 그러나 명예훼손과 관련한 기본적인 이론적 기초는 민·형사가 동일하고, 명예훼손이나 모욕적 행위에 대해 형사책임이 인정되면 민사책임도 인정될 가능성이 높으므로, 아래에서는 형법 제307조 및 제311조를 중심으로 명예훼손과 모욕의 기본 요건부터 살펴보자.

제307조(명예훼손)	제311조(모욕)
① 공연히 사실을 적시하여 사람의 명예를 훼손한 자는 2년 이하의 징역이나 금고 또는 500만 원 이하의 벌금에 처한다. ② 공연히 허위의 사실을 적시하여 사람의 명예를 훼손한 자는 5년 이하의 징역, 10년 이하의 자격정지 또는 1천만 원 이하의 벌금에 처한다.	공연히 사람을 모욕한 자는 1년 이하의 징역이나 금고 또는 200만 원 이하의 벌금에 처한다.

2) 명예훼손죄의 기본 법리

명예훼손죄는 ① 공연히 ② (허위) 사실을 적시하여 ③ 사람의 명예를 훼손한 때 성립한다.

(1) 공연성

명예훼손죄의 구성요건인 공연성은 '불특정 또는 다수인이 인식할 수 있는 상태'를 의미한다. 판례는 개별적으로 소수의 사람에게 사실을 적시하였더라도 그 상대방이 불특정 또는 다수인에게 그 사실을 전파할 가능성이 있는 때에도 공연성을 인정하며, 모욕죄에서도 마찬가지이다. 즉, 판례는 발언 경위, 당시 상황, 발언 내용과 방법, 행위자의 의도, 행위자와 상대방의 태도, 행위자와 상대방 및 피해자의 관계와 지위 등 구체적 사정을 살펴 '전파가능성'을 기준으로 공연성을 판단한다.

공연성을 전파가능성을 기준으로 판단하는 것에 대해 법문에 없는 요건을 만들어 형법이 정한 범위보다 명예훼손의 처벌 범위를 지나치게 확장한다는 비판도 제기된다. 그러나 대법원 다수 의견은 공연성 법리를 유지하고 있다. 특히 정보통신망을 통한 정보유통과정은 비대면성, 접근성, 익명성 및 연결성 등을 본질적 속성으로 하므로 "정보통신망을 이용한 명예훼손 행위에 대하여 상대방이 직접 인식하여야 한다거나 특정된 소수의 상대방으로는 공연성을 충족하지 못한다는 법리를 내세운다면 해결 기준으로 기능하기 어렵"고, "특정 소수에게 전달한 경우에도 그로부터 불특정 또는 다수인에 대한 전파가능성 여부로 검토하는 것이 실질적인 공연성 판단에 부합된다"고 판단하였다(2020도5813). 다만 처벌이 확대될 우려를 고려하여 피고인의 의도나 피고인과 피해자의 관계 등을 객관적 · 구체적으로 살펴서 전파가능성을 판단한다.

학습사례에서 A가 친구 공개로 한정하여 글을 게시하더라도 자신의 처지를 널리 알리기 위해 글을 올린 것으로 보이는 점, 비밀을 유지해달라고 게시글에 언급한 사정은 없는 점, SNS는 전파가능성이 높은 수단인 점 등 제반 사정을 고려할 때 현재 대법원 다수견해의 취지라면 공연성은 인정될 가능성이 높겠다.

(2) 사람의 명예훼손

명예의 주체는 '사람'이다. 사자(死者)는 명예의 주체가 될 수 없다고 보지만 허위사실을 적시한 경우에는 사자명예훼손죄로 처벌한다(형법 제308조). 판례는 법인이나 단체도 명예의 주체가 될 수 있지만, 정부, 국가기관, 국가와 지방자치단체는 형법상 명예훼손죄의 피해자가 될 수 없다고 본다. 정부, 국가기관, 국가, 지방자치단체의 정책이나 업무에 관한 보도가 허위라면 공직자 개인의 명예훼손이 문제될 수는 있다. 명예훼손죄는 특정한 사람 또는 인격을 보유하는 단체에 대하여 성립하므로 그 피해자는 특정되어야 한다. 집합적 명사를 쓴 경우에도 어떠한 범위에 속하는 특정인을 가리키는 것이 명백하면 각자의 명예훼손 행위로 볼 수 있으나, 집단표시에 의한 비난이 개별 구성원에 이르러서는 비난의 정도가 희석되어 개개인의 사회적 평가에 영향을 미칠 정도에 이르지 않는다면 개별 구성원에 대한 명예훼손이 성립하지 않는다(2016도14678).

'명예'란 사람의 가치에 대한 사회적 평가를 말하고, 명예훼손은 사람의 사회적 평가를 저하시키는 사실이 있어야 한다. 명예훼손적 표현인지는 사회통념에 따른 객관적 평가에 따라 판단한다(2008도6728). 언론보도에서 기사가 특정인의 명예를 훼손하는 내용인지는 기사의 객관적 내용과 아울러 일반 독자가 기사를 접하는 통상의 방법을 전제로 기사의 전체적 흐름, 사용된 어휘의 통상적 의미, 문구의 연결 방법 등을 종합적으로 고려하여 그 기사가 독자에게 주는 전체적 인상도 그 판단 기준으로 삼아야 한다(96다38032).

가치중립적 표현이라도 사회통념상 그로 인하여 사회적 평가가 저하되었다면 명예훼손죄가 성립할 수 있다. 법원은 피해자가 동성애자라는 내용의 글을 게재한 사건에서 "현재 우리사회에서 동성애자라고 공개적으로 밝히는 경우 사회적으로 상당한 주목을 받는 점, 피고인이 피해자를 괴롭히기 위해 글을 게재한 점 등 사정에 비추어" 명예훼손 행위라고 판단하였다(2007도5077). 또한 법원은 공직후보자의 딸이 "포르쉐, 벤츠 등 외제차를 운행한다"라고 허위사실을 적시한 피고인들에 대하여, "피해자가 외제차를 운행하였다는 표현 자체는 가치중립적인 것이어서 외제차의 운행 사실 여하가 피해자의 주관적 명예감정을 넘어 사회적 가치 내지 평가를 침해할 수 있는 내용이라고 단정하기 어렵다"고 판단하였다(서울중앙지방법원 2022고단4806). 공직자의 청렴성에 관한 명예훼손적 표현에 해당할 수는 있을지언정 공인의 딸인 피해자에 대한 명예훼손적 표현으로 보기는 어렵다는 것이다.

학습사례에서 B가 포르쉐를 탄다는 표현에 대해 A는 "B의 사회적 가치 내지 평가를 저하시키지 않는다"고 주장해 볼 수 있고, B는 "전체적 표현의 흐름상 위 표현을 듣는 사람들은 B가 재산이 많지만 아이 양육비를 주지 않는다고 인식하게 되므로 명예훼손적 허위사실"이라고 주장해 볼 수 있을 것이다. 누구의 주장이 더 타당한지 각자 판단해 보자.

(3) (허위) 사실의 적시

명예훼손죄는 표현에 사실이 적시되어 있을 때 성립한다. '사실의 적시'는 가치판단이나 평가를 내용으로 하는 '의견표명'과 구분되는 개념으로, "시간적으로나 공간적으로 구체적인 과거 또는 현재의 사실관계에 관한 보고나 진술"을 뜻한다. 표현내용이 증거에 의해 증명이 가능하면 '사실'로 볼 수 있다. 우리나라 형법은 사실을 적시한 경우에도 처벌할 수 있도록 하고(사실적시에 의한 명예훼손의 타당성에 관한 논의는 [깊이 살펴보기] 참고), 허위사실이면 가중하여 처벌하는 구조이다. 내용 전체의 취지를 살펴 중요한 부분이 객관적 사실과 합치되면 세부적 내용이 진실과 약간 차이가 나거나 다소 과장된 표현이 있더라도 허위 사실이라고 볼 수는 없다(99도4757). 사실을 적시하지 않고 단순히 추상적 판단이나 경멸적 감정을 표현하여 사회적 평가를 저하시켰다면 명예훼손죄가 아닌 모욕죄가 적용된다.

'사실의 적시'와 '의견표명'은 명쾌하게 구분하기 쉽지 않다. 사실과 의견의 구분은 언어의 통상적 의미와 용법, 입증가능성, 문제된 말이 사용된 문맥, 표현이 행하여진 사회적 상황 등 전체적 상황을 고려하여야 하고(97도2956), 법원은 "어떤 의견의 표현이 그 전제로서 사실을 직접적으로 표현한 경우는 물론 간접적이고 우회적인 방법에 의하더라도 그 표현의 전취지에 비추어 어떤 사실의 존재를 암시하고 또 이로써 특정인의 사회적 가치 평가를 침해할 가능성이 있으면 명예훼손"이 성립한다고 판단한다(91도420).

허위사실 적시 명예훼손은 적시된 사실의 내용 전체의 취지를 살펴 허위 사실 여부를 판단한다. 형사책임의 경우 적시된 사실이 허위이고 피고인이 허위임을 인식하고 적시하였다는 점은 검사가 입증하여야 하고, 손해배상청구 소송에서도 허위성에 대한 증명책임은 원고에게 있다. 적시된 의혹이 모호한 경우, 어떠한 의혹의 부존재를 증명하는 것은 쉽지 않다. 이러한 점을 고려하여 법원은 특정되지 아니한 기간과 공간에서 구체화되지 않은 사실의 진실 여부가 다투어지는 경우, 의혹을 받을 일을 한 사실이 없다고 주장하는 자에 대하여 의혹을 받을 사실이 존재한다고 적극적으로 주장하는 자는 그러한 사실의 존재를 수긍할 만한 소명자료를 제시할 부담을 지고 피해자는 제시된 자료의 신빙성을 탄핵하는 방법으로 허위성을 증명할 수 있다고 본다(2010다60950).

학습사례에서 '포르쉐를 타고 다닌다'는 표현은 허위사실 적시로 볼 수 있을 것이다. '양육비를 주지 않는 무책임한 아빠'라는 표현은 어떨까? A는 '무책임하다는 표현은 B에 대한 의견표명'이라고 주장하겠지만, 무책임하다는 의견의 전제가 '양육비를 주지 않았다'는 사실이므로 사실의 적시로 평가될 가능성이 높을 것이다. 내가 검사라면 A의 게시글 중 어떤 부분을 '사실의 적시'로 기소할 수 있을지, A의 변호인이면 어떻게 반박할지 생각해 보자.

Z의 보도는 '의혹이 제기된다'고 보도하였으니 의견표명일까 아니면 '양육비를 지급하지 않았다'는 사실의 적시일까? 미지급 기간이 두 달 뿐이라는 점을 특정하지 않았다면 보도 내용을 허위사실 적시로 평가할 수 있을까? B와 Z는 각 어떤 주장을 할 수 있을지 생각해 보자.

▸ [깊이 살펴보기] '암시에 의한 사실의 적시'와 '의견표명'의 구분

의견 표명은 명예훼손에 포섭되지 않고 표현의 자유가 넓게 보호된다. 이 때문에 언론보도나 학문적 논쟁과 관련한 사건에서는 사실과 의견의 구분이 첨예하게 다투어질 때가 많다. 법원은 소문이나 제3자의 말 등을 인용하고 보도 내용에 단정적 표현을 사용하지 않았더라도, 표현 전체의 취지가 사실의 존재를 암시한다면 사실의 적시가 있다고 본다(2015다45857). 이 경우 특별한 사정이 없는 한 보도내용에 적시된 사실의 주된 부분은 암시된 사실 자체라고 보아야 하므로, 소문의 존재 자체는 사실이더라도 소문으로 암시된 내용이 허위라면 허위 사실 적시로 평가될 수 있다(2007도5312). 예를 들어 "A는 'B가 인종차별적 욕설을 했다'고 말했다"는 표현에서, A가 B에 대해 그러한 언급을 한 것은 사실이더라도 B가 욕설을 한 사실이 없는 경우, 해당 표현이 전체적으로 B의 욕설을 비판하는 취지라면 허위로 평가될 수 있다.

2022다291320판결과 그 하급심인 서울고등법원 2021나2027667판결을 읽어보자. 하급심은 문제의 보도가 "원고가 청와대 행정관으로 근무하던 당시 K와 이 사건 수사 관련 연락을 주고받았다는 사실(1적시사실)"과 "원고는 이 사건 수사에 개입하거나 이를 무마하고자 외압을 행사하였다는 사실(2적시사실)"을 암시하였다고 판단하고, 2적시사실의 존재를 수긍할 만한 소명자료가 제시되지 않았다고 보아 보도가 허위라고 판단하였다. 그러나 대법원은 기사 전체의 취지와 표현에 비추어 보면 기사에서 2적시사실을 적시하였다고 보기 어렵고 객관적 사실에 대한 주관적 평가 또는 원고를 비판하는 취지의 의견 표명으로 볼 여지가 있다고 판단하여 원심을 파기하였다. 대법원은 공적 인물과 관련한 공적 관심사에 관한 의혹 제기 형태의 표현행위는 일반인의 경우와 달리 암시에 의한 사실 적시로 평가하는 데 신중하여야 한다는 입장을 좀 더 고려했다고 볼 수 있다. 이처럼 암시에 의한 사실의 적시와 의견표명이 쟁점이 되는 사건에서는 해당 표현이 공적 인물의 공적 관심사에 관한 것인지부터 중요하게 다투어진다.

암시에 의한 사실의 적시와 의견 표명은 명예훼손 사건의 핵심 쟁점이지만, 표현에 대한 해석이 사람마다 다른 경우가 많아 명확한 구분이 쉽지 않다. 기사에서 '의혹' '의혹이 사실이라면' 등의 표현을 사용하여 공직자의 비위행위 의혹을 제기한 경우에도, 보도의 전체적 흐름, 구성 방식, 사용된 어휘의 통상적 의미, 문구 연결 방법 등을 종합적으로 고려할 때 해당 비위행위를 하였다는 사실의 적시로 평가되어 법적 책임을 지게 될 수 있다. 특히 의혹이 수사 중인 경우 향후 해당 의혹이 수사 결과 확인되지 않으면, 의혹 제기 보도의 내용도 허위로 평가될 가능성이 있다. 따라서 의혹 제기 보도를 하는 경우, '공인'의 '공적 관심사'에 관한 보도인지를 명확히 하고, 의혹이 사실인 것처럼 단정적으로 표현하지 않도록 보도의 구성이나 어휘 선택을 주의하자.

(4) 비방의 목적

학습사례는 온라인상에서 발생한 이른바 '사이버 명예훼손'이다. 명예훼손 행위가 신문, 잡지, 기타 출판물로 이루어지면 전파성이 더 높고 피해가 크므로 제309조를 별도로 두어 무겁게 처벌하고 인터넷 등 정보통신망을 통한 명예훼손은 「정보통신망 이용촉진 및 정보보호 등에 관한 법률」(약칭: '정보통신망법')이 적용된다.

법률	조항
형법	제309조(출판물 등에 의한 명예훼손) ① 사람을 비방할 목적으로 신문, 잡지 또는 라디오 기타 출판물에 의하여 제307조 제1항의 죄를 범한 자는 3년 이하의 징역이나 금고 또는 700만 원 이하의 벌금에 처한다. ② 제1항의 방법으로 제307조 제2항의 죄를 범한 자는 7년 이하의 징역, 10년 이하의 자격정지 또는 1천 500만 원 이하의 벌금에 처한다.
「정보통신망 이용촉진 및 정보보호 등에 관한 법률」 (정보통신망법) 2026. 7. 7. 시행	제70조(벌칙) ① 사람을 비방할 목적으로 정보통신망을 통하여 공공연하게 사실을 드러내어 다른 사람의 명예를 훼손한 자는 3년 이하의 징역 또는 3천만원 이하의 벌금에 처한다. ② 사람을 비방할 목적으로 정보통신망을 통하여 공공연하게 거짓의 사실을 드러내어 다른 사람의 명예를 훼손한 자는 7년 이하의 징역, 10년 이하의 자격정지 또는 7천만원 이하의 벌금에 처한다. ③ 제1항과 제2항의 죄는 피해자가 구체적으로 밝힌 의사에 반하여 공소를 제기할 수 없다. ④ 제2항의 죄를 지은 자가 해당 위반행위와 관련하여 취득한 금품이나 그 밖의 이익은 몰수한다. 그 금품이나 그 밖의 이익을 몰수하기 불가능하거나 재산상의 이익을 취득한 때에는 그 가액을 추징한다.

출판물이나 인터넷을 통한 명예훼손은 일반 명예훼손죄보다 형량이 더 높지만, '비방할 목적'이라는 요건이 추가로 필요하다. 언론매체는 필연적으로 출판물이나 정보통신망과 같은 전파수단을 사용하는데, 공인에 관한 감시와 비판은 명예훼손을 수반하므로 비방의 목적이 있을 때에 위 조항이 적용되도록 하여 언론의 자유와 개인의 명예보호를 조화시키고자 한 것이다.

비방의 목적은 '당해 적시 사실의 내용과 성질, 당해 사실 공표가 이루어진 상대방의 범위, 그 표현 방법 등 표현 자체에 관한 제반 사정을 감안하고 동시에 표현으로 훼손되거나 훼손될 수 있는 명예의 침해 정도 등을 비교'하여 결정한다(2004도207). 적시한 사실이 공공의 이익에 관한 것이면 특별한 사정이 없는 한 비방의 목적은 없는 것으로 간주된다. 또한 행위자의 주요한 동기나 목적이 공공의 이익을 위한 것이면 부수적으로 다른 사익적 목적이나 동기가 내포되어 있더라도 비방할 목적이 있다고 보기는 어렵다. '비방의 목적'이 인정되지 않으면 형법 제307조 명예훼손죄 성립만이 문제된다.

헌법재판소는 언론보도의 명예훼손적 표현과 관련하여 형법 제309조의 비방할 목적은 그 폭을 좁히는 제한 해석이 필요하고, 법관은 엄격한 증거로 입증이 되는 경우 비방 목적을 인정하여야 한다는 원칙을 제시하였다(97헌마265). 신속한 보도를 생명으로 하는 신문 속성상 허위를 진실한 것으로 믿고 한 명예훼손적 표현이나 사소한 부분의 허위보도는 형사제재의 위협으로부터 자유로워야 한다는 취지이다.

또한 소비자가 인터넷에 올린 후기가 문제된 사안에서도 법원은 비방의 목적은 신중하게 판단할 필요가 있다고 봤다. 법원은 산후조리원 이용 후기가 문제된 사안에서, 주요 내용이 객관적 사실에 부합하고 적시한 사실은 임산부의 의사결정에 도움이 되는 정보 및 의견 제공이라는 공공의 이익에 관한 것이며, 산후조리원 이용대금 환불과 같은 사익적 목적이나 동기가 내포되어 있다는 사정만으로 비방할 목적이 있었다고 보기는 어렵다고 판단하였다(2012도10392).

그러나 법원은 양육비 미지급자의 신상정보를 공개하는 인터넷 사이트 'Bad Fathers' 운영자에 대하여는 '비방할 목적'을 인정하였다(2022도699). 피해자들이 공적 인물이라고 보기 어렵고 양육비 미지급이 공적 관심사안이라도 특정인의 양육비 미지급 사실 자체가 공적 관심 사안은 아니며, 명예훼손으로 인한 피해의 정도가 지나치게 크다는 점 등을 고려하였다. 위의 판결문들을 읽고 비방할 목적을 인정할 때 법원이 어떠한 요소들을 고려하였는지 분석해 보자.

(5) 위법성조각사유

위법성조각사유란 범죄의 구성요건은 갖추었지만 실질적으로는 위법이 아니라고 볼 특별한 이유를 말한다. 가령 상대방이 흉기로 위해를 가할 때 자신을 방어하기 위해 한 행위는 폭행죄의 구성요건을 갖추었어도 정당행위로 위법성은 없다고 본다. 형법은 사실적시 명예훼손죄에 특유의 위법성조각사유를 정해두었다. 명예훼손적 표현이라도 진실한 사실로서 오로지 공공의 이익에 관한 것이면 처벌하지 않는다(형법 제310조).

명예훼손적 표현이 공공의 이익에 관한 것인지는 피해자가 공인인지 아니면 사인에 불과한지, 국민이 알아야 할 공공성·사회성을 갖춘 공적 관심 사안에 관한 것으로 사회의 여론형성 내지 공개토론에 기여하는지 아니면 순수한 사적 영역에 속하는지, 피해자가 명예훼손적 표현의 위험을 자초한 것인지, 표현에 의하여 훼손되는 명예의 성격과 침해의 정도, 표현의 방법과 동기 등 여러 사정에 비추어 판단한다(2006도7915). 또한 주요한 동기와 목적이 공공의 이익을 위한 것이면 부수적으로 사익적 동기가 내포되어 있어도 형법 제310조 적용을 배제할 수 없다(92도3160). 개인의 사적인 신상에 관하여 적시된 사실도 주요한 동기가 공공의 이익을 위한 것이면 공공의 이익에 관한 것으로 볼 수 있는 경우가 있다(94도3309). 예를 들어 총학생회장의 학생회비 유용 의혹에 대하여 학내 게시판에 글을 썼다면 공공의 이익에 관한 것으로 볼 수 있겠으나 총학생회장의 연애에 관한 내용이면 공공의 이익으로 인정되기는 어려울 것이다.

위법성조각사유인 진실성과 관련하여, 판례는 중요한 부분이 객관적 사실과 합치되면 세부에서 진실과 약간 차이가 나거나 다소 과장된 표현이 있더라도 무방하다고 본다(2002도3570). 또한 진실한 사실이라는 증명이 없더라도 '진실이라고 믿을 상당한 이유'가 있는 경우 위법성이 없다고 보아 표현의 자유 보호범위를 확장하고 있다. 이를 상당성의 법리라고 한다. 적시된 사실이 진실이라고 믿을 상당한 이유가 있는지는 적시된 사실의 내용, 진실이라고 믿게 된 근거나 자료의 확실성과 신빙성, 사실 확인의 용이성, 피해자의 피해 정도 등 여러 사정을 종합하여 행위자가 진위 확인을 위해 적절하고 충분한 조사를 다하였는지, 그 진실성이 객관적이고도 합리적인 자료나 근거로 뒷받침되는가로 판단한다(2010도8847). 성폭력 의혹 보도와 같이 피해 진술에 주로 의존하여야 하는 경우라도 추가 검증 없이 일방의 제보만을 근거로 보도했다면 '진실이라고 믿을 상당한 이유'는 인정되기 어려울 수 있다.

미국 연방대법원은 New York Times Co. v. Sullivan, 376 U.S. 254(1964) 판결 이래 공적 인물에 관한 보도는 언론매체에 현실적 악의(actual malice), 즉 허위임을 알았거나 허위 여부를 상관하지 않고 무모하게 공표하였다는 점을 피해자가 증명하여야 한다는 입장을 취하고 있다. 그러나 한국 대법원은 피해자가 공적 인물이라도 상당한 이유에 대한 입증책임은 언론매체에 있다고 본다(97다24207). 다만 대법원도 개별 사안별로 이익형량을 하여 언론·출판의 자유의 중요성을 강조하는 미국 판례의 논거 중 상당부분을 실질적으로 수용하면서 헌법체계와 조화될 수 있도록 수정된 법리를 형성하였다고 평가할 수 있다(김시철, 2015). 예를 들어 '정부 또는 국가기관의 정책결정이나 업무수행'과 관련된 사항은 항상 국민의 감시와 비판의 대상이 되어야 하고, 그 보도 내용이 공직자 개인에 대한 악의적이거나 심히 경솔한 공격으로 현저히 상당성을 잃은 것으로 평가되지 않는 한 공직자 개인에 대한 명예훼손이 될 수 없다고 보며(2010도17237), '언론사간 명예훼손 소송'에서도 언론사는 타인에 대한 비판자로서 언론의 자유를 누리는 범위가 넓은 만큼 그에 대한 비판의 수인 범위 역시 넓어야 하고 언론사는 스스로 반박할 수 있는 매체를 가지고 있어서 잘못된 정보로 인한 왜곡된 여론 형성을 막을 수 있는 점 등을 감안하여 언론사에 대한 감시와 비판은 악의적이거나 현저히 상당성을 잃은 공격이 아닌 한 쉽게 제한되어서는 아니 된다고 판단하였다(2005다8262).

▸ [깊이 살펴보기] 사실적시 명예훼손죄는 위헌일까?

명예훼손과 모욕을 범죄로 처벌하는 것이 타당한지는 오래된 논쟁 주제이나, 헌법재판소는 거듭 합헌 결정을 내려왔다(2017헌바456, 2016헌바84). 그러나 사실적시 명예훼손죄는 4인의 재판관이 위헌 의견을 제시한 만큼, 앞으로도 논쟁은 계속될 전망이다. 사실적시 명예훼손죄가 위헌이라는 입장은 ① '절도'나 '살인' 등과 달리 '명예' '훼손' '비방할 목적' '공공의 이익'과 같은 개념들은 그 의미가 명확하지 않아 자의적 판단이 개입할 우려가 크고 ② 진실한 사실을 알리지 못하게 하는 것은 허명(虛名)을 보호하는 것으로 입법 목적의 정당성이 없고 ③ 민사적 수단 등 다른 방식으로도 피해를 구제할 수 있는데도 형사처벌 대상으로 삼는 것은 과도하다고 주장한다. 헌법재판소 다수의견은 현행 법률조항이 명확성 원칙에 위반되지 않아 법 집행기관이 자의적으로 해석할 염려가 있다고 보기 어렵고, 타인의 명예를 침해하는 정보가 무분별하게 유통되는 것을 방지하면서도 '비방할 목적'이라는 구성요건을 추가로 요구하여 규제 범위를 최소한도로 제한하고 있고, 헌법재판소와 대법원은 정부의 정책결정 등에 관련된 사항에 대해서는 표현의 자유를 최대한 보장하고 있다는 이유로 합헌 결정을 하였다. 다만 반대의견을 제시한 4인의 재판관은 사실적시 명예훼손죄를 처벌하는 정보통신망법 제70조 제1항은 표현의 자유에 대한 지나친 위축효과를 발생시킬 수 있다고 보았다. 헌법재판소 결정문(2021헌바281)을 읽어보고, 합헌과 위헌 중 어떤 의견이 타당한지 각자 견해를 정리해 보자.

3) 모욕죄의 기본 법리

모욕죄는 ① 공연히 ② 사람을 ③ 모욕한 때 성립한다. 공연성은 명예훼손의 법리와 동일하다. 모욕죄는 사자(死者)에 대하여는 성립하지 않는다. 이 때문에 사망한 유명인, 대형 참사 희생자 등에 대한 모독을 처벌하기 위해 사자 모욕죄를 신설해야 한다는 주장도 제기된다.

'모욕'은 '사회적 평가를 저하시킬 만한 추상적 판단이나 경멸적 감정을 표현하는 것'을 의미한다. 모욕죄에서는 어떠한 표현이 모욕적 표현인지를 판단하기 쉽지 않다. 어떠한 표현이 모욕에 해당하는지는 상대방이 그 표현을 듣고 기분이 나쁜지를 기준으로 판단할 것이 아니라 당사자들의 관계, 해당 표현에 이르게 된 경위, 표현방법, 당시 상황 등 객관적 사정에 비추어 판단하여야 한다. 대법원은 어떠한 표현이 개인의 인격권을 심각하게 침해할 우려가 있거나 상대방의 인격을 허물어뜨릴 정도로 모멸감을 주는 혐오스러운 욕설이 아니라면, 단순히 상대방을 불쾌하게 할 수 있는 무례하고 예의에 벗어난 표현은 특별한 사정이 없는 한 모욕죄로 처벌하기 어렵다고 했다. 또한 상대방에 대한 부정적·비판적 의견이나 감정을 나타내면서 경미한 수준의 추상적 표현이나 욕설이 사용된 경우에도 특별한 사정이 없는 한 외부적 명예를 침해할 만한 표현으로 볼 수 없어 모욕죄의 구성요건에 해당된다고 볼 수 없다. 학습사례에서 B를 '쓰레기', '무책임한 아빠', 배드파더'로 부른 것은 모욕에 해당할까? 각자 결론과 이유를 정리해 보자.

모욕죄에는 형법 제310조와 같은 위법성조각사유가 별도로 규정되어 있지 않다. 그러나 다른 범죄와 마찬가지로 사회상규에 위배되지 않는 행위는 정당행위로 위법성이 조각된다(형법 제20조). 일례로 인터넷 기사 댓글로 기자를 '기레기'라고 지칭한 사안에서 법원은 '기레기'는 모욕적 표현에 해당하나 기사 및 기자 행태를 비판하는 글에서 비교적 폭넓게 사용되며 지나치게 악의적이라고 하기도 어려운 점 등을 종합하여 사회상규에 위배되지 않아 위법성이 조각된다고 하였다(2017도17643).

▸ [깊이 살펴보기] AI 시대, 모욕죄의 미래는?

모욕죄는 '외부적 명예'를 보호법익으로 한다는 점에서 명예훼손죄와 보호법익은 같지만, 명예훼손죄보다 법정형이 낮고, 온라인상 모욕죄에 대하여 가중 처벌 규정도 없다. 일각에서는 모욕죄의 법정형이 지나치게 낮다고 주장하며 '온라인 모욕죄' 신설이 필요하다고 주장한다. 그러나 다른 한편으로는 단순 모욕행위에 대하여는 민사책임 등으로 규제할 수 있는데도 경미한 모욕행위, 단순한 추상적 판단이나 우발적 감정 표현까지 형사처벌하므로 표현의 자유를 지나치게 제한하며, '모욕'이라는 요건이 명확성원칙에도 반한다는 이유로 위헌이라고 주장한다(헌법재판소는 현행 모욕죄가 합헌이라는 입장이나, 2017헌바456 결정문을 각자 읽고 다수의견과 반대의견 중 어떤 의견이 타당한지 토론해 보자).

최근에는 '혐오표현' 규제와 관련한 논의도 모욕죄를 중심으로 이루어지고 있다. 특정 개인이나 집단을 향하는 혐오표현에 대하여는 혐오표현 자체를 불법으로 규정하거나 모욕죄로 처벌할 필요가 있다고 보는 것이다.

한편, 모욕죄는 '사실의 적시'를 요건으로 하지 않고 모욕의 수단과 방법에 제한이 없다는 점에서 영상 등을 이용한 표현행위에 대한 규제 수단으로 기능할 가능성이 크다. 피고인이 자신의 유튜브 채널에 피해자의 방송 영상을 게시하면서 피해자 얼굴에 개 얼굴을 합성하여 모욕죄로 기소된 사안에서 대법원은 공소사실을 무죄로 판단하면서도 "피해자를 개로 지칭하지 않고 효과음, 자막을 사용하지 않았다는 사정을 무죄의 근거로 든 것은 적절하지 않다"며 "모욕의 수단과 방법에는 제한이 없으므로 언어적 수단이 아닌 비언어적 수단만을 사용하여 표현을 하더라도 그것이 사람의 사회적 평가를 저하시킬 만한 추상적 판단이나 경멸적 감정을 전달하는 것이라면 모욕죄가 성립한다"고 했다(2022도4719). 특히 대법원은 "최근 영상 편집·합성 기술이 발전함에 따라 합성 사진 등을 이용한 모욕 범행 가능성이 높아지고 있고, 시각적 수단만을 사용한 모욕이라 하더라도 그 행위로 인하여 피해자가 입는 피해나 범행의 가벌성 정도는 언어적 수단을 사용한 경우와 비교하여 차이가 없다"고 하였다. 학설은 기존에도 모욕의 수단과 방법은 제한이 없다고 보았으므로 위 판결이 새로운 법리는 아니지만, AI 기술 발전과 더불어 비언어적 수단을 활용한 표현이 증가하는 시대적 경향을 고려하면, 향후 '이미지'와 관련한 새로운 분쟁에 모욕죄가 적극 활용될 가능성이 있다.

4) 언론보도와 명예훼손 책임, 피해 구제 방안

언론보도로 피해를 입은 사람은 법원에 소를 제기할 수도 있지만, 언론중재위원회를 통해 피해를 구제받을 수도 있다. 「언론중재 및 피해구제 등에 관한 법률」(약칭: 언론중재법)은 언론보도로 인한 피해 회복 절차를 정하고 있는데, 그중에는 정정보도, 반론보도, 추후보도 청구도 있다.

정정보도 내지 반론보도 대상은 '사실적 주장'에 관한 보도이고, 의견표명에 대한 부분이 아니다. 사실적 주장에 명예훼손적 표현이 포함되었다면, 언론사의 고의나 과실이 없더라도 허위보도에 대해 정정보도를 청구할 수 있고, 허위가 아니라도 반론보도청구가 가능하다. 허위보도에 대해 언론사의 고의나 과실까지 인정되면 정정보도 외에도 손해배상청구와 명예회복에 적당한 처분으로 기사 삭제를 요구할 수 있다.

언론중재법은 언론사가 정정보도와 반론보도를 거부할 수 있는 사유를 열거적으로 정하고 있다. 즉, 정정(반론)보도권을 행사할 정당한 이익이 없는 경우, 청구된 정정(반론)보도 내용이 명백히 사실과 다르거나 위법한 경우, 상업적 광고만을 목적으로 하는 정정(반론)보도 청구인 경우, 청구된 정정(반론) 보도 내용이 국가나 지방자치단체 또는 공공단체의 공공 회의와 법원의 공개 재판절차의 사실보도에 관한 것인 경우 언론사는 정정(반론)보도 청구를 거부할 수 있다. 이 때 피해자가 정정(반론)보도청구권의 행사에 정당한 이익이 없는 경우란, 정정(반론)보도의 내용이 이미 충분히 이루어진 경우, 정정(반론)보도의 내용이 본질적 핵심과 관련 없이 지엽말단적인 사소한 것에만 관련된 경우 등을 포함한다(97다28803).

언론중재법에 따른 정정(반론)보도 청구는 언론사의 고의나 과실을 요구하지 않지만, 보도가 있음을 안 날로부터 3개월, 있은 후로부터 6개월 이내에 제기해야 하고, 위 기간이 도과하였더라도 민법에 근거하여 정정보도 및 손해배상청구가 가능하다. 진실이라고 믿을 상당한 이유가 있다면 형사상 명예훼손죄나 민사상 손해배상책임은 부정될 수 있지만, 법원은 진실이라고 믿을 상당한 이유가 있었더라도 기사 삭제를 구하는 방해배제청구권을 저지하는 사유가 될 수 없다고 본다(2010다60950).

학습사례에서 Z의 기사는 B가 양육비를 지급하지 않았다는 사실적 주장에 관한 것이므로 정정 내지 반론보도 대상은 될 수 있을 것이다. B입장에서는 일부 지급하지 않았는데도 전혀 지급하지 않은 것처럼 보도하였으므로 허위보도로 정정보도가 이루어져야 한다고 주장할 것이고, Z는 B의 입장을 이미 반영하였고 지급하지 않은 것은 사실이므로 반론 및 정정보도 대상이 아니라고 반박할 것이나, A의 형식적 입장만 기사에 포함되었다면 최소한 반론보도 청구는 인용 가능성이 높다고 본다. B와 Z의 입장에서 가능한 주장을 정리하고 토론해 보자.

또한 정보통신망법은 비방 목적의 명예훼손 정보 등 불법정보에 해당하면 방송미디어통신위원회가 방송미디어통신심의위원회 심의를 거쳐 정보통신서비스 제공자 또는 게시판 관리 운영자로 하여금 그 처리를 거부, 정지 또는 제한하도록 명할 수 있다고 정하고(제44조의7 제2항), 피해자가 정보통신서비스 제공자에게 침해사실을 소명하여 그 정보의 삭제 등을 요청하면, 정보통신서비스 제공자가 30일 이내의 임시조치 등 필요한 조치를 하도록 하였다(제44조의2). 다만 명예훼손 게시물에 대한 삭제나 접속 차단 조치는 명예훼손 표현 여부에 대해 다툼의 여지가 크고 표현의 자유를 위축시키는 결과를 초래할 수 있어 신중하게 이루어지는 경향이 있다.

3 혐오표현

1) 개념, 유형, 해악

명예훼손, 모욕과 더불어 짚어 볼 영역은 혐오 표현이다. 혐오 표현은 외형상 명예훼손이나 모욕과 유사하지만, 개별 인격권 침해뿐만 아니라 사회 집단에 대한 편견과 증오를 확산시켜 사회적 차별을 정당화, 조장, 강화한다는 점에서 구별된다(김민정, 2014; 이승현 외, 2019). 디지털 미디어, 인공지능 등이 일상화되면서 온라인 혐오 표현은 개인의 권리를 심각하게 침해하고 공론장을 왜곡하는 새로운 위협 요소가 되고 있다. 혐오 표현은 국가적, 사회적 위기 상황에서 더욱 확산되는 속성이 있다. 위험이 닥치거나 상황을 통제할 수 없게 되면 두려움이 커지는데 이때 '내가/우리가/내집단(ingroup)이 겪는 어려움이 너/그들/외집단(outgroup) 때문에 발생했다'며 비난할 대상을 찾아 공격하고 미워하고 혐오함으로써 거짓 통제를 되찾고자 하는 욕망 역시 커지기 때문이다(누스바움, 2020).

혐오 표현은 헤이트 스피치(hate speech)의 번역어다.[8] 국제사회에서 혹은 학계에서 합의해 일관되게 적용하는 혐오 표현의 개념 정의는 없다. 대표 예시로 국제연합의 개념 정의를 보자. 혐오 표현은 "개인이나 집단을 그들이 누구인지, 즉 그들의 종교, 민족, 국적, 인종, 피부색, 혈통, 젠더 또는 다른 정체성 요소를 이유로 공격하거나(attacks) 경멸적(pejorative) 혹은 차별적(discriminatory) 언어를 사용하는 모든 종류의 커뮤니케이션(구두, 서면, 혹은 행위 형태로 일어나는 모든 종류의 커뮤니케이션)"이다(United Nations 2019). 국가인권위원회는 혐오 표현의 개념 요소로 '① 특정 속성을 가진 집단 (혐오 표현의 대상은 특정 속성을 이유로 차별받는 집단임), ② 부정적 관념과 편견 (대상 집단에 관한 부정적 관념이나 편견을 담고 있음), ③ 언동 등의 표출 행위, ④ 차별을 조장하는 효과'를 꼽는다(이승현 외, 2019).

혐오 표현은 다양한 형태로 나타난다. 크게 '모욕형'과 '선동형'으로 나눌 수 있다(이승현 외, 2019). 모욕형 혐오 표현은 대상 집단에 대한 편견을 드러내거나(대표적으로 부정적 이미지로 일반화하여 묘사하는 경우), 모욕적인 욕설을 하거나, 동물에 비유하거나, 역겨움, 더러움 등으로 불쾌감을 표현하면서 비하, 멸시하는 표현이다. 반면, 선동형 혐오 표현은 특정 집단에 대한 차별과 폭력을 선전, 선동하는 표현이다. 국제인권법의 핵심 규약인 「시민적 및 정치적 권리에 관한 국제규약(International Covenant on Civil and Political Rights)」(이하, 자유권 규약)은 차별 · 적의 · 폭력을 선동(incitement)하는 표현은 법률에 의해 금지된다고 규정하고 있다.

한편, '혐오 표현'하면 노골적인 욕설이나 명시적인 배척의 언어가 먼저 생각나지만, 사람들이 가지고 있는 편견이나 고정관념을 자극하면서 혐오의 감정을 불러일으키는 '암호화된 혐오표현(coded hate speech)' 역시 경계해야 한다(김민정, 2022). 가령, '흑인의 범죄율이 높다'는 통계를 인용하며 '흑인이 위험하다'고 말하는 경우를 생각해 보자. 흑인의 범죄율이 높은 것은 차별적 법 집행 때문일 수 있고 흑인들이 범죄로 내몰린 결과일 수 있다. 이런 상황에서 '흑인이 위험하다'고 말하는 것은 높은 범죄율을 흑인이라는 인종의

8) '헤이트(hate)'는 '혐오' 혹은 '증오'로 번역할 수 있는데, 국립국어원의 표준국어대사전에 따르면 '혐오'는 ① "미워하고 꺼림"과 ② "싫어하고 미워함"이라는 두 가지 의미를 지닌다. '증오'는 "아주 사무치게 미워함"이라는 사전적 개념 정의가 보여주듯 '혐오'보다 극심하고 강렬한 감정 상태를 뜻한다. 이러한 차이 때문에 헤이트 스피치의 '헤이트'를 '혐오'로 번역하는 것이 더 적절하다는 시각도 있고, '증오'로 번역하는 것이 더 적절하다는 시각도 있다. 여기에서는 널리 통용되는 용어이자 여러 표현 유형을 포괄적으로 지칭할 수 있는 '혐오 표현'이라는 번역어를 사용한다.

속성으로 치환함으로써 흑인 전체를 혐오의 대상으로 삼는 동시에 차별을 고착화하는 결과를 낳는다.

혐오 표현의 해악은 개인 차원과 사회적 차원으로 구분할 수 있다. 우선, 개인의 존엄과 가치를 부정하고 인권을 침해한다. 구체적으로 보면, 혐오 표현은 차별받지 아니할 권리(헌법 제11조), 공포와 위협으로부터 자유로울 권리(헌법 제10조), 혐오받지 않을 권리로서의 인격권(헌법 제10조) 등을 침해한다(이승현 외, 2019). 혐오 표현 경험자들은 낙인과 편견으로 인해 일과 학업 등 일상생활에서 배제되어 두려움과 슬픔을 느끼고 지속적인 긴장 상태나 무력감에 빠지거나 자존감 손상으로 인한 자살충동, 우울증, 공황발작, 외상 후 스트레스 장애 등에 시달리고 있는 것으로 조사됐다(홍성수 외, 2016). 또 다른 조사에서 혐오 표현 경험자의 과반수 이상은 '위축감이나 공포심을 느꼈고 자유로운 표현이 위축되었다'고 응답했다(이승현 외, 2019). 특정 집단에 속한다는 이유만으로 인간으로서의 존엄성과 가치를 부정하는 표현에 반복적으로 노출되면, 개인은 자신의 정체성을 자유롭게 드러내기 어렵게 되고, 이는 표현의 자유를 포함한 다른 기본권의 위축으로 연결된다.

혐오 표현이 사회 전체에 미치는 해악도 심각하다. 혐오 표현은 특정 집단에 대한 차별과 배제를 정당화하고 일상화한다는 점에서 구조적 해악을 야기한다. 반복되는 혐오 담론은 사회 구성원 사이의 신뢰를 파괴하고, 사회통합을 저해한다. 혐오 표현은 물리적 공격과 폭력 행위와 연결되기도 한다. 혐오 표현은 민주주의의 기반이 되는 평등한 시민권을 훼손할 뿐만 아니라 혐오 표현 대상자들을 침묵시켜 공적 토론에 참여할 실질적 기회를 박탈한다는 점에서 궁극적으로 민주주의를 왜곡 혹은 부정하는 결과를 낳는다.

2) 대응 방안

혐오 표현에 대응하는 방법은 혐오 표현을 직접적으로 금지하는 '행위 규제 조치'와 혐오 표현이 사회에서 발화되기 어렵게 만들거나 발화되더라도 힘을 발휘하지 못하도록 여건을 조성하는 '환경 조성 조치'가 있다(이승현 외, 2019). 여기에서는 행위 규제를 ① 국가를 중심으로 하는 법적 규제와 ② 기업을 중심으로 하는 자율규제로 나누어 살펴본다. 환경 조성 조치와 관련해서는 교육, 대항 표현 장려 등 여러 중요한 논점이 있지만, 언론의 역할을 중심으로 짚어본다.

(1) 행위 규제

국가에 따라 혐오 표현에 대한 법적 대응은 매우 다르다. 미국은 수정헌법 제1조에 따라 표현의 자유를 광범위하게 보장하며, 내용에 근거한 규제를 매우 엄격히 제한한다. 따라서 인종차별적이거나 극단적인 표현도 법적으로는 보호 대상이 되는 경우가 많다. 반면, 유럽 국가들은 역사적 배경과 인권 보호 중심의 헌법 해석에 따라 혐오 표현을 형사처벌 대상으로 명확히 규정하고 있다. 일례로 독일 형법은 민족 간 증오를 선동하거나 집단을 모욕하는 행위를 범죄로 규정한다. 독일과 프랑스는 소셜미디어를 통한 인종주의, 증오선동 표현이 늘어나자 온라인 혐오 표현 규제를 위한 법률을 추가 제정하기도 했다. 형법에 규정되어 있는 불법정보를 이용자 신고에 기반해 플랫폼 사업자들이 신속하게 삭제할 것을 의무화하는 것이 골자였는데, 이러한 기조는 이후 유럽연합의 디지털서비스법(Digital Services Act)에 반영됐다.

한국의 경우 혐오 표현을 직접적으로 금지하는 법률은 없지만, 형법상 명예훼손죄 또는 모욕죄, 그리고 정보통신망법[9] 등을 통해 대응하고 있다. 예를 들면, 세월호 참사 희생자에 대한 허위사실을 담은 게시물을 올린 일간베스트 회원이 정보통신망법상 명예훼손으로 처벌된 경우(서울중앙지방법원 2014고단3467), "된장녀"라는 표현을 온라인에서 사용하여 모욕죄로 처벌된 경우(대구지방법원 경주지원 2009고정79) 등이 있다. 앞서 살펴본 바와 같이 명예훼손죄와 모욕죄가 성립하려면 피해자 개인이 특정되어야 하므로 피해자 개인이 특정되지 않은 경우, 소위 '집단(표시) 혐오 표현'을 명예훼손죄나 모욕죄로 규제하기는 불가능하다는 한계가 있다. 이런 문제를 일정 부분 해소할 수 있는 규정이 방송미디어통신심의위원회 「정보통신에 관한 심의규정」인데, "합리적 이유 없이 성별, 종교, 장애, 나이, 사회적 신분, 출신, 인종, 지역, 직업 등을 차별하거나 이에 대한 편견을 조장하는 내용"을 심의대상 정보로 규정하고 있다(제8조 3호 바목). 「방송심의에 관한 규정」 및 「방송광고 심의에 관한 규정」도 혐오 표현 관련 심의규정을 포함한다.[10]

---

9) 2026년 7월 7일부터 시행될 정보통신망법은 '공공연하게 인종, 국가, 지역, 성별, 장애, 연령, 사회적 신분, 소득 수준 또는 재산 상태 등을 이유로 특정 개인이나 집단(해당 집단에 속한 개인을 포함한다)을 대상으로 하는 정보'이면서 해당 개인이나 집단에 대해 '직접적인 폭력이나 차별을 선동하는 정보', 또는 '증오심을 심각하게 조장함으로써 특정 개인이나 집단의 인간으로서의 존엄성을 현저히 훼손하는' 정보를 온라인상 유통이 금지되는 불법정보로 규정한다.

10) 방송프로그램 속의 혐오 표현을 심의하는데 사용될 수 있는 조항들로는 「방송심의에 관한 규정」 제21조(인권보호), 제29조(사회통합), 제30조(양성평등), 제31조(문화의 다양성 존중), 제32조

한편, 2026년 7월 7일부터 시행될 정보통신망법은 '공공연하게 인종, 국가, 지역, 성별, 장애, 연령, 사회적 신분, 소득 수준 또는 재산 상태 등을 이유로 특정 개인이나 집단(해당 집단에 속한 개인을 포함한다)을 대상으로 하는 정보'이면서 해당 개인이나 집단에 대해 '직접적인 폭력이나 차별을 선동하는 정보', 또는 '증오심을 심각하게 조장함으로써 특정 개인이나 집단의 인간으로서의 존엄성을 현저히 훼손하는' 정보를 온라인상 유통이 금지되는 불법정보로 규정한다.

다음으로, 자율규제를 통한 혐오 표현 행위 규제를 간략히 살펴본다. 온라인 혐오 표현 규제와 관련해 자주 논의되는 것은 미디어 플랫폼 사업자들에 의한 자율규제이다. 자율규제는 '사업자가 자발적으로 규칙을 만들고 이를 스스로 실행하는 것'을 말하는데, 국내외 개별 사업자는 물론 한국인터넷자율정책기구(KISO)와 같은 사업자 연합에서 혐오 표현 규제 정책을 마련해 시행 중에 있다. 가령, 유튜브는 커뮤니티가이드에 '증오심 표현에 대한 정책'이라는 개별 항목을 마련해 금지되는 표현의 개념과 예시를 제공하고 수익 창출 제한 등의 불이익을 설명하고 있다.

그런데 이러한 사업자 자율규제가 오남용 혹은 악용될 경우에는 표현의 자유를 심각하게 침해할 수 있다. 따라서, 미디어 플랫폼 기업은 유엔 표현의 자유 특별보고관이 제시한 다음의 세 가지 원칙을 준수해야 한다(Kaye, 2019). 첫째, 기업의 정책에 대해 명확히 설명하고, 집행의 투명성과 일관성을 담보해야 한다. 둘째, 게시물 삭제만이 아니라 다양한 대응방식을 취해 표현의 자유를 심각하게 훼손하지 않으면서도 혐오 표현의 확산을 막을 방법이 있는지 고민해야 한다. 셋째, 손쉽게 접근할 수 있는 절차를 마련해 이용자 이의제기가 가능하도록 하고, 아울러 신고를 남발하는 경우에 대한 대비책을 마련해야 한다. 교육과 대항표현 장려 등을 통해 혐오 표현에 대항하는 사회문화적 규범을 세우고 강화해 나가는데 사업자들 역시 힘써야 한다.

(신앙의 자유 존중), 제51조(방송언어) 등이 있다. 방송광고 속의 혐오 표현을 심의하는데 사용될 수 있는 조항들로는 「방송광고심의에 관한 규정」 제4조(품위 등), 제13조(차별금지), 제21조(언어) 등이 있다.

▸ [깊이 살펴보기] 혐오 표현 규제 찬반 논쟁

표현의 자유는 헌법과 국제인권법이 보장하는 가장 핵심적인 권리 중 하나다. 하지만 표현의 자유는 절대적인 권리는 아니며, 타인의 권리, 사회 질서, 공공의 안전과 충돌할 경우 적절한 제한이 불가피하다. 차별을 조장하고 인간의 존엄과 가치를 심각하게 침해하는 혐오 표현 규제의 필요성과 타당성이 논의되는 이유다. 혐오 표현을 법적으로 규제해야 하는지를 두고 학계와 시민사회에서는 치열한 논의가 이어지고 있다.

규제 반대론자들은 우선 혐오 표현에 대한 국가 개입이 표현의 자유를 위축시킬 수 있다고 우려한다. 특히 다양한 의견이 충돌하면서 진실이 드러난다는 '사상의 자유시장' 이론에 따르면, 혐오 표현조차 공개된 담론 공간에서 비판과 반론을 통해 자정작용이 가능하다는 주장이다. 표현이 드러나야 그것에 대한 반박도 가능하므로, 표현 자체를 법적으로 금지할 경우 오히려 혐오에 맞서는 사회적 학습과 역량강화(empowerment)의 기회를 박탈하게 된다는 관점이다. 또한 소수 집단 전체를 대상으로 한 혐오 표현이 초래하는 피해의 규모나 심각성을 객관적으로 입증하기 어렵고, 법적 판단에 자의성이 개입될 위험도 있다는 지적이 제기된다. 실제로 몇몇 국가에서는 혐오 표현 규제가 오히려 권력 남용의 수단으로 전락하거나, 정치적 표현의 탄압에 악용된 사례도 보고되고 있다.

반면, 규제 찬성론자들은 혐오 표현이 단순한 발화로 끝나지 않고, 현실에서의 차별과 폭력으로 재생산될 가능성이 높다는 점을 강조한다. 특히 혐오 표현은 특정 집단에 속한 개인들의 존엄한 삶을 침해하고, 사회 전반의 공공선을 붕괴시킬 수 있는 파괴력을 지닌다. 소수자나 약자들은 혐오 담론이 지배하는 공간에서 자신의 정체성을 표현하거나 대응할 기회조차 갖기 어렵고, 때로는 침묵을 강요당하는 상황에 놓인다. 이런 현실에서는 '사상의 자유시장'이 애초에 성립하기 어렵고, 표현의 자유라는 원칙이 오히려 불평등을 정당화하는 도구로 작용할 수 있다. 따라서 인간의 존엄과 평등, 차별금지라는 헌법적 가치가 표현의 자유보다 우선 고려되어야 하며, 특히 법적 사각지대에 놓이기 쉬운 사회적 약자들의 인격권을 보호하는 최소한의 장치로서 규제가 필요하다는 입장이다.

(2) 언론과 혐오 표현, 윤리적 이슈

우리는 인종, 교육 수준, 사회 계층, 젠더 등으로 상대방을 범주화하는 성향이 있고, 개개인의 고유한 속성이 아니라 그가 속한 집단이 가지고 있을 것으로 추정되는 일반적 특성, 즉 '고정관념(stereotype)'에 따라 정보를 처리하는 데 익숙하다. 그런데 고정관념을 증폭하고 강화하는 대표적 기제가 언론이다. 이런 점에서 언론 보도는 특정 집단에 대한 편견을 조장하고 혐오의 감정을 유발해, 사람들의 마음 속 혹은 기사 댓글에 혐오 표현을 불러올 수 있다. 심홍진 외(2021)는 이런 보도를 "혐오유발보도"라고 칭하면서 그 대표적 유형으로 "특정 대상의 외모를 화제화하면서 감각적 혐오를 유발하는 기사," "특정 대상의 출현이 사회나 사회 구성원의 생존을 위협한다는 프레임으로 사회와 특정 공동체에 생존적 혐오를 야기하는 기사," "특정 대상이 구성원 공동체의 관습에 어긋난다며 문화적 혐오의 단초를 제공하는 기사," "특정 대상이 기존 권력 구조 또는 위계를 위협한다며 권력적 혐오의 교두보가 되는 기사" 등을 꼽았다. 언론의 보도 방식이 혐오를 유발하고 있지는 않은지 끊임없는 점검하는 태도가 필요하다.

아울러 언론은 사회의 분열과 대립을 증폭시키는 혐오 표현을 다룰 때 현상 그 자체를 전달할 게 아니라 발언의 맥락을 짚고, 발언의 의미를 인권의 관점에서 해석하며, 명확한 관점을 갖고 혐오 표현을 비판해야 한다. 특히 온라인 혐오 표현을 중계 보도함으로써 극단주의자들의 발언에 정당성을 부여하고 혐오를 더 확산시키지 않도록 경계해야 하며, 정치인, 고위 공직자 등이 내뱉는 혐오 표현은 그들이 갖는 사회적 영향력을 고려해 더욱 경계해야 한다. 2020년 1월 기자협회 등 9개 미디어 단체가 국가인권위원회와 함께 발표한 <혐오표현 반대 미디어 실천 선언>의 세부 내용을 살펴보며 미디어의 윤리적 역할에 대해 논의해 보자.

4 마무리

핵심정리

- 공연히 사실을 적시하여 사람의 명예를 훼손하면 명예훼손죄가 성립한다. 비방의 목적으로 출판물이나 온라인에서 명예훼손적 사실을 적시하면 가중처벌된다. 사실을 적시하지 않고 사람의 사회적 평가를 저하시킬 만한 추상적 판단이나 경멸적 감정을 표현한 경우에는 모욕죄가 성립한다.

- 의견 표명은 원칙적으로 처벌대상이 되지 않지만, 표현의 전취지에 비추어 어떠한 사실의 존재를 암시한다면 사실적시로 평가될 수 있다.
- 명예훼손적 표현이라도 진실한 사실로서 오로지 공공의 이익에 관한 것이면 처벌하지 않는다. 진실이라고 믿을 상당한 이유는 진위 확인을 위해 적절하고 충분한 조사를 다하였는지, 객관적이고 합리적인 자료와 근거가 있는지가 주요하게 고려된다.
- 사실적 주장에 관한 명예훼손적 보도에 대하여는 반론보도를 청구할 수 있고 허위보도인 경우에는 정정보도, 기사 삭제, 손해배상청구가 가능하다. 언론사는 이미 정정 내지 반론보도가 이루어진 경우, 지엽말단적 내용인 경우, 정정 내지 반론을 구하는 내용이 명백히 사실에 반하는 경우에는 정정 내지 반론보도를 거부할 수 있다.
- 혐오 표현은 명예훼손이나 모욕과 유사한 형태를 띠지만 개인의 인격권 침해뿐만 아니라 사회 집단에 대한 편견과 증오를 확산시켜 사회적 차별을 정당화, 조장, 강화한다는 점에서 구별된다. 혐오 표현은 크게 '모욕형'과 '선동형'으로 나눌 수 있다. 행위 규제 조치와 더불어 환경 조성 조치를 통해 혐오 표현의 해악을 최소화해야 한다.

실전활용 체크리스트

- 다른 사람의 사회적 평가를 저하시키는 명예훼손적 사실이 포함되지 않았는가?
- 보도 대상은 공인인가? 보도 내용은 공공의 이익에 관한 내용인가? 제보자에게 다른 사익적 동기가 있지는 않은가?
- 의혹을 제기하는 보도를 하면서 단정적으로 표현하지는 않았는가? 부사, 형용사 등 주관을 반영하는 단어 사용을 최소화하였는가?
- 상대방 입장을 충실히 취재하고 반영하였는가?
- 취재 내용이 진실이라고 믿는 객관적 근거는 무엇인가? 당사자, 주변인, 관련 자료들을 확인하였는가?
- 논란이 될 만한 이슈를 보도할 때 취재자료, 녹취록, 취재수첩 등 증거를 남겨두었는가?
- 보도 방식이 특정 집단에 대한 편견을 조장하고 혐오의 감정을 유발하고 있지는 않은가?
- 혐오를 주제로 한 보도에서 혐오 발언의 맥락을 짚고, 발언의 의미를 인권의 관점에서 해석하며, 명확한 관점을 갖고 혐오 표현을 비판하고 있는가?

5 참고 문헌

김민정 (2014). 일베식 "욕"의 법적 규제에 대하여: 온라인상에서의 혐오표현에 대한 개념적 고찰. 「언론과 법」 13권 2호. 131-163.

김민정 (2022). 혐오표현과 언론보도: 중계 대신 배경과 맥락을 파악해 비판적으로 전해야. 「미디어리터러시」 여름호. 8-13.

김시철 (2015). 언론·출판의 자유와 인격권의 대립과 조화에 대한 비교법적 검토. 「저스티스」 통권 제147호. 53-116.

심홍진·이훈·연지영 (2021). 「'포스트 코로나 시대', 혐오 유발 보도의 문제점 및 정책적 대응 방향에 관한 연구」. 정보통신정책연구원.

이승현·이준일·정강자·조혜인·한상희·홍성수 (2019). 「혐오표현 리포트」. 국가인권위원회.

이혜온 (2023). 온라인 모욕죄 판례 분석. 「방송통신심의동향」 제2023-1호. 96-103.

홍성수·김정혜·노진석·류민희·이승현·이주영·조승미 (2016). 「혐오표현 실태조사 및 규제방안 연구」. 국가인권위원회.

누스바움, 마사(임현경 역) (2020). 「타인에 대한 연민」. 알에이치코리아.

Kaye, D. (2019). 「Report of the Special Rapporteur to the General Assembly on online hate speech」, UN A/74/486. Retrieved from: https://www.ohchr.org/ Documents/Issues/Opinion/A_74_486.pdf

United Nations, 「UN Strategy and Plan of Action on Hate Speech」, 2019, Retrieved from: https://www.un.org/en/genocideprevention/documents/UN%20Strategy%20and%20Plan%20of%20Action%20on%20Hate%20Speech%2018%20June%20SYNOPSIS.pdf

제4장

사생활 보호, 초상권

김현귀

제4장
사생활 보호, 초상권

1 들어가며

학습목표

- 사생활 개념과 보호하는 이유 이해
- 사생활에 대한 권리와 일반적 인격권의 관계 이해
- 초상권 등이 보호되어야 하는 이유
- 일반인의 사생활 보호권과 공인의 퍼블리시티권 구별

학습사례

사례 1

상류층 변호사 W는 아름다운 신부 B와 조용한 결혼식을 올렸다. 그들은 세상과 조금 떨어져, 가족과 친구들만 모시고 평화로운 하루를 보냈다. 하지만 며칠 뒤, 신문을 본 순간 그 평화는 무너졌다. 신문에는 그들의 결혼식을 사진과 함께 드레스의 무늬, 신부의 미소, 손님 명단, 집 내부 장식까지 모두 있었다.

신문은 "보스턴 최고의 신부"라며 사교계의 시선을 자극했고, W 부부의 사적인 순간은 이제 도시의 구경거리가 되어버렸다. 처음엔 그저 언짢은 일이었다. 하지만 곧 신문들은 매주 그들의 일상을 보도했다.

"W 부부의 저녁 파티", "신부 B의 새로운 드레스", "어제의 손님 명단"… 심지어 어린 아이의 사진까지 기사로 실렸다.

더 이상 W의 집은 W만의 공간이 아니었다. W는 몹시 분노하였지만 신문을 상대로 소송을 제기하지는 않았다.

질문 1. 이 사례에서 침해된 W의 권리는 무엇인가?
질문 2. 그렇게 화가 났는데, W는 왜 신문을 상대로 소송을 제기하지 않았을까?

사례 2

미국 펜실베이니아주 피츠버그에 사는 한 부부가 있었다. 이 부부는 어느 날 친구에게 이런 말을 듣는다.

"야, 구글 지도에서 너희 집이 그대로 나와 있던데?"

놀란 부부는 구글 맵의 거리뷰를 열어봤고, 그들은 깜짝 놀랐다. 그들의 집, 정원, 차고, 심지어 수영장까지 고해상도 사진으로 찍혀 인터넷에 그대로 공개되어 있었던 것이다. 결정적으로 그 사진에서 부인 C는 수영복 차림으로 수영장 의자에 누워 있었다.

질문 3. C는 구글 맵을 상대로 손해배상을 청구하였는데, C의 무엇이 침해되어 손해배상을 청구한 것일까?

2 사생활의 개념과 유래

오늘날 '사생활의 보호' 혹은 '프라이버시'라는 개념을 누구나 당연한 권리로 여긴다. 하지만 이러한 인식이 자리 잡은 것은 비교적 최근의 일이다. 법적으로 '사생활에 대한 권리'가 논의되기 시작한 것은 19세기 말에 이르러서였다. 그 출발점은 1890년, 미국의 법률가 사무엘 D. 워렌(Samuel D. Warren) 과 훗날 연방대법관이 된 루이스 D. 브랜다이스(Louis D. Brandeis) 가 발표한 논문 「The Right to Privacy」이었다.

학습사례 1에서 본 내용은 워렌이 당시 미국 사회를 휩쓴 '황색 저널리즘(yellow journalism)', 즉 사생활을 침해하는 선정적인 언론 보도로 큰 피해를 입었던 사례를 바탕으로 한 것이다. 이 경험을 바탕으로 그는 브랜다이스와 함께 “사생활에 대한 권리(The Right to Privacy)”를 법적으로 보호할 가치가 있는 일반적 권리로 주장하였다.

이 시기 프라이버시권은 민법(불법행위법)상의 권리, 즉 “타인이 개인의 사적 영역을 침해하면 손해배상을 청구할 수 있는 권리”로 출발했다. 이후 1960~70년대, 미국 사회는 인권과 자유를 중시하는 진보적 분위기 속에서 프라이버시권을 헌법상 기본권으로 발전시킨다. 미국 연방대법원은 다음 두 가지 판결을 통해 프라이버시권의 헌법적 지위를 명확히 했다.

- Griswold v. Connecticut(1965)
  부부의 피임에 대한 선택권을 인정하며, “사적 생활의 자유”가 헌법이 보장하는 권리라고 판시하였다.
- Roe v. Wade(1973)
  여성이 임신과 낙태 여부를 스스로 결정할 수 있는 권리를 인정하였다.

이들 권리는 “자신의 신체와 삶을 결정할 권리”로서 프라이버시권의 범위에 포함된다. 이 두 판결은 프라이버시권을 헌법상 기본권으로 확립한 결정적 전환점이었다. 그렇다면 사생활(privacy)이란 무엇일까? 다음과 같이, 학자마다 다소 다른 정의를 내리고 있지만, 공통점도 발견할 수 있다.

- Roscoe Pound & Paul Freund
  사생활은 인간으로서의 본질을 표현하고, 개인의 인격과 됨됨이를 규정하는 권리이다.
- Louis Henkin
  사생활은 개인의 생각, 행동, 그리고 자기결정과 관련된 자율성의 표현이다.
- Alan F. Westin & Charles Fried
  사생활은 자신에 관한 정보 · 평판 · 외모 등을 스스로 통제함으로써 타인과의 관계를 조정할 수 있는 통제력이다.

이러한 정의들은 사생활을 단순히 ‘숨기는 것’이 아니라, “자신의 삶을 스스로 통제할 수 있는 자유”로 본다는 점에서 공통된다.

과거에는 사생활을 주로 "혼자 있을 권리(right to be let alone)"로 이해했다. 즉, 타인의 간섭이나 관심으로부터 벗어나 조용히 있을 자유였다. 그러나 오늘날은 상황이 달라졌다. SNS를 통해 누구나 자신의 일상과 생각을 공개적으로 공유한다. 결혼식, 집, 여행, 파티 등의 사적인 순간들이 오히려 '자발적으로' 공개되고 있다.

그렇다면 스스로 공개하는 삶 속에서도 사생활이 존재할 수 있을까? 그 답은 "그렇다"이다. 현대사회에서 사생활에 대한 권리는 더 이상 '은둔의 권리'가 아니라, '자기 정보와 자기 삶을 통제할 권리'로 이해해야 한다. 즉, 공개할지 숨길지를 스스로 선택할 자유, 그것이 오늘날 말하는 사생활에 대한 권리의 핵심적인 내용이라고 할 수 있다.

▸ [깊이 살펴보기] Roe v. Wade 사건

Roe v. Wade(1973) 사건은 텍사스의 광범위한 낙태금지법에 대하여 연방대법원이 7 대 2로, 임신 초기 단계에서 여성의 낙태 선택을 수정헌법 제14조 적법절차조항이 보장하는 자유 개념, 곧 사생활에 대한 권리의 핵심적 내용으로 보호한다고 판단한 사건이다. 대법원은 사적이고 친밀한 결정 영역에 대한 국가 개입을 제한하면서, 임신의 진행 단계에 따라 국가의 이익과 개인의 프라이버시를 조화시키는 틀(소위 '삼분기 프레임워크')을 제시하였다.

이 판결의 의의는 프라이버시를 단순한 불법행위법상 이익을 넘어, 신체와 가족계획 등 근본적 삶의 결정을 스스로 내릴 자유라는 '헌법상 기본권'의 차원으로 격상시켰다는 데 있다. 비록 이후 Dobbs v. Jackson Women's Health Organization(2022) 사건에서 판례의 지형이 변화하였더라도, Roe v. Wade 사건은 결정 프라이버시(decisional privacy)를 미국 헌법 질서의 중심 가치로 위치시키며, 친밀한 관계와 재생산, 가족생활에 관한 국가 규제의 한계를 엄격히 심사해야 한다는 기준을 정립한 전환점이었다는 사실은 변함이 없다.

3 사생활에 대한 권리

1) 프라이버시에 대한 합리적 기대

미국 연방대법원은 여러 판결을 통해 프라이버시의 범위와 성격을 구체화하였다. Whalen v. Roe(1977) 사건에서 미국 연방대법원은 프라이버시에는 두 가지 측면의 이익이 있다고 설명했다. 하나는 사적인 정보가 공개되지 않기를 바라는 이익, 다른 하나는 중요한 결정을 독립적으로 내릴 수 있는 이익이다. 즉, 프라이버시는 '정보의 비공개'와 '결정의 자율성' 두 가지를 모두 포함한다.

후자의 '결정을 독립적으로 할 권리'는 이미 앞에서 언급한 Griswold v. Connecticut 판결(1965)과 Roe v. Wade 판결(1973)에서 확인한 내용이라고 할 수 있으나, 사적인 사항이 공개되거나 침해되지 않기를 바라는 개인적 이익은 좀 다른 것이다.

Katz v. United States(1967)과 Terry v. Ohio(1968), 이 두 사건에서 미국 연방대법원은 프라이버시의 보호 범위를 프라이버시에 대한 합리적 기대(reasonable expectation of privacy)라는 기준으로 판단해야 한다고 밝혔다. 다시 말해, "그 사람이 객관적으로 봤을 때 프라이버시를 기대할 수 있는 상황이었는가?"를 기준으로 압수·수색이나 감시의 적법성을 평가해야 한다는 것이다.

구분	내용
결정 프라이버시 (decisional privacy)	개인이 자신에게 중요한 결정을 외부의 간섭 없이 내릴 수 있는 자유 (예: 피임이나 낙태와 같은 신체적·생활상의 결정을 스스로 내릴 권리)
공간 프라이버시 (spatial privacy)	미국 수정헌법 제4조(불합리한 수색과 압수의 금지)에 따라, 개인의 주거, 신체, 물리적 공간을 외부의 침입으로부터 보호받을 권리
정보 프라이버시 (informational privacy)	개인의 정보가 무단으로 수집·공개되지 않도록 통제할 수 있는 권리. 즉, 나에 관한 정보가 언제, 어떻게 공개되는지를 내가 결정할 수 있는 권리

이러한 판례들을 종합하면, 미국에서 프라이버시는 다음과 같은 세 가지 측면에서 '합리적으로 기대할 수 있는 권리'로 이해할 수 있다. 결국 프라이버시는 '개인의 사적 영역이 존중받을 것이라는 합리적 기대'에 대한 법적 보장이라 할 수 있다.

2) 일반적 인격권

학습사례 2에서 구글 지도 거리뷰(Google Street View)에 의하여 자신의 집과 사적인 모습이 본의 아니게 만천하에 공개하게 된 부부의 사례를 보자. 이 부부는 자신이 사람들에게 보이고 싶지 않은 모습을 보였다. 그런데 그것이 왜 문제란 말인가? 이것은 마치 집을 치우지도 않았는데 손님이 집안으로 들이닥친 것과 같은 상황이라고 할 것이다. 이 사례는 사생활 보호의 문제이기도 하지만, 동시에 '인격'이 침해되는 문제이기도 하다.

우리는 내 본모습과 다른 사람에게 비추어지는 내 모습이 서로 다르다는 것을 안다. 우리가 사회에서 보여주는 모습(평판, 명예, 신용 등)은 '나 자신'의 표현이자 타인과의 관계 속에서 형성된 인격(personality)이다. 그리고 타인에게 비추어지는 자신의 인격에 대해 통제하고 보호받을 일반적인 권리를 일반적 인격권(Allgemeines Persönlichkeitsrecht)이라고 부른다.

독일에서는 사생활 보호를 인격의 사적 영역을 보호하는 문제로 본다. 인간은 존엄한 존재로서 자신만의 내밀한 사적 공간이 필요하다. 그러나 기본법(독일 헌법)에 열거된 개별 자유권만으로는 이러한 모든 사적 영역을 충분히 보호하기 어렵다. 이에 따라 독일 연방헌법재판소는 기본법 제2조 제1항(일반적 행동의 자유, 즉 행복추구권)과 제1조 제1항(인간의 존엄성 보장)을 결합하여 '일반적 인격권'을 인정하였다. 이 권리는 개인이 사회에 대해 "내 고유한 영역을 침범하지 말라"고 요구할 수 있는 권리이다.

일반적 인격권은 인간의 인격이 발현되는 형태에 따라 다음 세 가지로 구분할 수 있다.

구분	내용	예
자기결정권 (Selbstbestimmung)	자신의 내면적·사적 생활에 관한 결정을 스스로 내릴 권리.	예: 개인정보 공개 여부, 성적 정체성의 선택 등

자기유지권 (Selbstbewahrung)	부당한 침입이나 간섭으로부터 자신의 사적영역을 보호할 권리.	예: 불법 촬영, 사생활 침입 등
자기표현권 (Selbstdarstellung)	사회 속에서 자신의 모습을 어떻게 표현할지 통제할 권리.	예: 명예 · 초상 · 성명 · 음성 등

이 중 자기표현권은 명예권, 초상권 등을 포함하는 가장 폭넓은 권리로 발전하였다.

3) 프라이버시와 일반적 인격권의 관계

미국의 프라이버시권(privacy right)은 개인이 합리적으로 기대할 수 있는 사생활의 보호(reasonable expectation of privacy)를 중심으로 발전했다. 즉, 개인이 사적인 결정을 자유롭게 내리고, 자신의 주거와 정보가 외부로부터 침해받지 않을 권리를 강조한다. 반면, 독일의 일반적 인격권(Allgemeines Persönlichkeitsrecht)은 인간의 존엄을 실현하기 위한 인격의 보호에 초점을 둔다.

인간은 단순히 외부의 간섭으로부터 자유로운 존재가 아니라, 자신의 인격을 자유롭게 형성하고 표현할 수 있는 주체라는 관점에서 사생활을 이해한다. 두 개념은 출발점과 맥락에서는 차이가 있지만, 그 본질은 매우 비슷하다. 결국 두 관점 모두 사생활(privacy)을 단순히 감추고 숨겨야 할 비밀의 영역이 아니라, 인간이 사회 속에서 자기 자신으로 존재할 수 있는 권리로 본다.

예를 들어, 미국에서 낙태에 대한 선택권이 프라이버시권의 일부로 보호되는 것은, 우리 헌법에서 성적 자기결정권이 인격권으로 보호되는 것과 본질적으로 같다. 두 경우 모두 자신의 몸과 삶에 관한 결정은 본인이 해야 한다는 자기결정(self-determination)의 원리가 핵심이다. 또한 미국의 주거의 평온에 대한 합리적 기대는 인격의 자유로운 발현을 방해받지 않을 권리와 대응한다. 즉, 개인이 자신의 공간에서 편안하게 존재할 수 있다는 점에서 두 개념은 서로 다른 법적 체계를 통해 같은 인간적 가치를 보호하는 것이다.

초상권(right to one's image)은 프라이버시권과 인격권이 만나는 대표적인 예이다. 한편으로 초상권은 사적인 모습이 함부로 공개되지 않을 권리로서 프라이버시의 한 부분으로 이해할 수 있다. 다른 한편으로 초상권은 자신의 외적 표상을 통제할 권리이기도 하므로, 인격권의 한 형태로 설명할 수 있다. 나아가 유명인의 초상은 경제적 가치를 지니기도 하므로, 재산권적 권리, 즉 퍼블리시티권(right of publicity)으로 발전하기도 한다.

미국의 프라이버시권과 독일의 일반적 인격권은 법체계와 개념적 출발점은 다르지만, 결국 인간의 자유와 존엄을 보호하기 위한 사생활권이라는 공통된 목적을 갖는다. 사생활이란 사회로부터 고립된 은둔의 공간이 아니라, 인간이 사회 속에서 자기 자신으로 존재하고 표현할 수 있는 자유의 공간이다. 따라서 오늘날의 사생활권은 "숨길 자유"가 아니라 "자신을 스스로 결정하고 표현할 자유"로 이해되어야 한다.

▸ [깊이 살펴보기] 우리 헌법 속의 사생활 보호 규정

우리나라 헌법은 세계적인 프라이버시 보호의 흐름에 맞추어 1980년 헌법 개정을 통해 처음으로 사생활 관련 기본권을 명시하였다. 현행 헌법은 다음과 같이 사생활 관련 기본권을 규정한다.

- 헌법 제16조: 주거의 자유
- 헌법 제17조: 사생활의 비밀과 자유
- 헌법 제18조: 통신의 비밀과 자유

이후 1987년 헌법 개정에서 인간의 존엄과 가치, 그리고 행복추구권(제10조)이 추가되었다. 이 조항은 오늘날 일반적 인격권의 헌법적 근거로 해석된다.
즉, 우리 헌법은 이미 사생활 보호를 명문으로 규정하고 있으므로 미국이나 독일처럼 판례와 해석에 의존할 필요는 적다. 다만, 헌법상 어떤 조항을 중심으로 프라이버시와 관련된 다양한 권리를 설명할 것인지는 학자들 사이에서 견해가 나뉜다.

- ① 사생활 중심 접근
  제17조(사생활의 비밀과 자유): 전통적인 프라이버시권 중심의 해석
- ② 인격 중심 접근
  제10조(인간의 존엄과 행복추구권): 일반적 인격권에서 파생되는 권리로 보는 해석

이처럼 우리 헌법은 사생활 보호를 직접 규정하면서도, 동시에 시대 변화에 따라 요구되는 개인정보자기결정권이나 초상권 등의 개별적 인격권을 포괄적으로 논의할 수 있는 구조를 가지고 있다.

4 초상권과 퍼블리시티권

1) 초상권 등 개별적 인격권

일반적 인격권(Allgemeines Persönlichkeitsrecht)은 인간의 존엄과 인격의 자유로운 발현을 포괄적으로 보호하는 권리이다. 그런데 인격은 추상적인 가치만으로 존재하지 않는다. 한 사람의 인격은 구체적으로 형체, 외모, 목소리, 이름 등과 같은 외적 요소를 통해 사회 속에서 드러난다. 따라서 이러한 개인의 인격적 고유성을 표현하는 요소들에 대해서도 별도로 보호를 요구할 수 있다. 이러한 권리를 개별적 인격권(individuelle Persönlichkeits-rechte)이라고 한다.

개별적 인격권의 종류

개별적 인격권은 개인의 고유한 인격적 특성을 나타내는 구체적 요소에 대한 권리이다. 대표적인 예는 다음과 같다.

구분	내용	예시
초상권	개인의 얼굴이나 신체 등 외적 이미지가 무단으로 사용되지 않을 권리	사진, 초상화, 영상, 몽타주 이미지
음성권	개인의 음성이 허락 없이 녹음·방송·모방되지 않을 권리	방송 출연, 광고 더빙, AI 음성 생성
성명권	개인의 이름이나 별명이 타인에 의해 무단으로 사용되지 않을 권리	이름의 상업적 이용, 허위 명의 사용 등

이들은 모두 한 개인의 '인격적 동일성(identity)'과 '개별성(individuality)'을 보호하기 위한 권리라고 할 수 있다.

개인정보와의 구별

개별적 인격권은 종종 개인정보(personal data)와 혼동할 수 있지만, 두 개념은 보호 대상이 다르다. 개인정보란 개인을 식별할 수 있거나 개인과 관련된 모든 정보를 의미한다(예: 주민등록번호, 주소, 학력, 금융정보 등). 개별적 인격권은 그 사람의 인격적 고유성을 표현하는 요소를 의미한다(예: 얼굴(초상), 목소리(음성), 이름(성명) 등). 즉, 개인정보가 사람에 관한 데이터라면, 개별적 인격권은 그 사람 자체를 상징하는 표현물이다.

법적 성격과 보호 범위

개별적 인격권은 일반적 인격권과 달리 보다 구체적이고 개별적인 대상에 대한 권리이므로, 민사적 구제수단 - 특히 손해배상 청구 - 의 대상이 된다. 또한 이 권리들은 당사자의 동의에 따라 이용 허락이 가능하다는 점에서 일종의 재산권적 성격을 가진다. 예를 들어, 연예인이 자신의 초상을 광고나 상품 포장에 사용할 수 있도록 허락하는 경우, 그 초상은 단순한 인격의 표현을 넘어 경제적 가치를 지닌 자산이 된다. 이러한 점에서 초상권은 인격권으로 출발하여 재산적 가치를 지닌 퍼블리시티권(right of publicity)으로 발전하기도 한다.

개별적 인격권은 인간의 인격이 사회 속에서 구체적으로 드러나는 다양한 모습들을 보호하기 위한 제도이다. 이는 단순히 "나를 지켜달라"는 추상적 요청이 아니라, "나의 얼굴, 목소리, 이름 등 나를 구성하는 요소를 내 의사에 따라 통제할 권리"를 의미한다. 따라서 개별적 인격권은 인격의 존엄을 현실 속에서 구체적으로 실현하는 핵심적인 제도라고 할 수 있다.

초상권 등을 보호하는 이유

초상권 등 개별적 인격권을 보호하여야 하는 이유는, 우선 프라이버시 관점에서 보면 개인이 자신의 정보와 사적 영역을 언제 어떻게 공개할지 스스로 통제할 합리적 기대와 자기결정의 자유를 보장하기 위해서이다. 그리고 일반적 인격권 관점에서 보면 얼굴 · 이름 · 음성 등 '나'를 드러내는 표상에 대한 통제권을 통해 인간의 존엄과 인격의 자유로운 형성 · 표현을 실질적으로 보호하기 위해서이다.

초상은 단순한 이미지가 아니라 사회 속에서 형성된 인격적 동일성과 평판의 핵심 요소이다. 초상의 무단 촬영 및 공개는 사생활 침해일 뿐 아니라 인격의 왜곡과 객체화를 초래하고, 상업적 무단 이용은 인격적 '자기표현권', 즉 인격의 자유로운 발현권을 침해한다.

더 나아가 초상권 침해는 인격에 근거하는 경제적 가치의 귀속 질서를 해칠 수 있다. 따라서 초상권의 보호는 공익적 보도와 표현의 자유와 조화되어야 하지만, 개인에게는 사적 영역의 평온과 자기결정이 존중되어야 한다. 그 과정에서 초상권 등 개별적 인격권은 정당한 재산권으로 인정되기도 한다.

▸ [깊이 살펴보기] 인격권과 재산권의 관계에 대한 이론

헤겔은 인간은 자유의지를 지닌 인격적 존재로 봤다. 인간은 외부 사물에 자신의 의지를 투영하고 소유함으로써 추상적인 자유를 구체적인 현실 속에서 실현한다. 소유 행위는 인격이 자신을 외부 세계에 펼치는 과정이다. 재산은 개인이 자신의 내면적 의지와 정체성을 외부 세계에 객관화한 결과물이다. 그러나 재산권은 개인의 일방적 선점이 아니라 타인과의 상호 인정을 통해 성립한다. 즉, 재산권은 공동체의 법질서 속에서 타인의 인정(Anerkennung)을 받을 때 비로소 온전한 권리가 된다. 따라서 재산권은 개인의 자유를 사회 속에서 실현하는 사회적 관계의 제도로 이해할 수 있다. 그리고 재산을 소유한다는 것은 단순한 경제적 행위가 아니라 자유로운 인격 발달의 조건이다.

헤겔의 사상은 창작물에 담긴 창작자의 인격적 표현을 보호해야 한다는 지적 재산권(저작권) 개념의 기반이 되었다. 예술작품이나 문학작품은 인간 인격의 구체적 산물로 간주된다. 이 사상은 현대 법학에서 인격권의 재산적 측면을 설명하는 토대가 되었다.

초상권: 인격의 외적 표현(얼굴 · 이미지)에 대한 통제권

퍼블리시티권: 인격적 표현이 경제적 가치를 가질 때의 재산권적 보호

저작권: 창작물 속에 드러난 창작자의 인격적 자유의 객관화

이 모두가 헤겔의 논리 "인격이 외부 세계에서 자기 자신을 실현한다"에 기반한다. 즉, 인격권이 재산권으로 발전한다는 것은, 인격의 표현이 사회적 · 경제적 관계 속에서 인정되고 보호받는 과정을 의미한다.

2) 공인의 퍼블리시티권

공인과 사생활 보호의 한계

현대사회에서 공인(public figure)은 늘 대중의 관심 속에서 살아간다. 정치인, 연예인, 운동선수와 같은 공인은 그 직업의 특성상 언론과 대중의 시선에서 완전히 벗어날 수 없다. 이러한 이유로 공인은 일반인과 달리 프라이버시에 대한 '합리적 기대'가 제한된다. 즉, 사회적으로 주목받는 위치에 있는 사람은 자신의 활동이 일정 부분 공개되는 것을 감수해야 한다는 것이다.

예를 들어, 일반 시민이 휴대폰으로 문자 메시지를 주고받거나 주식을 거래하는 행위는 사생활과 통신비밀로 철저히 보호받는다. 그러나 국회의원이 국회 본회의장에서 같은 행위를 한다면 그것은 사생활로 보호되기 어렵다. 따라서 공인은 공적 인물로서의 사회적 책임과 사적 자유의 한계 사이에서 항상 무거운 책임을 요구받는다.

공인의 초상과 사생활

공인의 일상이나 초상(사진, 영상 등)은 종종 언론의 보도나 대중의 관심 대상이 된다. 일반 시민의 초상은 사생활 보호 및 인격권에 의해 강하게 보호되지만, 공인의 경우에는 일정한 범위 안에서 그들의 활동이나 이미지가 촬영되고 보도될 수 있다. 이는 사회적 관심사와 공익을 위한 언론의 자유(press freedom)를 이 경우에 더 중요시하기 때문이다. 다만, 이 경우에도 언론의 자유는 공익의 범위 내에서만 정당화된다.

사례 1에서 W는 신문을 상대로 손해배상소송을 진행하지 아니하였다. 그렇게 하지 않은 이유는 당시에는 사생활 보호가 법적인 권리로 확립되지 않았기도 했지만, 그가 그 지역에서 상당히 유명한 인사였다는 점도 중요한 이유였을 것이다. 그가 유명인이 아니라면 그런 기사가 생산되지도 않았을뿐더러, 그것이 화가 난다고 하여 신문을 상대로 소송을 제기하는 것은 오히려 그의 명성과 평판을 떨어뜨릴 수 있었다.

초상권과 퍼블리시티권

그러나 아무리 공인이라 하더라도 그의 초상이나 음성, 이름을 허락 없이 상업적으로 이용하는 행위는 전혀 다른 문제이다. 초상권(right of publicity/image right)은 개인의 얼굴, 몸, 목소리 등 시각적 · 청각적 표현에 대한 통제권을 말한다. 이는 개별적 인격권으로서, 타인이 무단으로 사진을 찍거나 이미지를 공개하는 경우 사생활 침해 및 손해배상 청구의 대상이 된다. 공인의 경우, 초상은 단순히 인격의 표현을 넘어 경제적 가치를 가진다. 유명 배우, 운동선수, 정치인의 초상이나 이름은 광고, 굿즈, 미디어 콘텐츠 등에서 상업적 자산으로 활용될 수 있다. 이러한 유명세로 인한 경제적 가치에 대한 일반적 권리를 퍼블리시티권(right of publicity) 이라고 한다.

퍼블리시티권의 보호 범위

공인이 자신의 초상이나 이름을 이용해 광고나 제품 홍보 등으로 경제적 이익을 얻는 것은 정당한 권리 행사이다. 하지만 제3자가 허락 없이 그 이미지를 사용하여 상품을 판매하거나 이익을 얻는다면, 이는 퍼블리시티권 침해에 해당하며 부당이득 반환 및 손해배상 청구의 대상이 된다. 예를 들어, 유명 연예인의 얼굴을 허락 없이 광고에 사용하거나, 유명 운동선수의 사진을 상업적으로 판매하는 행위는 그들의 경제적 가치와 인격적 통제권을 동시에 침해하는 행위로 본다.

■ **초상권 침해와 퍼블리시티권 침해의 구별**

구분	초상권 침해	퍼블리시티권 침해
보호목적	개인의 얼굴이나 신체 등 외적 이미지 보호	공인의 인격적·경제적 가치 보호
행위의 성격	얼굴 등 외적 이미지에 대한 무단 촬영 및 공개(예: 몰래 촬영, 무단 공개)	상업적 이용(예: 광고, 상품화)
피해자 범위	모든 개인	주로 유명인, 공인
법적 성격	인격권 침해	재산권적 성격의 권리 침해

즉, 언론 보도의 목적이나 공익성이 인정된다면 공인의 초상을 촬영하는 행위 자체는 초상권 침해가 아닐 수 있다. 그러나 그 이미지를 상업적으로 이용하거나 판매한다면 이는 명백히 퍼블리시티권 침해에 해당한다.

5 우리나라에서 사생활권과 초상권

1) 불법행위법상 사생활권과 초상권

우리나라에서 사생활권과 초상권이 법원 판결에 의해 확인된 것은 비교적 최근의 일이다. 1998년 대법원은 "개인의 사생활의 비밀에 관한 사항은, 그것이 공공의 이해와 관련되어 공중의 정당한 관심의 대상이 되는 사항이 아닌 한, 비밀로서 보호되어야 하고, 이를 부당하게 공개하는 것은 불법행위를 구성한다"는 전제하에 유방성형수술의 부작용을 알리기 위한 목적으로 제작된 방송사 시사고발 프로그램에 관해 수술 후유증을 겪고 있는 피해자의 신분 노출을 막기 위한 적절한 조치를 취하지 않았다는 이유로 1천만 원의 손해배상책임을 인정하였다(96다11327).

초상권은 1993년에 처음으로 판례로 확인되었다. 당시 서울지방법원은 미국의 시사주간지 《뉴스위크(Newsweek)》가 "돈의 노예들: 이화여자대학교 학생들"이라는 제목으로 이화여대 학생들의 사진을 동의 없이 게재한 사건에서, 피해 학생들의 초상권 및 명예를 침해했다고 판단했다. 법원은 뉴스위크사에 대해 피해자 1인당 3천만 원의 손해배상 책임을 인정하였다(92가단57989).

이 판결은 초상권을 민법 제750조(불법행위에 의한 손해배상)의 적용 대상이 되는 법적 권리로 명확히 인정한 첫 사례였다. 이후 다수의 판례에서 법원은 초상권을 단순한 사적 권리가 아니라, 헌법적으로 보장되는 인격권의 한 형태로 해석하였다. 2006년 대법원은 초상권의 구체적인 내용을 다음 세 가지로 정리하였다(2004다16280).

구분	내용	예시
(1) 촬영되지 않을 권리	본인의 동의 없이 촬영되거나 묘사되지 않을 권리	무단 촬영, 도촬 등
(2) 공표되지 않을 권리	자신의 모습이 허락 없이 공개되지 않을 권리	방송, 기사, SNS 공개
(3) 영리적으로 이용당하지 않을 권리	자신의 얼굴이나 이미지를 상업적으로 이용당하지 않을 권리	광고, 상품 포장, 영상 활용 등

이 세 가지 권리 중 어느 하나라도 침해된다면, 그 행위는 민법상 불법행위로 손해배상 책임이 발생할 수 있다. 한편, 모든 사생활권 또는 초상권 침해가 곧 불법행위로 이어지는 것은 아니다. 대법원은 사생활권 또는 초상권을 침해한 언론보도나 표현물 등이 일정한 요건을 갖춘 경우에는 위법성이 조각된다고 본다. 일정한 요건이라 함은, "사생활과 관련된 사항이 공공의 이해와 관련되어 공중의 정당한 관심의 대상이 되는 사항에 해당하고, 공개가 공공의 이익을 위한 것이며, 표현내용·방법 등이 부당한 것이 아닌 경우"를 말한다. 이를 달리 말하면, 앞서 공인과 사생활 보호의 한계에서 살펴본 것처럼 공익을 위한 언론 보도나 사회적 관심사에 속한 인물의 공개된 활동이라면, 사생활권 내지 초상권 침해로 보기 어렵다는 뜻이다(2020다227455). 이러한 원리에 따라 위법성이 조각되도록 하기 위해서는 상충하는 이익을 비교형량하는 과정이 필요한데, 침해행위의 공익적 요소와 피해이익의 경중을 모두 고려해야 한다.[11] 예컨대, 한 연예매체가 결혼을 앞둔 대기업 부회장이 살게 될 신혼집에 관한 설명과 결혼 계획 등을 보도한 것은 공중의 정당한 관심 영역을 상당한 방법으로 공표한 것에 해당할 수 있다(2012다31628). 물론, 같은 사안에서 상견례와 데이트 장면을 상세히 묘사하고 무단 촬영한 사진을 보도한 것과 관련해서는 사생활의 비밀과 자유, 초상권(대기업 부회장의 배우자의 초상권) 침해를 인정했다(2012다31628). 또 다수의 언론매체에 이름과 얼굴을 알려온 국내 최초 다문화어린이합창단장이 회계 부정 의혹을 받는 상황에서 그 얼굴을 공개하는 것은 공공의 이익을 위한 것으로 공론의 필요성이 인정되어 초상권 침해의 위법성이 인정되지 않았던 적도 있다(2020다253423).

▸ [사례 살펴보기] 공연 중 키스타임에 잡힌 불륜 커플

생방송으로 진행된 공연 중, '키스타임(Kiss Time)' 이벤트에서 한 연인이 포착되었다. 그들이 다정하게 백허그하는 모습이 대형 화면에 비추어졌다. 하지만 두 사람은 모두 배우자가 있는 상태, 즉 불륜관계였다. 예상치 못한 노출에 놀란 두 사람은 급히 몸을 숨겼지만, 이미 화면은 생중계되어 불륜 사실이 대중에게 알려졌다. 그 결과 두 사람은 직

11) 침해행위의 영역에 속하는 고려요소로는 침해행위로 달성하려는 이익의 내용 및 그 중대성, 침해행위의 필요성과 효과성, 침해행위의 보충성과 긴급성, 침해방법의 상당성 등이 있고, 피해이익의 영역에 속하는 고려요소로는 피해법익의 내용과 중대성 및 침해행위로 인하여 피해자가 입는 피해의 정도, 피해이익의 보호가치 등이 있다(2012다31628).

장에서 해고되었고, 한 사람은 결국 이혼에까지 이르렀다.[12]

불륜도 개인의 사생활에 속한다. 따라서 사생활이 공개되어 명예가 훼손되었다면 이론상 사생활 침해나 명예훼손이 성립할 수 있다. 그러나 이 사건은 공개된 공연장에서 발생했기 때문에 주최 측이 불륜 사실을 의도적으로 폭로했다고 보기 어렵고, 따라서 사생활 침해나 명예훼손은 성립하기 어렵다. 다만 두 사람의 얼굴이 동의 없이 생중계된 것은 초상권 침해의 소지가 있다. 그러나 공연장의 '키스타임'은 이미 널리 알려진 관행으로, 관객은 자신이 화면에 비칠 수 있다는 점을 묵시적으로 동의했다고 볼 여지도 있다. 따라서 초상권 침해의 요소는 존재하지만, 공연장에서 '키스타임'의 예측 가능성과 사회적 수용성을 고려하면 그 책임은 제한적으로 평가될 수 있다.

2) 부정경쟁방지법상 퍼블리시티권

우리나라에서 퍼블리시티권(right of publicity) 이 법적으로 처음 인정된 것은 2005년이다. 서울중앙지방법원은 한 유명 개그맨의 얼굴을 승낙 없이 형상화해 캐릭터로 제작하고, 이를 상품으로 판매한 사건에서, 유명인의 초상과 이름을 상업적으로 무단 이용한 행위가 불법행위에 해당한다고 판단하였다(서울중앙지방법원 2004가단235324). 이 판결은 유명인의 얼굴 · 이름 · 음성 등 인격적 속성이 경제적 가치를 가질 수 있다는 점을 처음으로 명확히 인정한 사례였다.

하지만 법원은 퍼블리시티권을 독립된 권리로 일관되게 인정하지는 않는다. 퍼블리시티권이 본질적으로 재산권적 성격을 갖기 때문에, 이를 인정하려면 명시적인 법률 조항이나 관습법적 근거가 필요하다는 이유에서였다. 따라서 여러 판결에서 퍼블리시티권의 필요성은 인정하면서도 다른 판례에서는 실정법적 근거 부족을 이유로 그 존재를 부정하곤 했다(서울서부지방법원 2013가합32048 등 참조). 우리나라에서 퍼블리시티권은 법적으로 불안정한 지위에 머물러 있었다.

전환점은 2020년 대법원 가처분 결정에서 나타났다(2019마6525). 한 연예인 잡지사가 소속사의 동의 없이 유명 아이돌 그룹의 화보집을 제작 · 판매한 사건에서, 대법원은 해당

12) 조선일보, "콜드플레이 콘서트서 백허그…불륜 들킨 CEO, 결국 사직", 2025년 7월 20일자. <https://www.chosun.com/international/international_general/2025/07/20/TQ4LQGLLQ5CHTIB762FJO7GRU4/> 참조

행위를 부정경쟁방지법상 '부정경쟁행위'에 해당한다고 판단했다. 이 결정은 퍼블리시티권을 직접 언급하지 않았지만, 유명인의 초상이나 이름이 가지는 경제적 이익을 법적으로 보호할 필요성을 인정한 사례였다.

이 대법원 결정의 영향으로 2021년 12월 7일 부정경쟁방지법이 개정되었고, 2022년 4월 20일부터 개정 조항이 시행되었다. 개정된 부정경쟁방지 및 영업비밀보호에 관한 법률 제2조 제1항 타목은 부정경쟁행위의 한 유형으로 다음과 같이 규정하고 있다.

> "국내에 널리 인식되고 경제적 가치를 가지는 타인의 성명, 초상, 음성, 서명 등 그 타인을 식별할 수 있는 표지를 공정한 상거래 관행이나 경쟁질서에 반하는 방법으로 자신의 영업을 위하여 무단으로 사용함으로써 타인의 경제적 이익을 침해하는 행위"

이 조항은 퍼블리시티권의 입법적 근거로서, 유명인의 이름·얼굴·목소리·서명 등 개인을 식별할 수 있는 요소가 가지는 경제적 가치를 보호하기 위한 것이다. 부정경쟁방지법상 퍼블리시티권 침해는 다음의 네 가지 요건이 충족될 때 성립한다.

요건	설명
① 공정한 상거래 관행 또는 경쟁질서에 반할 것	사회 통념상 부당한 수단으로 사용된 경우
② 자신의 영업 목적일 것	상업적 이익을 위한 이용이 있을 것
③ 무단 사용일 것	당사자의 명시적 또는 묵시적 동의가 없을 것
④ 경제적 이익 침해가 있을 것	해당 인물의 이미지 가치나 수익이 침해된 경우

이 요건이 충족되면 피해자는 해당 행위의 금지나 손해배상 청구(법 제4조, 제5조)를 할 수 있다.

6 마무리

핵심정리

- 프라이버시는 '혼자 있을 권리'를 넘어, 자신의 정보와 삶을 언제 어떻게 공개할지 스스로 통제할 자유이자 자기결정권이다.
- 미국은 합리적 기대를 기준으로 결정 · 공간 · 정보 프라이버시를 보호하고, 독일은 인간의 존엄을 기초로 일반적 인격권을 통해 사적 영역과 자기표현을 포괄적으로 보호한다.
- 초상 · 이름 · 음성은 인격적 동일성과 평판의 핵심 요소로서, 무단 촬영 · 공개는 사생활 침해와 인격 왜곡을, 상업적 무단 이용은 자기표현권과 정당한 가치의 귀속을 침해한다.
- 초상권은 표현의 자유 · 공익과 조화하되, 개인의 평온과 자기결정을 실질적으로 보장하기 위한 장치다.
- 일반인은 사생활 · 초상에 대한 강한 보호가 원칙이다.
- 공인은 공적 관심으로 프라이버시 기대 범위가 좁지만, 초상 · 이름의 상업적 이용에 대해서는 퍼블리시티권이 보호된다.
- 보도 목적 촬영은 공익성이 있으면 가능할 수 있으나, 무단 상업 이용은 침해다.

실전활용 체크리스트

- 합리적 기대 검토: 해당 상황에서 당사자가 프라이버시를 합리적으로 기대할 수 있는 공간 · 맥락(주거, 병원, 장례식, 사적 행사 등)인가?
- 장소별 규칙: 사유지 · 주거 · 병원 · 학교 등은 원칙적으로 촬영 · 취재 제한이 있음을 확인했는가? 공공장소라도 장거리 망원 · 드론 등은 사생활 침해 소지가 없는가?
- 신분 · 지위 구분: 일반인인지 공인인지 구별했는가? 공인이라도 사적 영역은 별도로 보호된다는 점을 반영했는가?
- 동의 확보: 식별 가능한 인물의 얼굴 · 이름 · 음성 사용에 대해 명시적 동의를 받았는가? 동의 범위(매체, 지역, 기간, 편집 가능성)를 문서로 남겼는가?
- 비식별화 조치: 불가피한 경우 모자이크, 음성 변조, 메타데이터 삭제 등 비식별화 조치를 충분히 했는가? 원본 보관 · 접근 권한을 최소화했는가?

- 편집의 공정성: 장면 · 자막 · 썸네일이 당사자의 인격을 왜곡하거나 맥락을 오도하지 않는가? 선정적 연출로 사생활을 과도하게 노출하지 않는가?
- 상업적 이용 금지 확인: 초상 · 이름 · 음성을 광고 · 협찬 · 상품화 등 상업적 목적으로 사용할 때 별도의 허락을 받았는가? 퍼블리시티권 침해 위험을 평가했는가?
- 자료 출처 · 2차 사용: 독자 제보 · SNS · 거리뷰 등 제3자 자료를 재사용할 때 원출처의 권리와 당사자 프라이버시를 재평가했는가? 공개된 정보라도 추가적 피해를 유발하지 않는가?
- 최소 공개 원칙: 인물 식별 불필요 시 구체 지문(주소, 차량번호, 직장, 가족관계 등)을 삭제 또는 가림했는가? 스토리에 불필요한 사적 디테일을 배제했는가?
- 디지털 배포 관리: 썸네일 · 해시태그 · 미리보기 이미지가 과도한 노출을 유발하지 않는가? 플랫폼의 재배포 · 추천 알고리즘을 고려해 노출 범위를 설정했는가?

7 참고 문헌

김일환 (2000). 한국헌법상 "일반적 인격권" 존재여부에 관한 비판적 고찰. 「공법연구」 제28집 4호 2권.

나종갑 (2021). 「현대사회와 지식재산의 보호」. 연세대학교 대학출판문화원.

남형두 (2007). 퍼블리시티권의 철학적 기반 (下). 「저스티스」 98호. 86-121.

성낙인 (2025). 「헌법학」. 법문사.

심석태 (2014). 한국에서 초상권은 언제 사생활권에서 분리되었나. 「언론과 법」 13(1). 251-282.

허영 (2021). 「헌법이론과 헌법」. 박영사.

Kang, Jerry (1998). Information Privacy in Cyberspace Transactions. Stanford Law Review 50.

Prosser, W. (1960). Privacy. California Law Review 48.

Rosenbaum, Joseph I. (1998). Privacy on the Internet: Whose Information Is It Anyway? Jurimetrics 38.

Rosenberg, R. (1997). The Social Impact of Computers. NY: Academic Press.

Warren, Samuel D., and Louis D. Brandeise. (1890). The Right to Privacy. Harvard Law Review 4.

제5장

공인과 언론보도

김선량

제5장

공인과 언론보도

1 들어가며

학습목표

- 공인의 개념과 그 여부가 언론보도에 미치는 의미를 이해
- 미국의 설리번(1964) 판결을 통해 확립된 '현실적 악의' 원칙을 이해
- 명예훼손 면책사유로서 우리 법원의 독자적인 법리인 '상당성(정당성) 이론'에 대한 고찰
- 공인의 범주와 유형에 대한 고찰
- 미국 공인이론의 도입가능성에 대한 검토

학습사례

사례 1

2025년 5월 9일 북한이 동해상으로 발사한 탄도미사일이 일본 영토에 추락하여 다수의 피해가 발생하였다. 해당 미사일 발사가 확인된 직후 국가안보실은 긴급안보점검회의를 개최하여 우리 측 대응 태세를 확인하고 필요한 후속 조치에 대해 상의하는 한편, 정부는 행정기관을 동원하여 피해지역에 구조활동 지원 등 대처 방안에 대해 논의를 진행하였다. 그런데 대응과정에서 모든 중앙행정기관의 장에 대한 지휘 · 감독자인 대통령의 소재가 7시간 동안 파악되지 않았다. 이에 국내 언론사인 궁금신문사는 해당 시간 동안 대통령의 행적에 대해, 마약복용, 피부미용, 보톡스 시술 등의 의혹을 제기하였다.

검찰은 탄도미사일 오폭 사건이 발생한 2025년 5월 9일 당일 대통령이 마약을 하거나 피부 미용, 성형수술을 위한 보톡스 주사를 맞고 있어 직무 수행을 하지 않았던 것처럼 공연히 허위사실을 적시

하여 대통령의 명예를 훼손하였다고 하여 궁금신문사와 함께 해당 기사를 작성한 호기심 기자를 명예 훼손죄로 기소하였다.

질문 1. 전면적 공인이라고 할 수 있는 대통령의 행적에 대한 의혹을 제기한 궁금신문사와 호기심 기자는 보도행위가 정당하다고 주장할 수 있을까?

사례 2

2015년 10월 경 김갑갑씨는 인터넷 상의 국내 유명 연예인 나유명씨의 연애 기사를 읽고 댓글 창에, "거품", "국민호텔녀", "영화 폭망", "퇴물" 등의 표현을 포함한 댓글을 남겼다. 이에 나유명씨는 김갑갑씨를 모욕죄로 고소하였고, 검찰은 김갑갑씨를 모욕죄로 기소하였다.

질문 2. 나유명씨는 공인인가? 만약 공인이라고 한다면 김갑갑씨는 댓글을 사회상규에 위반되지 않는 행위라고 주장할 수 있을까?

2 공인의 개념과 구분의 실익

언론보도는 주로 대중의 관심과 흥미를 끄는 공인이나 공적 사안을 대상으로 한다. 따라서 공인(公人) 여부는 보도로 인한 인격권 침해 소송에서 가장 핵심적인 주제 중 하나이며, 언론이 누구에 대해서 어느 정도까지 보도할 수 있는지와 직결된다. 그런데 한국 법제에서 공인 또는 공적 인물에 대한 개념은 명확하게 정의되어 있지 않다.[13] 법원 역시 마찬가지이다. 공인 개념은 전통적으로 고위 공직자를 의미했으나 사회적으로 저명한 사람까지도 포함하는 다의적 용어로 사용된다(김재형, 2014). 공인의 유형에 대해서는 아래 절에서 추가로 살펴본다.

13) 공인이론이 배태되고 발전해 온 미국에서조차 공적 인물이 누구인가에 대한 사회적 합의가 명확하게 이루어지지 않고 있다(염규호, 2004).

표현의 자유 보호와 인격권 침해에 대한 피해 구제 중 무엇을 우선할지 이익형량을 할 때 공인과 사인을 구별하는 것이 핵심이다(이재진 · 진승현, 2018). 대법원은 공인인지 사인인지, 표현의 내용이 공적 관심 사안에 관한 것인지 순수한 사적 사안에 관한 것인지 등을 따져보아, 공적 존재에 대한 공적 관심사안과 사적인 영역에 속하는 사안 간에는 심사 기준에 차이를 둔다. 당해 표현이 사적인 영역에 속하는 사안이라면 언론의 자유보다 명예의 보호라는 인격권이 우선할 수 있으나, 공공적 · 사회적인 의미를 가진 사안이라면 그 평가를 달리하여야 하고 언론의 자유에 대한 제한이 완화되어야 한다는 원칙하에, 의혹의 제기나 주관적인 평가가 진실에 부합하는지 혹은 진실하다고 믿을 만한 상당한 이유가 있는지를 따짐에 있어서는 일반의 경우에 있어서와 같이 엄격하게 입증을 요구해서는 안 되고, 그러한 의혹의 제기나 주관적인 평가를 내릴 수도 있는 구체적 정황의 제시로 입증의 부담을 완화해 주어야 한다고 한다(2000다37524, 37531).

물론 공인도 사인(私人)과 마찬가지로 명예나 사생활 등 인격권을 가지며, 언론보도로 인격이 침해당하는 경우 사인보다 상대적으로 더 큰 피해를 입을 수도 있다. 그런데 오히려 공인에 대한 언론보도의 자유를 사인에 대한 보도보다 넓게 보장하는 것이다. 그 이유는 뭘까? 공인은 ① 일반적으로 공공의 정책 등에 영향력을 미칠 수 있는 자로서 높은 도덕성과 사회적 책임이 요구된다는 점, ② 스스로 대중의 관심을 끄는 직업을 선택했거나 공적인 논쟁에 참여했다는 점에서 비판적 보도와 논평의 대상이 될 수 있는 위험을 감수한다는 사전(事前) 묵시적 동의가 있거나 위험을 스스로 초래했다는 점, ③ 사인보다 미디어에 쉽게 접근이 가능하고, 명예훼손 등 인격 침해적 내용에 대해 스스로 반박할 기회를 더 많이 갖는다는 점 때문이다(박아란 · 김민정 · 최지선, 2017). 더욱이 ④ 언론이 정치적 · 경제적 · 사회적 권력에 대한 감시견으로서 충실한 역할을 제대로 해야만 그 사회의 민주주의도 제대로 작동할 수 있다. 국가기관 및 공직자에 대한 비판 보도에 대해 공직자 등이 언론기관과 언론인을 대상으로 형사상 명예훼손죄로 고소를 하거나 민사상 명예훼손으로 인한 불법행위로서 손해배상의 소를 제기한다면, 언론사와 기자는 심리적으로 위축될 수밖에 없다. 그러한 이유에서 우리 법원은 언론보도로 인한 명예훼손 소송 등의 위협으로부터 언론 자유를 지켜내기 위해 법리를 발전시켜왔다(박아란, 2017).

3 공인 개념의 법리적 기원: 미국의 공인이론

1) '현실적 악의' 원칙의 등장(Sullivan(1964) 판결)

공인이론은 미국 연방대법원의 판결(*New York Times Co. v. Sullivan*, 376 U.S. 254 (1964))에서 유래한다. 1960년 3월 '마틴 루터 킹 지원 및 남부자유투쟁위원회'는 뉴욕타임스에 앨라배마주 몽고메리시의 비폭력시위에 가담한 흑인들에 대한 경찰의 가혹한 진압을 비판하는 사설광고를 실었다. 광고에는 일부 허위사실(경찰이 대학 식당을 폐쇄하고 킹 목사를 일곱 차례 체포했다고 쓰여 있으나, 실제로는 식당은 일부 이용자들의 출입을 제한한 것이고 킹 목사는 네 차례 체포된 것임)이 포함돼 있었다. 몽고메리시 경찰서장 설리번은 타임즈를 상대로 소를 제기했고 앨라배마주 대법원은 타임즈가 악의적으로 무책임하게 명예훼손적 광고를 하였다고 보고 징벌적 손해배상을 포함하여 총 50만 달러의 손해배상 판결을 내렸고, 타임즈는 연방대법원에 상고를 하였다. 연방대법원은 타임즈의 광고가 일부 사실과 다르다는 것을 인정하면서, 정부와 공직자는 비난의 대상이 될 것을 각오해야 하며 공적인 이슈에 관한 토론은 최대한 자유로워야 한다는 원칙에 주목했다. 연방대법원은 "자유로운 토론에는 틀린 언사가 불가피한 것"이고 "모든 사실적인 오류로 인해서 공직자에 대한 비판을 처벌하면 공적인 관심사에 대한 담화는 약화될 것이다"고 판시하면서, 언론 표현이 자유를 충분히 보장하기 위해 명예훼손에 관한 원칙, 즉 "자기의 공적인 행위에 관한 명예훼손적인 허위를 이유로 손해배상을 원하는 공직자는 문제된 명예훼손적인 언사가 '현실적 악의(actual malice)' 즉, 행위자가 '허위임을 알았거나 허위인지 여부를 무분별하게 무시(reckless disregard of whether it was false or not)하고 행해졌음을 증명해야만 한다는 원칙을 제시하였다. 공직자가 언론을 상대로 명예훼손을 이유로 소를 제기하여 인용되기 위해서는 언론사의 단순한 실수나 태만으로는 불충분하고, 공직자가 언론사의 '현실적 악의'에 대한 증명책임을 부담하게 된 것이다. 실무에서 언론사의 '현실적 악의'를 증명하기란 상당히 어렵기 때문에 Sullivan(1964) 판결 이후 미국에서는 언론의 자유가 폭넓게 보호되어 왔다.

2) 공인의 유형별 세분화(Gertz(1974) 판결)

Sullivan(1964) 판결에서 공인은 공직자(public official)로 한정되었으나, 이후 *Curtis Publishing Co. v. Butts* 388 U.S. 130 (1967) 판결에서 공인의 범주를 공직자에서 공적 인물(public figure)을 포함하는 것으로 확대한 후, *Gertz v. Robert Welch, Inc.* 418 U.S. 323 (1974) 판결에서 공적 인물을 다시 세 가지 유형으로 세분화하여 공인이론의 체계적 윤곽을 완성했다.

Gertz(1974) 판결 원고는 시카고의 저명한 변호사 엘머 거츠(Elmer Gertz)로, 시카고 경찰관 누치오(Nuccio)에게 살해당한 소년의 가족을 대리하여 민사소송을 수행하고 있는데, 아메리칸 오피니언이라는 잡지사에서 누치오에 대한 형사재판은 공산주의 음모의 일부이고 특히 거츠를 레닌주의자이자 공산주의 전선 요원이라고 거짓으로 묘사한 보도를 하였다. 1심과 항소법원은 거츠는 공적 관심사에 연루되었으므로 Sullivan(1964) 판결의 '현실적 악의'를 입증해야 한다고 판단하여 거츠에게 패소 판결을 내렸지만, 연방대법원은 거츠는 공직자도 아니고 스스로 대중의 관심을 끈 공적인물도 아니므로 '현실적 악의' 법리를 적용할 수 없다고 판시하였다.

Gertz(1974) 판결에서 연방대법원은 공직자 외 공인을 ① 사회 전반에서 광범위한 명성으로 인해 모든 상황에서 공인으로 간주되는 '전면적 공적인물(All-purpose public figure)'과 ② 공적 문제에 관하여 스스로 개입하거나 중요한 역할을 수행함으로써 그 문제에 한하여 공인으로 간주되는 '제한적 공적인물(Limited-purpose public figure)'로 세분화하였다.

■ **Gertz(1974) 판결에서 말하는 공인의 유형**

유형	정의 및 특징	적용 범위	예시
공직자 (Public-Official)	정부 조직 내에서 정책 결정이나 행위에 실질적인 책임을 부담하거나 통제권이 있는 사람	공적인 직무와 관련된 모든 명예훼손적 표현에 적용	대통령, 국회의원 등 선출직 공무원, 장관 등 고위직 공무원, 법집행 담당 경찰관 등
전면적 공적 인물 (All-purpose Public Figure)	명성이나 영향력이 사회 전반에 걸쳐 광범위하게 미쳐 모든 상황에서 공인으로 취급되는 사람	모든 명예훼손 행위에 현실적 악의 기준이 적용	전국적인 명성을 가진 연예인/스포츠 스타, 유명 작가/사회운동가/종교 지도자, 유명 변호사 등

제한적 공적 인물 (Limited-purpose Public Figure)	특정한 공적 논쟁의 전면에 자발적으로 나섬으로써 해당 문제의 해결에 영향을 미치려는 사람	공적 논쟁과 합리적으로 관련된 명예훼손적 표현에만 적용	특정한 공적 논쟁에 참여한 연예인, 운동선수, 시민운동가 등
비자발적 공적인물 (Involuntary Public Figure)	스스로 참여하지 않았으나 우연한 기회에 공적 논쟁에 연루된 사람	인정되는 경우가 거의 없어, 그 범위가 축소	범죄 피해자, 공인의 가족 등

4 우리 법원의 공인이론 관련 태도

1) '현실적 악의' 원칙 부정

우리 대법원은 일찍부터 '현실적 악의' 원칙의 도입을 명시적으로 부정한 바 있다. 즉, 대법원은 "언론의 특성상 공직자의 윤리 및 비위 사실에 관한 보도에 있어서는 특별히 보도의 내용이 허위임을 알았거나 이를 무분별하게 무시한 경우에만 상당한 이유가 없다고 보아야 할 것이라거나 상당한 이유에 대한 입증책임을 피해자가 부담하여야 할 것이라는 등의 상고이유의 주장은 독자적인 견해에 불과하여 받아들일 수 없다"고 판시한 이래(97다24207), "피해자가 공적인 인물이라 하여 방송 등 언론매체의 명예훼손 행위가 현실적인 악의에 기한 것임을 그 피해자 측에서 입증하여야 하는 것은 아니"고(2001다53387), "적시된 사실이 진실이라는 증명이 있거나 그 증명이 없다 하더라도 행위자가 그것을 진실이라고 믿었고 또 그렇게 믿을 상당한 이유가 있으면 위법성이 없다고 보아야 할 것이고, 그에 대한 입증책임은 어디까지나 명예훼손 행위를 한 신문 등 언론매체에 있다"는 입장이다(2021다270654).

미국 수정헌법 제1조는 '의회는 언론 또는 출판의 자유를 제한하는 법률을 제정하지 못한다'라고 규정하여 언론의 자유가 헌법상 절대적 보장을 받는 형식을 취하고 있지만, 우리 헌법 제37조 제2항은 "국민의 모든 자유와 권리는 국가안전보장 · 질서유지 또는 공공복리를 위하여 필요한 경우에 한하여 법률로써 제한할 수 있"다고 규정하고, 특히 헌법 제21조 제4항에서는 "언론 · 출판은 타인의 명예나 권리 또는 공중도덕이나 사회윤리를 침해하여서는 아니 된다. 언론 · 출판이 타인의 명예나 권리를 침해한 때에는 피해자는 이에 대한 피해의 배상을 청구할 수 있다"라고 하여 언론의 타인의 명예 등 권리 침해 금지를 오히려 명문으로 규정하고 있다.

이에 따라 대법원은 표현의 자유, 특히 공익사항에 대한 표현의 자유는 중요한 헌법상의 권리로서 최대한 보장을 받아야 하지만, 그에 못지않게 개인의 명예나 사생활의 자유와 비밀 등 사적 법익도 보호되어야 할 것이므로, 인격권으로서 개인의 명예 보호와 표현의 자유 보장이라는 두 법익이 충돌하였을 때 그 조정을 어떻게 할 것인지는 구체적인 경우에 사회적인 여러 가지 이익을 비교하여 표현의 자유로 얻어지는 이익, 가치와 인격권의 보호에 의하여 달성되는 가치를 형량하여 그 규제의 폭과 방법을 정하여야 한다는 입장으로(85다카29), 표현의 자유에 절대적으로 우월한 지위를 부여하지는 않는다. 한편, 미국 내에서도 '현실적 악의' 원칙은 '현실적 악의'의 입증이 어렵다거나 시간과 비용이 지나치게 소요된다는 등의 이유로 이에 대한 개혁논의가 있으며 미국을 제외한 대부분의 국가에서는 채택되지 않은 상황이다.

2) 법원의 독자적 면책 기준: 이른바 '상당성(또는 정당성) 이론'의 법리

우리 법원은 현실적 악의 원칙을 수용하지는 않았으나, 공공적 · 사회적인 의미를 가진 사안에 관한 것인 경우 사적인 사안과는 심사기준을 달리하는 방식으로 표현의 자유를 보호하고 있다. 예를 들어 대법원은 "표현이 공적인 존재의 정치적 이념에 관한 것인 경우, 그 공적인 존재가 가진 국가 · 사회적 영향력이 크면 클수록 그 존재가 가진 정치적 이념은 국가의 운명에까지 영향을 미치게 되므로 그 존재가 가진 정치적 이념은 더욱 철저히 공개되고 검증되어야 하며, 이에 대한 의문이나 의혹은 그 개연성이 있는 한 광범위하게 문제제기가 허용되어야 하고 공개토론을 받아야 한다"면서, "의혹의 제기나 주관적인 평가가 진실에 부합하는지 혹은 진실하다고 믿을 만한 상당한 이유가 있는지를 따짐에 있어서는 일반의 경우에 있어서와 같이 엄격하게 입증해 낼 것을 요구해서는 안 되고, 그러한 의혹의 제기나 주관적인 평가를 내릴 수도 있는 구체적 정황의 제시로 입증의 부담을 완화해 주어야 한다"고 하면서, 다만 '악의적으로 모함을 하거나 모멸적인 표현으로 모욕을 가하는 일은 허용될 수 없다'고 판시하였고(2000다37524, 37531), "공직자의 도덕성, 청렴성에 대하여는 국민과 정당의 감시기능이 필요함에 비추어 볼 때, 그 점에 관한 의혹의 제기는 악의적이거나 현저히 상당성을 잃은 공격이 아닌 한 쉽게 책임을 추궁하여서는 안 된다"고 판시하였다(2002다64384). 또한 정부 또는 국가기관의 정책결정이나 업무수행과 관련한 발언의 경우, 공직자 개인에 대한 악의적이거나 심히 경솔한 공격으로 현저히 상당성을 잃은 것으로 평가되지 않는 한 그 발언은 공직자 개인에 대한 명예훼손이 될 수 없다고 본다(2016도14995).

5 한국에서 공인의 범주(유형)

1) 학자들의 분류

공인이란 사회나 국가, 시대에 따라 또는 그 사안에 따라 개념정의가 변하고 그 범주도 달라질 수 있다는 점에서 절대적 유형 내지 범위는 도출하는 데는 한계가 있다(이재진 · 진승현, 2018). 그리고 우리 대법원은 미국의 공인이론처럼 명예, 사생활, 초상권 등 인격권의 침해여부를 심리하는 데 있어 신분 기준 접근방식을 취하지 않고, 사건별로 충돌하는 이익을 형량하는 내용 기준 접근방식을 사용하기 때문에, 설령 공인의 개념과 범주를 명확히 하더라도 어느 공인에 대한 어떠한 표현이 허용되는지는 예측할 수 없다는 한계도 있다(문재완, 2004).

그러나 법원은 명예훼손적 표현에서 공인과 사인 여부에 따라 위법성 판단 심사 기준을 다르게 적용하므로, 누가 공인인지 유형화하는 것은 언론에 예측가능성을 제공하여 위축효과를 줄이고 신속한 보도를 하는 데 기여할 수 있을 것이다. 실무에서 참고할 수 있도록 국내 학자들이 제시한 공인의 범주(유형) 및 사례를 아래의 표로 요약한다.

■ 공인의 범주(유형)화

학자 / 기준	유형	구체적 예시
한상범(1986)	정치인	前·現국회의원(후보자 포함), 前·現국무위원
	공무원	행정부 일반 직원, 법관, 검찰관(검사), 경찰관, 국공립학교 교원
	공인(공적인물)	사립학교 교원, 의사, 약사, 변호사, 성직자, 문화예술인, 언론인
	기업인과 사회단체 지도자	기업인, 노동조합장
	유명인	배우, 탤런트, 운동선수
기준	• 사회적 책임(사회적 지위 및 중요성, 타인에게 미치는 영향)	
이승선(2004)	정치적×자발적	고위임명직공무원, 선출직 공무원, 정치인, 정책에 영향력이 있는 기관·단체
	정치적×비자발적	대기업 총수, 고위문화계인물
	비정치적×자발적	연예인, 스포츠 스타
	비정치적×비자발적	범죄연루자, 범죄 피해자
기준	• 정책·자원배분 결정 영향력의 정도(정치적) × 언론노출의 자발성	
이재진·이창훈(2010)	정치인	대통령(후보자 포함), 대통령 부인 등, 前·現국회의원(후보자 포함)
	공직자	국무총리, 前·現국무위원, 대법관, 국립대 총장, 검찰 총장, 국·공립대학 교수, 판사 등
	경제사회지도자	재벌총수, 언론사 사장, 시민단체 간부, 사립대학 교수, 기자, 아나운서, 변호사 등
	연예인/스포츠선수	가수, 영화배우, 탤런트, 유명한 스포츠선수 등
	비자발적/우연한 공인	연예인 가족, 범죄연루자 등
기준	• 미디어 접근 용이성과 표현-공적 관심사 간 직접적 연관성 • 법원, 언론이 언급한 공인을 분석하면서 공인을 5가지 종류로 분류	
심석태(2011)	전면적 공인	- 정치인(당협위원장 포함) 및 선출직 공직자(후보자 포함), 재산공개 대상 공직자 - 기업인 및 사회지도자(대기업의 실질적 지배자, 주요책임자), 인지도 높은 공공단체 대표나 주요 임원 등 - 유명인 및 전문인(문화예술인, 운동선수, 종교지도자)

	제한적 공인	- 재산공개 비대상 공직자 - 법 집행공무원(경찰, 검찰 수사관, 법원 공무원 등) - 기타 사회적 인물(사회단체, 경제인, 금융인, 언론인, 종교인 등)
기준	• 공인을 전면적 공인과 제한적 공인으로 구분 • 전자의 경우에는 국민의 알권리를 폭넓게 인정하고, 후자의 경우에는 공적인 사안에 관련해서만 국민의 알권리를 중시	
김재형 (2014)	• 사회에서 막대한 영향력을 행사하는 스포츠 스타나 유명 연예인 등도 공적 인물(유명인)의 범주에 포함 • 공인의 가족이나 연인 등 주변 인물은 원칙적으로 공인에 불포함	
박아란 · 김민정 · 최지선 (2017)	• 공직자나 정치인뿐만 아니라 자의든 타의든 유명인이 되어 사회적 영향력을 행사할 수 있는 인물도 공인으로 판단	

2) 판례에서 인정하는 공인의 범주

우리 법원이 공인을 어떻게 판단해 왔는지는 다양한 판례에서 나타난다. 판례는 전·현직 대통령이나 국회의원 등 정치인, 공직자, 언론사, 노조 외에도 종교단체 지도자, 노동조합위원장 등에 대한 보도를 공인의 공적 관심사안에 대한 보도라고 평가한 바 있다. 몇 가지 대표적인 판례를 살펴보자.

먼저 대통령과 관련된 사건에서 대법원은, 4·16 연대 사무실에 대한 압수·수색의 부당성과 참사 발생 당시 대통령의 행적을 밝힐 필요성에 관한 의견을 표명하는 과정에서 대통령에 대한 의혹 제기는 공적 관심사에 관한 의견 표현이므로 특별히 악의적이거나 현저히 부당하지 않은 한 명예훼손죄로 처벌하기 어렵다고 판단하였다(2016도14995). 또한 전직 대통령들(이승만 前대통령과 박정희 前대통령)에 대한 역사적 평가와 관련된 방송의 경우에도, 이는 공적 인물과 역사적 사실에 대한 공익적 논쟁이며 진실이라고 믿을 상당한 이유가 있으므로 방송심의 위반에 해당하지 않는다고 보았다(2015두49474).

정치인 영역에서는 현직 국회의원뿐 아니라, 정치적 논쟁에 깊이 관여해 온 변호사나 전직 국회의원도 공인 또는 準공인으로 평가된다. 예컨대 국회의원이자 정당 대표였던 인물과 주요 시국 사건 변호인 경력을 보유했던 그의 배우자는 정치적 이념에 대한 비판을 상당 부분 수인해야 하므로 명예훼손이 쉽게 인정되지 않았다(2014다61654). 전직 국회의원의 과거 행적을 다룬 기사 역시 공적 인물의 역사적 평가에 속하는 사안으로서 허위사실 일부가 있다 하더라도 공공성이 우월하다고 보았다(2022다251650).

지방자치단체장이나 지방의원도 공인으로 인정된다. 구리시장이 소송의 원고였던 사건의 경우 초등학교 학생들의 통학로 안전 문제는 공공성이 큰 사안이므로 해당 사안에 대한 비판은 명예훼손이 되지 않는다고 하였다(2006도1538). 성남시의회 의원이 고소인이었던 사건의 경우에도, 조례 개정안 심의와 관련하여 시의회의원이 시청공무원을 질책하며 욕설 등 폭언을 하였다는 것은 공익적 감시 대상이므로 사실 보도에 비방 목적을 인정하기 어려웠다(2005도3112). 강원도의회의원 관련 보도에서 "김일성 사망 애도 편지"라고 평가 · 규정한 것 역시 특정 공적 쟁점에 대한 토론의 연장선으로 평가되었다(97헌마265).

감사원 국장이나 대검찰청 중앙수사부장처럼 고위 공직자의 직무 수행과 관련된 표현 역시 공적 관심사에 속한다. 감사원 국장의 감사중단 의혹과 관련한 양심선언은 공공의 이익을 위한 것으로 보아 비방 목적을 부인하였다(2006도7915). 대검 중수부장을 대상으로 한 보도 역시 공직자의 직무 집행에 관한 비판으로서 공익성이 인정되었다(2021다270654).

국립대 교수의 성추행 의혹 제기는 대학이라는 공적 기관 내에서 발생한 문제이자 사회적 관심 사안이므로, 교수는 공적 인물의 지위를 가진다고 보았다(2003도2137). 정부 또는 국가기관의 업무 수행과 관련한 사안에서는, 그 과정에 관여한 공직자는 비판의 대상이 될 수 있으며, 표현이 악의적이고 현저히 부당하지 않은 한 명예훼손이 성립하기 어렵다고 판시하였다(2016도14678).

경제 · 사회 지도자나 언론사도 공인의 범주에 포함된다. 정치강연회 발언을 인용하여 타 언론사를 비판한 기사에 대해 대법원은 진실성 판단과는 별개로 언론사 간 감시 · 비판은 공적 기능 수행의 일부라고 보았다(2006다53214). 종교단체나 사회적 영향력이 큰 단체의 경우에도 공적 관심사에 해당하면 다소 과장된 표현도 위법하다고 보기 어렵다는 판단이 이어졌다(2022다222898).

노동조합도 공적 단체로 인정되며, 그 활동은 국민의 알권리와 밀접하게 관련된다. 예컨대 민노총을 '불법단체'로 표현한 사건에서 당시 사회적 배경을 고려해 볼 때 공적 논평의 영역으로 보아 위법성이 부정되었다(2000다37524). 노동조합 위원장의 성폭력 의혹을 공론화한 사건에서도, 이는 노동조합 구성원 전체의 공공의 이해에 관한 문제로 판단되었다(2020다296741).

한편 연예인 · 스포츠 선수 등 유명인도 일정 부분 공인의 지위에 있지만, 사생활 관련 표현에는 더욱 신중한 판단이 필요하다는 취지의 판례도 확인된다. 예를 들어 유명 배우 관련 모욕 사건에서, 영화 활동이나 홍보 방식과 관련된 표현은 공적 사안이지만 '국민호텔녀'와 같은 표현은 인신공격적 모욕으로 보아 위법성을 인정하였다(2017도19229).

마지막으로 대학 총학생회장 선거처럼 특정 집단 내부의 공적 관심사도 공인 판단에 반영된다. 총학생회장 후보자의 과거 선거 행태를 비판하는 표현은 구성원들의 공적 관심사에 속하므로 비방 목적이 부정되었다(2018도15868).

이러한 일련의 판례는 공인의 범위가 직책의 높고 낮음만으로 결정되는 것이 아니라, 해당 행위가 공적 관심사와 얼마나 직접적으로 연결되는지, 사회적 영향력이나 공론장 기여 여부가 어떠한지, 비판에 대응할 수 있는 반론 가능성이 존재하는지 등을 종합적으로 고려하여 판단되고 있음을 보여준다.

▸ [깊이 살펴보기] 대통령은 언제나 '공인'일까? 기본권 충돌에 대한 깊은 생각

우리나라에서 가장 '전면적 공인'이라고 할 수 있는 대통령의 경우에도 '직무범위 내에서의 활동'과 '사인으로서의 기본권행사'의 이중적 지위가 인정된다(2004헌나1). 다만, '사인으로서의 기본권행사'와 '직무범위 내에서의 활동'의 구분이 불명확하므로, 순수한 개인적 영역은 매우 협소해질 가능성이 높다(2007헌마700). 즉, 대통령의 '직무범위 내에서의 활동'의 경우에는 국가기관으로서의 주체이기 때문에 국민의 기본권 보장 의무를 가지는 수범자로서의 지위를 가진다. 따라서 기본권의 주체 즉, 인격권의 주체 문제는 발생하지 않는다(2014도15290). 이에 반하여 '사인으로서의 기본권 행사'의 경우에는 개인으로서 대통령의 기본권 주체성이 인정된다. 따라서 기본권의 주체성이 인정되면 언론을 포함하여 다른 기본권 주체의 표현의 자유를 일방적으로 보장해 줄 수는 없다. 기본권의 충돌의 문제가 발생하기 때문이다.

기본권이 충돌하는 경우에는 산모의 생명권과 태아의 생명권이 서로 충돌하는 경우와 같이 일방의 기본권의 완전한 희생 없이는 타방의 기본권 보장이 불가능한 경우를 제외하고는 충돌하는 기본권 모두가 최대한 보장될 수 있는 조화로운 방법이 적용돼야 한다. 표현의 자유의 경우도 마찬가지이다. 현실에서 또는 가상의 경우를 설정하더라도 표현의 자유 또는 언론의 자유를 일방적으로 보장해야 하는 경우를 찾거나 설정하기 힘들다. 따

라서 우리 법원의 경우에는 미국의 공인이론을 명시적으로 받아들일 수 없는 것이고, 누가 공인인지도 마찬가지로 명시적으로 밝힐 수 없는 것이다. 결국 문제된 사안에 따라 개별적으로 이익형량을 통해 해결을 할 수밖에 없다. 그리고 그러한 이익형량의 과정에서 공인의 여부 및 정도 그리고 보도의 내용이 공적 관심사인지 여부 및 정도를 고려해야 하는 것이다.

3) 기타 참고 기준

포털 등의 인터넷 사업자들이 중심이 되어 설립한 한국인터넷자율정책기구(KISO)에서 발간하는 <KISO 정책규정 해설서>(2018)는 '정무직 공무원 등 공인'인 경우 '공적 업무와 관련된 내용'이면 명백히 허위사실이 아닌 한 명예훼손 관련 임시조치 대상이 아닌 것으로 보는데, 심의별로 해당 신청인이 공인에 해당하는지 검토한다. KISO가 제시하는 공인의 분류 및 적용 대상은 아래 표와 같다.

심의결정 사례에 따르면 법률상 정무직공무원으로 지정되어 있지 않더라도 중앙선거관리위원회 위원장, 검찰총장 등 실질적 권한이 정무직 공무원에 준하는 공무원, 외국 주재 대사, 국립대학교 총장 등은 공인에 포함된다고 본다.

■ 공인 구분 및 적용 대상(KISO, 2018)

구분	적용대상
선거에 의하여 취임하는 공무원	대통령(헌법 제67조①), 국회의원(헌법 제41조①), 지방자치단체장(지방자치법 제106조), 지방의회의원(지방자치법 제37조, 제38조), 교육감(지방교육자치에 관한 법률 제18조)
임명에 국회의 동의를 필요로 하는 공무원	대법원장(헌법 제104조①), 대법관(헌법 제104조②), 헌법재판소장(헌법 제111조④), 감사원장(헌법 제98조②), 국무총리(헌법 제86조①), 원수(元帥)(군인사법 제17조의3)
법률에 정무직으로 지정한 공무원	국무위원(정부조직법 제12조③), 대통령 비서실장(제14조②), 국가안보실장(제15조②), 대통령경호처장(제16조②), 국무조정실장 · 차장(제20조②,③), 국무 총리비서실장(제21조②), 기획예산처 차관(제23조②), 인사혁신처장(제24조②), 법제처장(제25조②), 식품의약품안전처장(제26조②), 국가데이터처장(제27조②), 지식재산처장(제28조②), 행정각부 차관(제29조②), 국세청장(제30조④), 관세청장(제30조⑥), 조달청장(제30조⑧), 과학기술정보통신부 과학기술혁신사무담당 본부장(제31조②), 외교부 재외동포청장(제33조④), 병

	무청장(제36조④), 방위사업청장(제36조⑥), 행정안전부 재난안전관리사무담당 본부장(제37조③), 문화체육관광부 국가유산청장(제39조④), 농촌진흥청장(제40조④), 산림청장(제40조⑥), 산업통상부 통상교섭사무담당 본부장(제41조②), 보건복지부 질병관리청장(제42조③), 기상청장(제43조③), 고용노동부 산업안전보건사무담당 본부장(제44조②)
	국회사무총장(국회사무처법 제4조②), 국회사무처 입법차장 · 사무차장(국회사무처법 제5조①, ②), 국회의장 비서실장(국회사무처법 제6조②), 국회예산정책처장(국회예산정책처법 제4조①), 국회입법조사처장(국회입법조사처법 제4조①), 국회도서관장(국회도서관법 제4조②), 헌법재판소 재판관(헌법재판소법 제15조), 헌법재판소 사무처장, 사무차장(헌법재판소법 제18조①, ②), 대법원장비서실장(법원조직법 제23조②), 대법원 윤리감사관(법원조직법 제71조의2②), 대법원 사법정책연구원장(법원조직법 제76조의3), 대법원 법원공무원교육원장(법원조직법 제78조①) 감사위원(감사원법 제5조②), 감사원 사무총장(감사원법 제19조①), 중앙선관위 상임위원(선거관리위원회법 제12조②), 중앙선관위 사무총장 · 사무차장(선거관리위원회법 제15조④, ⑥), 국가정보원장(국가정보원법 제9조②), 국가정보원 차장 · 기획조정실장(국가정보원법 제9조③) 등
대통령령에 정무직으로 정한 자	대통령비서실 정책실장 · 보좌관 · 수석비서관 · 외교안보특별보좌관(대통령비서실 직제 제3조의2② · 제4조②, ③), 국가안보실 차장(국가안보실 직제 제4조①)
KISO 결정상 정무직 공무원 등 공인	외국주재 대사(2013심45), 정당(2013심40), 국립대학교 및 총장(심의 제2011-06-01-02), 대통령 후보자(2012심7)
그 밖에 정무직 공무원 등 공인으로 볼 수 있는 자	중앙선거관리위원회 위원장, 검찰총장, 경찰청장, 합참의장, 각군 참모총장

6 마무리

핵심정리

- 공인(公人) 여부는 언론의 자유와 개인의 인격권이 충돌할 때 이익형량의 기본적인 전제가 되며, 언론에 대한 면책 사유 적용 여부를 결정한다.
- 미국 설리번(1964) 판결은 공인에 대한 명예훼손 소송에서 피해자(원고)가 언론이 '허위인 것을 인지했거나' 또는 '허위 유무를 무모하게 무시하고' 보도했음을 스스로 증명해야 한다는 원칙('현실적 악의'의 원칙)을 확립했다.
- 상당성 이론이란 명예훼손 행위가 공공의 이해에 관한 사항으로서 오로지 공공의 이익을 위한 목적일 때, 적시된 사실이 진실이라는 증명이 없더라도 행위자(언론)가 그것을 진실이라고 믿을 만한 '상당한 이유'가 있는 경우에는 위법성이 없다고 보는 법리이다.
- 공인은 전통적으로 고위 공직자를 의미했지만 현재는 사회적으로 저명한 사람까지도 포함하는 다의적 의미로 사용된다. 학계 및 판례가 인정하는 주요 범주는 ① 정치인 및 주요 공직자, ② 경제·사회 지도자 및 단체, ③ 스포츠 스타나 유명 연예인 등이다.
- 우리 헌법은 미국 수정헌법 제1조와 같이 표현의 자유에 대한 우월적 지위를 명시적으로 규정하고 있지 않다는 점에서 미국의 공인이론의 도입에 한계가 있다. 다만, 대법원은 표현의 자유와 인격권이 충돌하는 경우 이익형량의 과정에서 공인인지 여부와 그 정도 그리고 보도의 내용이 공적 관심 사인지 여부와 그 정도를 고려한다는 점에서 공인 여부는 의미를 가진다.

실전활용 체크리스트

- 보도의 대상이 공인인가? 공인의 '직무범위 내에서의 활동' 관련 보도인가?
- 보도 내용이 공적인 관심 사안에 관한 것인가? 순수한 사적인 영역에 속하는 사안이 아니며, 국민이 알아야 할 공공성이나 사회성을 갖춘 사안에 관한 것으로서 여론형성이나 공개토론에 기여하는 것인가?
- 공인에 대한 악의적이거나 심히 경솔한 공격으로서 현저히 상당성을 잃은 것은 아닌가?

7 참고 문헌

김봉수 (2013). 공인에 대한 명예훼손법리의 함의와 그 한계 -미국의 '공인이론'에 대한 비판적 검토를 중심으로-". 「형사정책」 25(3). 47-72.

김재형 (2014). 공인보도와 인격권. 「언론중재」 제133호. 62-101.

박아란 (2017). 공인의 범주 및 공인 관련 보도에 대한 인식조사. 「미디어이슈」 3(8). 1-14.

박아란 · 김민정 · 최지선 (2017). 「공인 보도와 언론의 자유」. 한국언론진흥재단.

심석태 (2011). 공인 개념의 현실적 의의와 범위에 대한 고찰 -법무부 '수사공보준칙'에 나타난 공인 개념을 중심으로-. 「언론과 법」 10(2). 207-236.

염규호 (2004). 설리번판결과 미국의 언론의 자유: "현실적 악의"(actual malice)원칙의 40주년을 맞으면서. 「언론중재」 제91호. 62-78.

이승선 (2004). 연예인 관련 언론소송에서 나타난 한 · 미간의 위법성조각사유에 대한 비교연구. 「한국방송학보」 18(3). 7-50.

이재진 · 이창훈 (2010). 법원과 언론의 공인 개념 및 입증책임에 대한 인식적 차이 연구". 「미디어 경제와 문화」 8(3). 235-286.

이재진 · 진승현 (2018). 공인에 대한 언론사와 언론인의 인식 연구. 「언론과 법」 17(1). 1-50.

전원열 (2001). 「명예훼손 불법행위에 있어서 위법성 요건의 재구성」. 서울대학교 학위논문(박사).

한상범 (1986). 보도와 공인 · 유명인. 「언론중재」 제19호. 14-23.

한위수 (2007). 명예훼손에 특유한 위법성조각사유에 대한 고찰. 「사법」 1(1). 37-81.

KISO 정책규정 해설서. (2018). 한국인터넷자율정책기구.

제6장

취재 관련 법적·윤리적 이슈

양재규

제6장

취재 관련 법적·윤리적 이슈

1 들어가며

학습목표

- 취재의 개념에 대한 이해 및 취재의 본질과 한계에 대한 문제의식 갖기
- 취재 관련 법적 이슈 발생 시 면책의 근거가 되는 정당행위의 개념 및 요건 이해
- 취재 관련 최근의 주요 법적 · 윤리적 이슈 파악하기
- 취재 관련 주요 법적 · 윤리적 이슈에 대한 합리적 대안 모색

학습사례

2025년 1월 19일 새벽 3시경, 서광지방법원은 Y대통령에 대한 구속영장을 발부하였다. 구속영장 발부 소식이 전해지자 일부 격앙된 집회 참가자들이 경비가 상대적으로 느슨했던 서광지방법원 후문을 통해 대거 청사 내부로 진입했다. 경찰이 설치한 방어선은 곧 붕괴되었고, 유리창 · 출입문 파손은 물론 청사 외벽 손괴와 내부 진입이 이어지면서 이른바 '서광지법 폭동 사태'로 불리는 초유의 사태가 발생하였다. 당시 현장에는 취재를 위해 J방송사 김의협 기자가 있었다. 그는 사태가 점점 폭력적으로 번지는 것을 목격하자, 방송용 장비 대신 스마트폰을 들고 청사 내부로 함께 진입하며 영상을 촬영하였다. 이 영상 덕분에 집회 인파가 법원 3층 법정과 7층 판사 집무실까지 난입했음이 밝혀졌고, 당시의 폭동 상황이 생생히 기록으로 남게 되었다. 이후 서광지법 청사에 무단침입한 집회 참가자 상당수가 건조물침입 및 공용물건손괴 등의 혐의로 기소되면서 김의협 기자 역시 건조물침입의 혐의로 함께 기소되었다.

질문. 김의협 기자는 자신의 취재를 어떻게 정당화할 수 있을까?

2 취재의 본질과 한계

1) 취재의 본질

저널리즘의 첫 번째 원칙이자 의무는 진실 추구다. 저널리즘에서 말하는 '진실'이란, 우리가 속한 공동체에서 발생하는 일들에 대한 정확하고 신뢰할 수 있는 기록 내지 정보로서 실천적이며 기능적인 형태의 진실을 의미한다(코바치 · 로젠스틸, 2021). 진실이라는 개념을 지나치게 무겁거나 심각하게 받아들일 필요가 없는 것이다.

진실하지 않은 기사라면 신뢰할 수 없고, 신뢰할 수 없는 기사는 정보로서의 가치가 없다. 이로 인해 언론에는 진실에 접근하기 위한 엄격한 사실 검증의 규율이 요구된다. 사실 검증(verification)은 저널리즘을 광고나 선전과 같은 여타의 커뮤니케이션 행위와 구별되게 하는 요체다. 그렇다면 언론은 어떻게 사실을 검증하고 진실을 추구할 수 있을까. 이것을 가능하게 하는 행위가 바로 '취재'다.

취재란 무엇인가? 취재(取材)에 대한 국어사전적 정의는 '재료를 수집하는 행위'로 그 주체나 목적에 아무런 제한이 없다. 흔히 기자의 보도 목적 자료 조사 및 수집(collection of data)을 가리켜 취재라고 부르지만, 소설과 같은 문학 작품을 집필하기 위한 목적의 취재도 있을 수 있고 그 밖의 일반적 표현행위를 위한 자료 수집 역시 취재가 될 수 있다.

취재가 기자의 전유물은 아니지만, 기자는 취재의 전문가가 되어야 한다. 충분한 취재 없이는 좋은 기사가 있을 수 없기 때문이다. 단언컨대, 취재는 좋은 기사의 필요조건이다.

취재는 기사를 쓰기 위해 자료를 수집하는 행위이나 자료 수집 그 자체에서 머물러서는 안 되고, 사건의 구체적인 내용을 파악함으로써 진실에 접근하는 것이어야 한다. 이를 위해 기자는 취재원의 발언이나 취재원이 제공한 정보를 그대로 옮겨 적는 것이 아니라 다른 정보들과 비교 · 검토해 보고 합리적인 사고를 거쳐 진실인지, 아닌지를 적극적으로 가려야 한다(정은령, 2019). 진실 추구가 취재의 본질이기 때문이다.

취재의 개념 내지 원칙을 다룬 교과서에서는 '육하원칙(六何原則)에 따라 사건의 구체적인 내용을 파악해야 한다'거나 '다각도의 사실 확인이 필수불가결하다'고 강조한다(남시욱, 2001). 또 '기사와 관련된 이해관계자는 모두 확인됐고, 각 측면을 대변하는 사람들은 접촉이 됐으며 말할 기회가 주어졌는가?', '당신은 모든 정보의 출처를 밝히고, 그 사실이 정확한지 실증적으로 확인했는가?'를 점검해야 한다(코바치 · 로젠스틸, 2021). 이 역시 취재의 본질이 단순한 자료 수집에 있지 않고 진실 추구에 있음을 전제로 한 주장들이다.

취재의 본질을 진실 추구로 이해할 때, 취재의 결과물인 기사의 공익성을 비롯해 언론 행위 전반에 걸친 공익성 추정(推定) 역시 비로소 설득력을 가진다. 특별한 사정이 없는 한, 언론의 취재 및 보도에는 공익성이 있다고 사실상 추정받는다. 언론은 자신의 보도가 어떤 점에서 공익적인지를 먼저 해명할 필요가 없고, 공익성을 부정하려는 쪽에서 그 부존재 사실을 설명해야 한다. 공익성의 추정은 언론의 취재 및 보도의 정당성에 엄청난 힘을 실어준다. 특혜에 가까운 이러한 공익성의 추정 역시 진실 추구라는 취재의 본질과 무관하지 않다.

▸ [깊이 살펴보기] 취재는 기자의 권리인가, 의무인가?

취재는 기자의 권리인가, 의무인가? 권리라고 하면, 어떤 성질의 권리인가? 결론부터 말하자면, 취재는 기자의 권리이자 의무다. 다시 말해, 취재에는 양면성이 있는 것이다.

먼저, 취재의 권리성이다. 언론법적 관점에서 취재 관련 이슈를 다룬 저술들을 살펴보면, 한결같이 '취재의 자유'라는 표현을 사용하고 있다(박재영 외 14, 2016; 심석태, 2016; 이승선, 2017). 취재의 자유는 우리 헌법 제21조에 명시되어 있는 '언론의 자유'에서 파생된 개념이다. 우리 헌법은 국민 개개인의 표현의 자유를 보장하는데 이러한 표현의 자유가 실질적으로 보장되기 위해서는 의견의 토대를 형성하는 정보나 자료 수집의 자유 역시 마찬가지로 보장되어야 한다고 보는 것이다. 이런 맥락에서 취재의 자유 또한 표현의 자유와 마찬가지로 헌법에 의해 보장된 권리라고 볼 수 있다.[14] 문제는 취재의 자유가 이슈화되는 현실적 상황들이 과연 헌법에 보장된 기본권 침해를 논할 만한 것인지 여부다.

표현의 자유와 같은 이른바 '자유권적 기본권'은 적극적 · 공격적 권리가 아닌, 소극적 · 방어적 권리로 이해해야 한다. 보다 구체적으로, 국가라든가 이에 준하는 권력의 간섭이나 통제로부터의 자유를 의미한다. 이를 취재 상황에 대입해 보면, 국가는 원칙적으로 어떤 사안에 관한 기자의 취재를 금지하거나 방해, 간섭해서는 안 된다. 취재에 대한국가의 개입과 통제는 국가안전보장이나 질서유지, 공공복리를 위해 필요최소한의 범위

14) 일부 학자들은 취재의 자유를 헌법상 기본권이 아닌 법률의 범위 내에서 보호받는 권리로 본다(문재완, 2007).

내에서 법률에 근거해서만 예외적으로 이루어질 수 있다(헌법 제37조). 이러한 맥락에서 만일 어떤 법률이 언론의 취재를 과도하거나 부당하게 제약한다면, 헌법소원이나 위헌법률심판 제도를 통해 해당 법률 조항의 위헌성을 적극적으로 따져볼 필요도 있다. 또 누군가가 납득할 수 없는 이유로 취재행위를 방해하거나 제약한다면 물러설 것이 아니라 적극적으로 이의 제기를 해야 한다.[15]

그런데 취재의 자유가 이슈화되는 모든 현실의 상황이 기본권 침해적 상황에 해당되는 것은 아니다. 2007년 참여정부 시절, 이른바 '취재지원 시스템 선진화 방안'에 따라 정부 각 부처에 설치되어 있던 기자실이 권역별 합동브리핑센터로 통합 · 개편된 바 있다. 당시 언론은 이 상황을 취재의 자유에 대한 침해로 규정하고 비판에 나섰다. 정부 각 부처의 기자실 폐쇄 조치가 취재의 자유 침해가 되려면 취재의 자유는 기자실을 설치 및 유지하라고 요청할 권리가 되어야 한다. 그러나 앞에서 설명한 것처럼 취재의 자유는 기본적으로 소극적 · 방어적 성격의 권리로서 상대방에게 무엇인가를 적극적으로 요구하거나 어떤 행위나 조치를 끌어낼 수 있는 권리가 아니다. 따라서 정부 부처의 기자실 운용 방식의 변화가 곧 취재의 자유 침해로 직결된다고 보기는 어렵다.

결국, 현실에서 취재의 자유 침해를 주장하는 모든 사안이 법적인 관점에서 항상 기본권 침해적 상황인 것은 아니다.

다음으로, 취재의 의무성이다. 취재의 본질을 진실 추구로 본다는 전제하에서 언론에는 사실을 확인하고 검증할 의무가 있다. 이러한 의무는 언론의 사회적 기능 내지 저널리즘의 목적으로부터 도출되는 의무일 뿐만 아니라 법적인 의무이기도 하다. 많은 언론 관련 판결에서 법원은 표현만 조금씩 다를뿐, 언론에 진실보도의무 내지 사실검증의무가 있음을 선언했다. 이를 게을리하여 결과적으로 허위보도를 낸 언론에 대해서는 손해배상책임을 인정하기도 한다. 이렇게 보면, 언론의 진실보도의무 내지 사실검증의무를 단순히 윤리적 의무라고만 볼 수 없으며 취재의 의무를 다했음에도 불구하고 오보 내지 허위보도를 낸 경우에는 손해배상 책임을 면제하고 있다.

---

15) 한국영상기자협회에서 발간한 <영상보도 가이드라인>(2025년 개정판)에서는 다음과 같은 몇 가지 부당한 취재 제약 사례를 제시하고 있다.
- 압수수색 중인 ○○그룹 본사 건물 외경을 도로에서 촬영하자 보안직원이 "우리 건물을 왜 허가 없이 촬영하느냐"라며 경찰을 부르겠다고 함
- △△ 백화점 건물 외경을 거리에서 촬영하던 중 보안직원이 이를 제지함
- 공개공간임에도 불구하고 공공시설물 관리주체의 자체 규정으로 '사전 허가 없는 촬영'을 금시함

위 가이드라인에서는 이러한 상황에 관해 '별도의 허가 없이 촬영하여 보도할 수 있다'거나 '지속적이고 의도적인 촬영 제지 행위는 취재 업무방해 행위임을 고지할 수 있다'는 지침을 제시한다.

2) 취재의 한계

취재의 목적 내지 본질이 진실 추구 내지 발견에 있다고 하나, 취재에는 명백한 한계 또한 존재한다. 첫째, 취재에는 시간적·비용적 한계가 있다. 취재에 무한정의 시간과 무제한의 돈·인력을 투입할 수 있는 경우란 현실에서 거의 존재하지 않는다. 대다수 기자들이 마감의 압박 속에서 취재를 끝낸다. 시간적, 비용적 측면에서의 충분한 취재란, 이론상으로 가능할 뿐, 현실에서는 성립하기 어렵다. 둘째, 취재에는 제도적 한계가 있다. 사실 확인을 위해서는 다양한 정보원에 접근할 수 있어야 하는데 이러한 접근을 차단하는 유무형의 장벽들이 존재하며 기자에게는 이러한 장벽을 극복할 수 있는 충분한 권한이 주어져 있지 않다. 정보공개청구제도가 확립됨에 따라 과거에 비해 공개되는 정보가 많아졌다고는 하지만, 여전히 많은 정보들이 불명확한 사유로 미공개 혹은 비공개되고 있다. 이를 극복하는 유효한 제도적 수단 중 하나로 법원에서 발부하는 '영장(令狀, warrant)'이 있으나 기자는 영장을 청구할 수도 없고, 영장을 집행할 권한도 주어져 있지 않다. 셋째, 취재에는 법적·윤리적 한계가 있다. 기자에게는 법과 윤리를 준수할 의무가 있다. 법을 위반할 경우에는 법적 책임이 따르고, 윤리를 위반하면 사회적 비난, 평판 내지 신뢰의 저하 등을 감수해야 한다. 기자에게는 국회의원이나 대통령에게 인정되는 것과 같은 불체포 내지 면책의 특권이 없으며 각종 법령의 적용에 있어서 예외를 인정받기도 어렵다. 대표적인 예로, 기자에게는 업무상의 비밀에 관한 증언거부권이 없다. 증언거부권을 규정하고 있는 형사소송법은 그 대상자로 변호사·의사·세무사·성직자 등을 열거하고 있을 뿐 기자는 포함되어 있지 않다(법 제149조).

이처럼 다양한 한계 속에서도 진실 발견을 위해 분투하는 것이 취재이며, 저널리즘의 본령이다. 그런 점에서 취재의 결과가 항상 보도일 수는 없다. 취재의 결과, 의혹이 거짓으로 확인되거나 여전히 진위가 불투명하다면 과감히 비보도할 수 있어야 한다. 체포나 구속, 압수·수색 같은 강제력을 합법적으로 행사하는 수사기관조차 수사 결과, 혐의가 확인되지 않으면 무혐의 처분을 내리기도 하고 기소유예 처분도 한다. 취재에 투입된 시간과 비용, 노력을 생각하면 비보도 결정이 결코 쉽지 않을 것이다. 그러나 이러한 사정들이 진실 추구라는 취재의 본질을 포기하거나 양보할 이유가 될 수는 없다.

▸ [깊이 살펴보기] 취재와 정보공개제도

취재의 자유를 실질적으로 보장하기 위해서는 국가권력에 의한 취재 간섭 및 통제가 없는 것만으로는 부족하다. 보도에 필요한 정보를 확보할 수 있는 제도, 즉 정보공개제도가 체계적으로 마련되어 있어야 한다.

우리나라는 아시아 최초로 정보공개제도를 법제화한 국가로서 1996년 12월 31일 「공공기관의 정보공개에 관한 법률」(약칭: 정보공개법)이 제정되었고 1998년 1월 1일부터 본격적인 시행에 돌입했다. 정보공개법이 제정되기 이전이었던 1989년 이미 헌법재판소는 언론의 자유를 근거로 국민의 알권리를 인정한 바 있고, 1991년 청주시의회에서 지자체 최초로 행정정보공개조례를 제정했다. 정보공개제도가 법제화되기까지는 행정기관의 기밀주의를 극복하기 위한 경실련, 참여연대와 같은 여러 시민단체들의 부단한 노력이 있었다.

정보공개법에 의거, 공개를 청구할 수 있는 대상은 어디까지나 공공영역의 정보로서 국가·지자체를 비롯한 각종 공공기관이 작성 · 취득하고 있는 정보다(법 제2조 제1호). 다시 말해, 일반 개인이나 사기업이 작성 · 보유하고 있는 정보에 대해서는 이 법에 근거해서는 공개를 청구할 수 없는 것이다. 물론, 개인이나 사기업 관련 정보라도 공공기관이 보유하고 있는 정보라면 공개대상이 될 수 있으니 정보공개를 청구하기 위해서는 해당 정보의 소재가 중요하며, 정보를 보유하고 있는 기관 · 단체가 정보공개법의 적용을 받는 곳인지부터 확인해야 한다.

정보공개청구를 할 때는 대상 정보를 가급적 명확하게 특정해야 한다. 구체적으로 어떤 서류가 있는지 몰라서 대상 정보를 두루뭉수리하게 표시하기 쉽지만 좋은 방법이 아니다. 특히, '…에 관한 서류 일체' 이런 식으로 적는 것은 가급적 피해야 한다. 원하는 정보 대신 역시 뭉뚱드린 답변서를 받거나 꼭 필요하지 않은 서류까지 포함되어 수수료 폭탄이 떨어질 수도 있다. 청구 대상 정보의 기간은 짧고 명확할수록 좋으며, '2026년 1월 1일부터 6월 30일까지'와 같이 기간을 명확하게 표기하는 것이 좋다. 정보의 양을 최대한 줄이는 것이 청구의 성공률을 높이는 방법이다.

정보공개청구에는 학술연구, 사업관련 등 다양한 목적이 있을 수 있겠지만, 기자로서는 '행정감시'라고 표시하는 것이 좋다. 또 정보공개를 청구할 때 공개의 방법, 다시 말해 문서 열람인지, 사본 교부인지 지정하도록 되어 있다. 그런데 청구인이 사본 교부를 선택했어도 해당 공공기관 측에서 임의로 공개의 방법을 변경할 수 있다. 이에 대해 대법원은 정보공개청구를 받은 공공기관에게 그 공개 방법을 임의로 선택할 재량권이 없으므로 청구인이 선택한 공개 방법에 따라 정보를 공개해야 한다고 보았다(2016두

44674). 또 정보는 원본 그대로 공개하는 것이 원칙이므로 공무원이 임의로 발췌 또는 변형하여 작성한 자료 제공은 해당 자료를 비공개한 것으로 간주한다.

공공기관의 정보는 공개청구가 있는 경우 공개하는 것이 원칙이다. 그럼에도 불구하고 정보공개법에는 법령에 의한 비밀정보, 국가안전보장에 관한 정보, 개인의 생명·신체·재산·사생활 등을 침해할 우려가 있는 정보, 기업의 영업 비밀에 관한 정보, 재판이나 수사를 방해할 수 있는 정보 등과 같은 많은 종류의 '비공개정보'가 규정되어 있고 실제로도 상당수의 청구가 비공개로 결정되고 있다. 일례로, 모 검찰청 내에서 검찰직원의 피의자 폭행사건이 발생했다. 해당 검찰직원에 대한 징계 관련 자료의 공개를 청구했으나 범죄수사에 관한 정보라는 이유로 거부되었다. 그러나 정보공개법에서 말하는 수사를 방해할 수 있는 정보는 수사를 직접적인 목적으로 생산된 정보로 한정 해석해야 하며 따라서 징계 관련 자료는 이에 해당되지 않는다. 또 징계에 대한 심사가 현재 진행되고 있는 동안에는 그 결정에 영향이 있을 수 있어 자료의 공개가 부적절할 수 있지만 이미 종료된 징계절차의 심사과정 및 인사 조치에 관한 자료는 역시 비공개대상 정보가 아니다. 이러한 공공기관의 정보비공개처분에 대해 행정소송이나 행정심판으로 적극적으로 다퉈볼 필요가 있다. 처음 비공개로 결정했더라도 행정소송이나 행정심판을 제기하면 도중에 해당 정보를 제공하는 경우가 있기 때문이다.

정보공개청구가 있으면 해당 공공기관은 원칙적으로 10일, 부득이한 사유가 있을 경우에는 20일 이내에 공개 여부를 결정·통지해야 한다. 이 과정에서 해당 정보에 관한 이해관계자가 있으면 공개 여부에 대한 의견을 청취해야 한다(법 제11조 제3항). 그런데 이해관계자의 의견에 구속되는 것은 아니어서 설령 이해관계자가 비공개를 희망하더라도 해당 정보가 비공개대상 정보가 아니라면 공개해야 한다.

3 취재와 정당행위에 의한 면책

1) 정당행위의 의의와 적용 범위

형법 제20조는 '정당행위'라는 표제하에 '법령에 의한 행위 또는 업무로 인한 행위 기타 사회상규에 위배되지 아니하는 행위는 벌하지 아니한다'고 규정하고 있다. 이 규정은 정당방위 · 긴급피난 · 자구행위와 더불어 우리 형법에 명시되어 있는 일반적 위법성조각사유 중 하나로 어떤 행위가 비록 실정법 위반에 해당한다 하더라도 사후적으로, 그리고 규범적으로 위법하지 않다는 평가를 받게 함으로써 처벌받지 않을 수 있는 근거가 되고 있다. 특히, 정당행위는 '사회상규에 위배되지 아니하는 행위'라는 보편적이며 상식적인 개념을 사용함으로써 주거침입은 물론이고, 업무방해 · 통신비밀보호법 위반 · 개인정보보호법 위반 등 취재 과정에서 발생할 수 있는 각종 위법 논란 발생 시 언론 활동의 주된 면책의 논거로 이용되고 있다. 언론법 영역에서 유독 정당행위가 집중적으로 조명되고 논의의 대상이 되는 이유가 여기에 있다.

적용 범위와 관련하여, 일단 정당행위는 모든 형사범죄에 적용 가능하다. 앞에서 언급한 것처럼 주거침입 · 업무방해 · 통신비밀보호법 위반 · 개인정보보호법 위반 등 취재 과정에서 발생할 수 있는 각종 위법 논란 발생 시 언론 활동의 주된 면책의 논거로 이용되고 있다. 그런데 이와 관련하여 명예훼손죄는 다른 형사범죄와는 조금 다르다는 점에 주의해야 한다. 형법 제310조에서는 '제307조 제1항의 행위가 진실한 사실로서 오로지 공공의 이익에 관한 때에는 처벌하지 아니한다'고 하여 사실적시 명예훼손죄에만 적용되는 특수한 위법성조각사유를 인정하고 있다. 이에 따라 명예훼손죄의 면책만큼은 형법 제20조 소정의 정당행위가 아닌, 형법 제310조 소정의 공익성 및 진실성(또는 상당성)의 법리에 의해 좌우되고 있는 실정이다. 형법 제310조의 법리가 정당행위에 비해 보다 구체적이고 직접적이어서 실무상 적극적으로 활용되고 있는 것이다.

한편, 정당행위는 형사처벌의 문제 외에 민사책임의 영역에서도 위법성조각사유로 기능하고 있다. 일례로, 한 방송사 취재진이 유명 목사가 신도들을 기망하여 금품을 편취한다는 제보를 받고 신도로 가장, 해당 목사와 면담하는 과정을 몰래촬영한 사안에서 서울남부지방법원은 "'사회상규에 위배되지 아니하는 행위'라 함은 법질서 전체의 정신이나 그 배후에 놓여 있는 사회윤리 내지 사회통념에 비추어 용인될 수 있는 행위"라고 전제한 후 "피고들의 위 비밀 취재행위는 사회윤리 내지 사회통념에 비추어 용인될 수 있는 행위로서 … 정당한 행위에 해당하여 위법성이 없다"고 판결하였다(2015가합3601). 불법행위에 관한 현행 민법이 '정당행위'를 위법성조각사유로 명시하고 있지는 않지만, 형법 제20조를 유추적용[16]한 결과로 이해할 수 있다.

2) 정당행위의 적용 요건

정당행위를 근거로 위법성이 조각될 수 있는 경우는 '법령에 의한 행위', '업무로 인한 행위', '사회상규에 위배되지 않는 행위' 이렇게 세 가지다. 이 중에서 '사회상규에 위배되지 않는 행위'가 취재 관련 법적 이슈 발생 시 주로 이용되고 있다.[17] 언론법 영역에서 정당행위는 곧 사회상규에 위배되지 않는 행위라고 보아도 무방하다.

'사회상규에 위배되지 않는 행위'는 그 의미를 확정하기 어려울 만큼 추상적이며 막연하다. 이로 인해 법원이 자신의 결론을 정당화시키는 도구적 장치로 활용되고 있다는 비판도 있으나, 다수의 학자들은 형벌 규정의 기계적·형식적 적용이 낳을 수 있는 불합리한 결과를 제어하는 완충장치로서 기능하고 있다며 긍정적으로 평가하고 있다(홍진영·김정현, 2024).

그러면 '사회상규에 위배되지 않는 행위'의 의미는 구체적으로 무엇인가. 대법원은 "법질서 전체의 정신이나 그 배후에 놓여 있는 사회윤리 내지 사회통념에 비추어 용인될 수 있는 행위"라고 정의한다(2003도3000). 쉽게 말해, 사회적으로 용인될 수 있고 처벌의 필요성이 없는 행위가 사회상규에 위배되지 않는 행위다. 문제는 어디까지가 사회적으로 용인될 수 있으며 처벌의 필요성이 없는지 정하는 것인데 이에 관해서는 판례는 목적, 수단, 결과라는 세 가지 차원을 중심으로 세부적인 기준을 제시하고 있다.[18]

---

16) 법령에 규정은 없으나 유사한 다른 규정을 가져다 쓰는 것을 의미한다. 유추적용은 법조항에 대한 해석의 범위를 넘어선 것으로 엄격한 시각으로 보면 새로운 법조항을 만드는 것이 된다. 이로 인해 유추적용은 삼권분립의 정신에 위배될 뿐만 아니라 죄형법정주의(죄와 형벌이 법률에 정해져 있어야 한다는 원리)에도 반하여 함부로 할 일은 아니다.

17) 취재는 '법령에 의한 행위'에 해당되지 않을 뿐만 아니라 '업무로 인한 행위'에도 해당하지 않는다. 여기서 말하는 '업무로 인한 행위'는 증언거부권이 부여된 일부 전문직의 업무로 한정되고 있기 때문이다.

먼저, 취재 목적이 정당해야 한다. 목적의 정당성은 행위자가 무슨 동기로, 무엇을 위해 문제되는 행위를 했는지에 관해 묻는다. 만일 정당한 법익을 보호하거나 달성하기 위해 문제되는 행위를 했다면 목적의 정당성이 인정될 수 있을 것이다. 하지만 영리 추구와 같은 상업적 동기나 목적으로 문제의 행위를 했다면 당장 목적의 정당성부터 부정될 것이다.

다음으로, 취재 수단이 적합해야 한다. 수단의 적합성의 의미는 매우 복합적이다. 목적 달성에 적합해야 한다는 뜻은 물론이고, 목적 달성이 가능한 여러 수단이 있다면 그중에서 상대방에게 최소의 피해를 끼치는 수단을 선택해야 한다는 의미(이른바 '최소침해의 원칙')도 내포하고 있다. 보다 덜 해로운, 대안적 수단이 있었음에도 더 해로운 수단을 선택했다면 수단의 적합성을 갖추었다고 보기 어렵다는 점에서 수단의 적합성은 '보충성'으로 이해할 수도 있다.

끝으로, 취재의 결과가 타당해야 한다. 결과가 타당하다는 것은 이슈가 된 행위가 초래한 긍정적인 측면(보호 또는 달성한 법익)과 부정적인 측면(침해된 법익)을 비교하여 전자가 후자를 압도하거나 적어도 대등한 위치에 있음을 의미한다. 이슈가 된 행위의 결과, 침해된 법익에 비해 보호 내지 달성된 법익이 너무 미미하거나 사소하다면 결과적 측면에서 그렇게까지 할 일이 아니었고 심대한 법익 침해를 감수할 합리적인 이유가 있다고 볼 수 없다.

3) 소결: 취재 관련 법적 이슈 발생 시 정당행위에 의한 면책 가능성

이상과 같이 법규정에 그저 '사회상규에 위배되지 않는 행위'라고만 추상적으로 규정되어 있는 것을 판례는 목적의 정당성, 수단의 적합성, 결과의 타당성 등으로 구체화시켰다. 이것은 취재 과정에서 법적 이슈가 될 만한 상황에서 스스로 어떤 점을 점검해야 하는지에 관한 하나의 기준점을 제시한다. 문제는 이러한 정당행위에 의거, 위법성이 조각되

18) 정당행위에 관한 기존 판결들은 적용 요건으로 목적(동기)의 정당성, 수단(방법)의 상당성, 보호이익과 침해이익 사이의 균형성, 긴급성, 보충성 5가지를 제시하고 있다. 그런데 이 글에서는 목적의 정당성, 수단의 적합성, 결과의 타당성 3가지만을 정당행위 적용요건으로 설명했다. 이는 2023년 5월에 선고된 대법원 판결(2017도2760)에 근거한 것으로 이 판결에서 대법원은 "행위의 긴급성과 보충성은 수단의 상당성을 판단할 때 고려요소의 하나로 참작하여야 하고 이를 넘어 독립적 요건으로 요구할 것은 아니"라고 보았다. 이 부분 서술은 2023년 대법원 판결의 입장을 전적으로 지지하는 관점에서 서술되었음을 밝힌다.

는 사례가 많지 않다는 점이다. 정당행위를 이유로 면책될 가능성이 그렇게 높지 않다는 점을 고려하여, 취재는 법적인 테두리 내에서 이루어져야 하고 다양한 취재의 수단이 존재한다면 피해를 최소화하는 수단을 선택해야 한다.

4 취재 관련 법적 · 윤리적 이슈 사례

취재 관련 법적 · 윤리적 이슈는 워낙 다양하다. 또 취재 환경에 영향을 미치는 정치 · 경제 · 사회 · 문화적 상황에 따라 취재 관련 주요 이슈 역시 수시로 변하기 마련이다. 일례로, 1970년대 활동했던 기자들의 저술에 간혹 무용담처럼 등장하던 강압적 취재 이슈[19]가 최근 들어 사라진 대신, 몰래카메라 · 드론 · 스마트폰 등을 이용한 은폐적 방식의 취재 문제가 주요 이슈로 부상하고 있다(이승선, 2001). 이에 취재 관련 법적 · 윤리적 이슈를 망라하기보다 최근 언론소송 판결에 나타난 몇 가지 특징적인 사례들을 중심으로 취재 관련 법적 · 윤리적 주요 이슈와 쟁점, 합리적 대안에 대해 살펴보고자 한다.

1) 인터뷰와 취재원 개인정보 확보 문제

취재원의 주소나 전화번호를 확보하는 것은 취재의 기본이다. 특히, 인터뷰를 진행하고자 하는 경우 주소나 전화번호 확보는 취재의 필수적인 과정이 된다. 그런데 주소나 연락처가 '개인정보'에 해당된다는 점에서 그 정보 확보 시 주의를 기울일 부분이 있다.

개인정보보호법에 따르면, 업무를 목적으로 개인정보를 수집 · 제공하는 사람은 정보주체의 동의하에 수집 · 제공 등의 행위를 할 수 있고 이렇게 처리된 개인정보는 어디까지나 수집한 목적 범위에서 이용할 수 있다(법 제15조 제1항, 제17조 제1항). 또 정보주체로부터 동의를 받을 때는 개인정보의 수집 및 이용 목적 등을 알려야 하고(법 제15조 제2항),

19) 취재원의 물건을 강취 · 절취하거나 취재원의 제지에도 불구하고 무단으로 현장에 출입하는 식의 취재행위가 과거에는 빈번하게 이루어졌다.

제3자에게 제공하는 경우에는 누구에게 개인정보를 제공하는지, 그 사람의 이용 목적은 무엇인지, 제공된 개인정보는 어떤 것인지 등을 알려야 한다(법 제17조 제2항).

이처럼 개인정보의 모든 처리 과정에서 정보주체의 의사가 강조되고 있으며 개인정보 처리자에게 정보주체의 의사를 존중해야할 다양한 법적 의무와 책임이 부여되고 있다. 다음의 사례를 통해 개인정보 취급 시 주의할 점이 무엇인지 좀 더 생각해 보자.

S방송사 시사프로그램에서는 "남성 역차별? 그는 왜 한강대교에 올랐을까"라는 제목으로 A가 서울 한강대교 위에서 진행한 1인 시위 관련 내용을 다루었다. 1인 시위 당시, A는 남성의 권익 신장을 위해 법과 제도가 개선되어야 한다는 취지의 주장을 펼쳤다. 그런데 제작진이 이 사건 방송을 제작하는 과정에서 A의 동의 없이 A의 어머니와의 인터뷰를 통해 A 관련 개인적 사항(취업, 결혼, 여성관 등)을 조사, 수집한 후 그 내용을 방송을 통해 공개했다. A가 제작진과 인터뷰를 진행할 목적으로 자신의 주소를 제작진 중 한 사람에게 제공했는데 이 정보가 A의 동의 없이 다른 동료에게 제공된 것이다. 이에 A는 이 사건 방송과 관련해 명예훼손·사생활 침해 등의 내용적 측면 외에도 취재 과정상의 위법성을 문제 삼았다.

서울남부지방법원은 같은 부서의 동료에게 A의 주소를 제공한 행위에 관해 개인정보 보호법 위반으로 판단했다(2023가합101289). 개인정보 보호법 제59조에서는 '업무상 알게 된 개인정보를 누설하거나 권한 없이 다른 사람이 이용하도록 제공하는 행위' 및 '정당한 권한 없이 또는 허용된 권한을 초과하여 다른 사람의 개인정보를 유출하는 행위'를 모두 금한다.[20] 이러한 규정의 적용에 관해 S방송사 측은 A가 자신의 주소를 제공한 상대방은 제작진 중 한 사람이 아닌, 그 소속 부서라고 항변했다. 그러나 법원은 제작팀의 범위가 "구체적으로 어디까지인지 상정하기 어렵고" 또 "원고의 주소를 이용 또는 제공할 수 있도록 동의한 범위는 'A 스스로를 인터뷰하기 위한 것'에 국한될 뿐"이라는 점에서 "'A가 부재중일 때 A의 모친을 찾아가 인터뷰할 수 있도록 다른 피고 제작진들에게 임의로 A의 주소를 제공하는 것'이 A의 동의 범위에 포함되는 것으로 보이지도 않는다"고 보았다.[21]

---

20) 개인정보 보호법에서는 언론이 취재, 보도 등 고유 목적을 달성하기 위하여 수집, 이용하는 개인정보에 관해서 예외를 두고 있다(제58조 제1항 제4호). 그러나 이러한 예외가 인정되기 위해서는 공익적 목적을 비롯해 엄격한 요건을 갖추어야 하며 언론기관이 처리하는 모든 개인정보에 대해서 예외가 인정되는 것은 아니다. 이와 관련한 자세한 설명은 10장 3.을 참고할 것.

21) 주목할 점은 법원이 피고 측 제작진 간에 이루어진 주소 공유를 위법한 개인정보 침해행위로 보면서도 정작 이로 인한 피고의 손해배상의무는 인정하지 않았다는 사실이다. 그 이유에 관해 법

이 사안이 취재행위에 시사하는 바는 다음과 같다. 첫째, 당사자가 어디까지 동의한 것인지 불명확하다면 그 동의의 범위에 관해 임의로 추단할 것이 아니라 당사자에게 확인해야 한다. 둘째, 동의 의사의 효력 범위를 정함에 있어서 상대방도 중요하지만 목적과 내용도 중요하다. 이 사안에서 A로부터 직접 주소를 직접 건네받지 않은 제작진이 주소를 이용, A의 모친과의 인터뷰를 진행했다는 점이 문제되었다. 하지만 실질적으로는 A의 취지와는 전혀 다른 방향과 목적의 인터뷰가 진행되었다는 점이 보다 문제였을 수 있다. A로서는 자신의 취업, 결혼, 여성관 등과 같은 개인적 정보들을 공개할 의사가 전혀 없었기 때문이다. 그러므로 동의 당시 당사자가 예상할 수 없었던 목적과 방향의 취재라면 동의의 효력 범위를 벗어난 이용이라는 점에서 보다 신중할 필요가 있다.

2) 현장 취재와 주거침입

현장 취재 내지 취재원과의 인터뷰를 목적으로 취재원의 주거지를 비롯한 사적 공간·영역 등에 접근하는 과정에서 흔히 주거침입[22]의 이슈가 발생한다. 물론, 사전에 취재원과 약속을 잡고 허락을 받는다면 발생하지 않을 일이다. 하지만 정상적인 방식으로는 도저히 만나기 어려운 취재원들이 있을 수 있다. 이런 취재원에게 접근하는 과정에서 주거침입의 문제가 자주 발생하곤 한다.

주거침입은 형법 제319조에 규정된 범죄의 일종으로 물리적 공간의 측면에서 개인의 사생활 내지 사적 영역을 보호한다. 주거는 개인의 사적 공간으로 타인이 함부로 접근해서는 안 되는 영역이다. 하지만 기자에게는 취재원에 대한 물리적 접근을 가로막는 심대한 장애물로서 기능한다. 이 장애물 앞에서 항상 멈춰서야 한다면 취재원에 대한 접근 내지 현장 취재는 요원해질 것이다. 그래서 많은 경우, 기자들은 주거라는 공간에 대한 무단 진입을 감행하곤 한다. 이러한 행동에 관해 기자정신을 발휘한 용감하고 결단성 있는

원은 "정보주체에 대한 개인정보 침해행위가 이루어졌다는 점만으로 바로 언제나 그 정보주체에게 정신적 손해가 발생하고 개인정보를 처리하였던 자는 항상 정보주체에게 위자료를 지급하여야 한다고 할 수는 없다"고 설명하고 있다. 즉, "개인정보 침해행위자에게 정보주체에 대한 손해배상의무를 인정하려면, 정보주체가 위자료로 전보하여야만 마땅하다고 볼 정도의 정신적 손해를 입었다는 점이 증명되어야" 하기 때문이다.

22) 침입의 대상에 따라 '주거침입'이 아니라 '건조물침입'이 문제될 수도 있다. 주거는 문자 그대로 사람의 주거에 사용되는 공간이고, 건조물은 주거를 제외한 다른 건물을 의미한다. '건조물침입' 역시 '주거침입'과 본질적으로 별 차이가 없을 뿐만 아니라 동일한 형량이 적용된다는 점에서 별도로 기술하지 않겠다.

행동으로 평가하는 견해도 있을 수 있겠지만, 다른 한편에서는 주거침입에 따른 형사처벌의 부담을 떠안아야 한다. 형법상 주거침입에 해당하면 민사적으로도 손해배상책임이 부여될 가능성이 높다.

형법상의 주거침입죄는 사람의 주거에 침입함으로써 성립한다. 즉, 핵심 요건은 '주거'와 '침입' 두 가지로서 '주거'는 행위의 객체에 해당하고 '침입'은 범행의 방법을 의미한다.

첫째, '주거'의 범위와 관련하여 전용 공간 외에 공용 공간 역시 '주거'의 범위에 포함된다. 공동주택에는 다양한 공용 공간들이 존재한다. 이러한 공동주택의 공용 공간 역시 '주거'에 해당된다는 것이 판례의 일관된 입장이다. 대법원은 "다가구용 단독주택이나 다세대주택 · 연립주택 · 아파트와 같은 공동주택 내부의 엘리베이터, 공용 계단, 복도 등 공용 부분도 그 거주자들의 사실상 주거의 평온을 보호할 필요성이 있어 주거침입죄의 객체인 '사람의 주거'에 해당한다"고 보는 것이다(2021도15507). "일반 공중에 출입이 허용된 공간이 아니고 주거로 사용되는 각 가구 또는 세대의 전용 부분에 필수적으로 부속하는 부분"에 해당할 경우 법적으로 보호할 필요성이 크다고 보는 것이다. 물론, 공용 공간 중에는 아파트상가라든가, 주변에 설치된 벤치처럼 일반인들의 출입이나 이용이 허용된 장소도 있을 수 있다. 이런 공간에 진입하는 것까지 주거침입이 되는 것은 아니다.

둘째, '침입'은 주거권자들의 사실상의 주거의 평온을 해치는 방식으로 들어가는 것을 의미한다. '침입'은 주거 공간에 들어가는 방식에 관한 문제로 주거침입죄 성립을 좌우하는 핵심적인 요건이다. 문제는 주거에 들어가는 다양한 방식 중 어디까지를 침입으로 볼 것인지가 모호하다는 점에 있다. 이에 관해 판례는 "주거침입죄의 구성요건적 행위인 침입은 주거침입죄의 보호법익(사실상 주거의 평온)과의 관계에서 해석하여야" 한다고 전제한 후 "침입이란 거주자가 주거에서 누리는 사실상의 평온상태를 해치는 행위태양으로 주거에 들어가는 것"을 의미하며 따라서 "침입에 해당하는지 여부는 출입 당시 객관적 · 외형적으로 드러난 행위태양을 기준으로 판단함이 원칙"이라고 보았다.[23]

---

23) 언론의 취재 목적 주거침입이 문제된 사례는 한두 건이 아니다. 다수의 사례들이 있어서 오히려 혼란을 가중시키는 면이 있다. 유사한 사례인데도 전혀 상반되는 결과가 나타나는 것이다. 일례로, 비밀번호를 입력해야만 출입할 수 있는 오피스텔 건물 입구에 있다가 다른 입주민이 공동현관문을 열고 들어가는 틈을 이용해 따라 들어간 경우에 관해 서울남부지방법원은 주거침입을 부정했다(2023노453). 해당 판결문에서 담당 재판부는 "관리인이나 위 입주민으로부터 제지받지 않은 점", "처음부터 거주자나 관리자 몰래 공동현관에 출입할 의도는 아니었던 것" 등의 이유를 들어 "거주자의 사실상 주거의 평온상태를 해치는 행위태양"이 아니라고 판단했다. 언론에 유리한 결론인 것은 분명하나 이 사례를 일반화시킬 수 있을지는 미지수다. 특히, 해당 판결문에서조

이처럼 '주거'에 '침입'함으로써 일단은 주거침입죄가 성립한다. 문제는 취재 목적의 주거 침입행위를 사회상규에 위배되지 않는 행위로서 위법성이 조각된다고 볼 수 있는지 여부다. 이와 관련된 최근의 판결 사례(서울중앙지방법원 2023노2343)를 소개하면 다음과 같다.

시사고발 방송프로그램의 외주제작사 소속인 B는 아파트에 거주 중인 취재원을 만나 취재할 목적으로 이 아파트 지하주차장에 무단으로 들어갔다. 당시 아파트 지하주차장 입구에는 차량의 통행을 막는 차단기가 설치되어 있었으며, 입주자용 출입구와 방문객용 출입구가 구분되어 있었다. 무엇보다, 지하주차장 입구를 통한 보행자의 통행은 금지되어 있었다. 이후 지하주차장에서 대기하고 있던 B는 취재원이 차량에 탑승하는 것을 발견하고는 쫓아가 '남편이 경찰관이라고 하던데 사기범행에 동조하였나요?', '가사도우미에게 타워팰리스 금고에 돈이 있는 것처럼 말하여 가사도우미로 하여금 4억 원을 대출받게 하여 그 돈을 받았나요?'와 같은 질문을 던졌다. 취재원은 B의 질문에 답변하지 않은 채 차량을 운전하여 주차장 밖으로 나갔다. B는 이러한 일체의 과정을 촬영했고, 방송에 내보냈다.

이 사안에서 법원은 B의 행위가 주거침입에 해당할 뿐만 아니라 정당행위에 해당되지 않는다고 보았다. 목적의 정당성은 인정되었으나 수단의 적합성이 결여되었다고 보았다. 구체적으로, 취재원과 사전 협의 없이 무작정 이 사건 주차장에 들어갔다는 점, 정식으로 인터뷰를 요청할 시간적 여유가 충분히 있었다는 점, 그리고 이 사건 아파트 지하주차장이 아닌, 다른 장소에서 취재원을 만나는 방법을 강구할 수 있었다는 점에 비추어 수단의 적합성이 결여되었다고 보았고 결국, B의 무단 아파트 주차장 진입이 정당행위의 요건을 갖추지 못했다고 보았다.

이 사안이 언론의 현장 취재 방식에 관해 시사하는 점은 다음과 같다. 아무리 정당한 취재 목적이라 하더라도 일반인들의 출입이 금지된 장소에 들어가고자 할 때는 신중해야 한다. 정식으로 출입 허가를 받고 들어가거나 다른 대안을 강구해야 한다. 설령 다른 대안이 없어서 결과적으로 비정상적인 방법으로 출입을 하게 되었을 때에도 정상적인 방법을 시도해 보는 것은 수단의 적합성 인정 여부를 판단할 때 긍정적인 요소로 고려될

차 "적극적으로 용인, 권장될 정도에 이른다고 볼 수는 없다"고 여지를 남겼다는 점을 주목해볼 필요가 있다.

것이다.

언론에 절차적 위법에 따른 책임을 면제하는 특권이란 존재하지 않는다. 언론윤리 역시 최대한 적법절차를 준수할 것을 요구한다. 흔히 탐사보도의 기법으로 여겨지는 위장(언더커버), 잠입취재 방식에는 비윤리적이며 위법적인 요소가 내포되어 있다. 이러한 취재기법은 정상적인 방법이나 수단으로는 취재가 불가능할 때 비로소 사용할 수 있는 최후보충적인 것이다.

3) 대화 · 통화 내용 취재와 통신비밀보호법 위반

통신의 비밀은 헌법으로 보장되는 국민의 기본권이다(헌법 제18조). 문제는 이 비밀에 의해 보호받는 대상들 중에는 사인 간의 건전한 대화가 아닌, 국민의 알권리의 대상이 되거나 언론의 취재 및 보도의 대상이 될 수 있고 되어야 하는 것들도 포함되어 있다는 점이다. 그런 점에서 통신의 비밀과 취재의 자유는 자주 충돌한다. 상충하는 이 난제를 해결하기 위해서는 일방적인 언론(취재)의 자유 혹은 통신의 비밀에 대한 강조가 아니라 실정법을 토대로 한 균형 잡힌 접근이 필요하다.

현행 통신비밀보호법에서 보호하는 대상은 크게 '통신'과 '대화' 두 가지다. 통신비밀보호법은 그 명칭과는 달리 통신 외에도 대화의 자유와 비밀까지도 보호한다(법 제1조). 통신과 대화는 당사자 간의 물리적 거리로 구분된다. 통신은 원거리에 있는 당사자 간의 의사소통이고, 대화는 물리적으로 한 공간 안에 있는 당사자 간의 의사소통이다. 통신은 다시 '우편물'과 '전기통신' 두 가지로 구분되는데, 우편물은 편지나 카드, 소포 등을 의미하고 전기통신은 유무선 전화를 비롯하여 전자우편이나 문자, 팩스, 무선호출 등을 모두 포함한다(법 제2조 제1호, 제2호, 제3호).

통신과 대화의 비밀을 보호하고 그 자유를 신장하는 것이 목적인 통신비밀보호법은 통신과 대화의 자유 내지 비밀을 침해하는 행위를 범죄로 규정하고 처벌한다. 취재 목적이라 하더라도 예외가 아니어서 정당행위로 인정되지 않는 한, 통신비밀보호법 위반에 따른 처벌 가능성을 피하지 못한다. 그래서 이 법이 금지하는 통신과 대화의 자유 내지 비밀 침해행위가 무엇인지 정확히 이해해야 한다. 통신비밀보호법이 금지하는 행위는 다음과 같다.

■ **통신비밀보호법에 따른 침해행위의 종류**

	구체적인 종류	보호 대상	침해행위 (제1유형) ※법 제16조 제1항 제1호	침해행위 (제2유형) ※법 제16조 제1항 제2호
통신	우편물 (편지, 카드, 소포 등)	타인의 우편물	당사자 동의없이 그 내용을 지득·채록·유치하는 것	침해행위(제1유형)의 결과물을 공개·누설하는 것
	전기통신 (유무선 전화, 전자우편, 문자, 팩스, 무선호출 등)	타인 간 비공개 전기통신	당사자 동의없이 전자장치 등을 이용하여 그 내용을 지득·채록하는 것	
대화	같은 물리적 공간에서의 언어적 의사소통	타인 간 비공개 대화	당사자 동의없이 청취·녹음하는 것	

현행 통신비밀보호법하에서 실무상 발생할 수 있는 법적 이슈를 정리해 보면 다음과 같다.

첫째, 통화나 대화의 일방 당사자가 상대방 몰래 통화 내지 대화 내용을 녹음했다면 통신비밀보호법 위반이 아니다. 통신비밀보호법이 보호하는 대상은 '타인 간 전기통신'이거나 '타인 간 대화'로서 몰래녹음의 주체가 대화의 당사자라면 이 법에서 금지하는 대상이 아닌 것이다.

둘째, 타인 사이의 전화 통화 내용을 전자적 장비를 사용하지 않고 몰래 엿들었다면 통신비밀보호법 위반이 아니다. 전화 통화는 전기통신에 해당하므로 그에 대한 침해는 '불법감청'이 되는데 전자장비나 기계장치를 이용한 엿듣기가 아니었다면 불법감청에 해당되지 않는다. 물론, 전화 통화 역시 '대화'로 간주한다면 당사자 동의없는 무단청취에 해당하여 침해행위(제1유형)에 해당될 수 있겠으나 통신과 대화를 구분하고 있는 현행 통신비밀보호법 체계에 비추어 타당하지 않다. 무엇보다, 통신비밀보호법이 형사처벌을 목적으로 하는 법률이라는 점에서 '죄형법정주의'에도 위반되는 해석이다. 대신, 민사적으로 사생활 침해에 해당하여 불법행위에 따른 손해배상청구의 대상이 될 수는 있다.

셋째, 타인 간의 대화를 몰래 엿들었다면 이 경우 역시 통신비밀보호법 위반이 아닐 수 있다. 통신비밀보호법 제16조 제1항 제1호에서는 '제3조의 규정에 위반하여 … 공개되지 아니한 타인 간의 대화를 녹음하거나 청취한 자'를 처벌하고 있다. 이 규정대로라면 제시된 상황은 법 위반에 해당될 가능성도 있다. 그런데 이렇게 해석하면 타인 간 대화의 비밀 침해금지를 규정하고 있는 제14조 제1항의 규정과 어긋나는 문제가 생긴다. 법 제14조 제1항은 타인 간 대화의 비밀 침해를 '무단녹음' 혹은 '전자장치 · 기계적 수단을 이용한 청취금지'만으로 규정하고 있다. 이로 인해 기자들이 취재 과정에서 흔히 사용하는 이른바 '벽치기'[24]에 관해 합법과 불법의 경계선에 있다는 지적이 제기되기도 한다(양재규, 2013).

넷째, 불법도청으로 생성된 대화녹음 파일을 입수해 보도했다면 통신비밀보호법 위반에 해당된다. 불법도청은 그 자체가 위법하지만, 불법도청의 결과물을 공개하거나 누설하는 행위 역시 위법하다(법 제16조 제1항 제2호). 이러한 규정 형식을 비유적으로 설명하는 것이 이른바 '독과수(毒果樹) 이론'이다. '독과수 이론'이란, 독이 있는 나무에 달린 열매 속에도 독이 있다는 것이다. 여기서 독과수는 불법도청을 가리키고, 열매는 도청한 내용이 담긴 녹음파일을 의미한다. 불법도청이 통신비밀보호법을 위반한 불법적인 것이라면 그 결과물인 녹음파일 역시 불법이 되는 것이다. 이렇게 하지 않으면 수단과 방법을 가리지 않고 증거물을 확보하려는 초법적 시도를 원천적으로 차단하기 어렵기 때문이다. 다시 말해, 독과수 이론과 같은 접근 방식은 적법절차를 무시해서라도 일단 유죄의 증거를 확보하려는 불법적 시도를 원천적으로 봉쇄하기 위한 목적하에 도입된 것으로 볼 수 있다. 이와 관련하여, 헌법재판소는 "위법한 방법으로 대화내용을 취득하는 행위에 관여하지 않은 자라고 하더라도 아직 일반에게 알려지지 않은 타인 간의 대화내용을 언론매체 등 전파가능성이 높은 수단을 사용하여 공개할 경우에는 대화의 비밀이 침해되는 정도와 그 처벌의 필요성이 작다고 볼 수 없다"고 하여 이 사건 조항이 표현의 자유를 침해하지 않는다고 보았다(2009헌바42).

24) 현장에 접근하지 못한 기자들이 벽이나 문에 귀를 밀착시키고 취재하는 일을 뜻하는 언론계 은어

5 나오며

핵심정리

- 취재는 기사를 쓰기 위한 자료를 모으는 것을 의미하지만, 그 본질은 진실을 발견하는 데에 있다. 취재는 저널리즘이 자신의 고유한 목적을 실천하는 유일한 방법이다.
- 취재 관련 법적 이슈가 발생했다고 하더라도 형법 제20조 소정의 '사회상규에 위배되지 않는 행위'에 해당하면 면책받을 수 있다. 이를 위해서는 취재의 목적이 정당하며 취재의 수단이 적합해야 하고 취재의 결과 달성되는 공익이 침해되는 공익보다 크거나 대등해야 한다.
- 취재원과의 인터뷰를 위해 제공받은 개인정보를 제3자에게 제공할 경우, 정보주체인 취재원의 추가적인 동의가 필요하다.
- 아파트와 같은 공동주택에서 취재할 경우, 공용 공간 중에서 일반인의 접근이 제한되어 있는 장소에 들어가고자 한다면 정당한 관리권한을 가진 쪽에 취재 협조를 요청해야 한다. 부득이하게 무단침입해서라도 취재를 하고자 한다면, 취재 목적이 정당한지, 다른 대안적 취재방안은 없는지, 당사자의 주거권을 덜 침해하는 대안은 없는지, 무엇보다 취재의 결과 달성되는 법익이 침해되는 법익에 비해 우월하거나 대응한지 점검해야 한다.
- 불법도청이나 감청에 의해 만들어진 녹음파일을 보도하고자 할 경우, '독과수 이론'에 따라 해당 녹음파일의 생성에 관여하지 않았다 하더라도 그 녹음파일을 보도하는 것만으로도 통신비밀보호법 위반에 해당될 수 있다. 이 경우, 정당행위에 따라 면책을 받기 위해서는 내용적 측면에서 목적의 정당성이 인정되어야 하고, 수단의 적합성, 법익균형성이 모두 인정될 수 있어야 한다.

실전활용 체크리스트

- 취재의 대상이 사람인가? 사람이라면 취재원 관련 개인정보는 적법하게 취득했는가? 취재의 일시, 장소를 정함에 있어서 취재원의 의사를 충분히 존중했나?
- 취재의 대상이 장소이거나 취재를 위해 특정 장소에 방문해야 한다면, 해당 장소는 공적인 공간인가? 아니면 사적인 공간인가? 사적인 공간이라면 해당 장소의 관리 주체로부터 동의를 받았는가?
- 취재의 대상이 대화 혹은 통화 내용이라면, 대화 · 통화 녹음의 주체 및 경위를 확인했는가? 녹음의 주체가 대화나 통화의 일방 당사자인가? 녹음의 주체가 제3자라면 통신비밀보호법 위반에 해당할

가능성이 높은데, 이를 정당화할 만한 사정, 즉 목적의 정당성, 수단의 적합성, 결과의 타당성(법익 균형성)이 인정될 수 있나?

6 참고 문헌

남시욱 (2001). 「인터넷 시대의 취재와 보도」. 나남출판.

문재완 (2007). 취재의 자유와 그 한계 – 정보 취득의 위법성 상사를 중심으로 –. 「헌법학연구」 13(3). 379–412.

문재완 외 (2017). 「미디어와 법」. 한국언론법학회.

박재영 외 (2016). 「저널리즘의 지형」. 이채.

빌 코바치 · 톰 로젠스틸 (2021). 「저널리즘의 기본 원칙」. 한국언론진흥재단.

심석태 (2016). 「사례와 쟁점으로 본 언론법의 이해」. 컬처룩.

이승선 (2001). 언론인 저작물에 나타난 취재행위의 형사법적 위법 가능성에 관한 연구. 「한국언론학보」 46(1). 344–387.

양재규 (2013). '벽치기'의 합법성과 불법성 그리고 감청과 도청의 차이-통신비밀보호법 구석구석 살펴보기. 「신문과방송」 제507권. 83–87.

권혜진 외 (2019). 「현장 기자를 위한 체크리스트」. 한국언론진흥재단.

나준영 외 (2025). 「영상보도 가이드라인」. 한국영상기자협회.

홍진영 · 김정현 (2024). 사회상규에 위배되지 아니하는 행위로서의 정당행위의 성립요건 – 대법원 2023. 5. 18. 선고 2017도2760판결에 대한 평석을 중심으로 –. 「법학논집」 28(4). 117–157.

제7장

범죄 보도의 법적·윤리적 쟁점

심석태

제7장

범죄 보도의 법적·윤리적 쟁점

1 들어가며

학습목표

- 범죄 보도가 사회적으로 어떤 역할을 하는지 이해
- 왜 범죄 보도가 수시로 사회적 논란이 되는지 파악
- 무죄추정원칙, 피의사실공표죄 등은 범죄 보도에 어떤 영향을 미치는지 이해
- 범죄 보도가 법적 분쟁의 대상이 되지 않기 위해 무엇을 주의해야 하는지 이해
- 범죄 보도가 선정적으로 흐르는 등 사회적으로 문제가 되지 않으려면 어떻게 해야 할지 생각해 보기

학습사례

사례 1

한 아파트 단지 근처 공원 산책로에서 잔혹한 연쇄 살인 사건이 발생했다. 경찰은 40대 회사원 B를 긴급체포해 조사한 뒤 구속영장을 신청했다. 기자 A는 B의 직장 동료나 이웃 주민, 피해자들과의 관계 등을 취재해 B가 범행을 저지르게 된 동기를 파악해 보도를 준비하고 있다. 희생된 피해자들의 유족은 B에 대한 엄정한 처벌을 요구하고 있다. 범행이 일어난 공원 산책로는 가로등이 제대로 설치되어 있지 않고 통행하는 사람도 드물어 주민들이 방범 대책을 요구했던 곳이다.

질문 1. 기자 A는 B가 저지른 범죄의 중대성, 잔혹성 등을 감안해 B의 사진과 이름 등 신상을 보도하는 것이 필요하다고 생각한다. 하지만 경찰은 아직 신상공개 여부를 결정할 일정을 잡지 못하고 있다. A와 소속 언론사는 경찰의 신상공개 결정 때까지 B의 신상 보도를 미뤄야 할까?

질문 2. 지역민들은 범행이 발생한 장소가 구체적으로 공개되면 지역의 이미지가 나빠지지 않을까 불안해한다. A와 소속 언론사는 이 사건의 발생 장소나 B의 신상을 유추할 만한 정보를 보도하면 안 되는 것일까? 만약 이 사건이 연쇄 살인 사건이 아니라 성폭행 범죄라면 어떨까?

사례 2

한 초등학교에서 운영하는 축구부에서 감독이 수시로 학생들을 폭행하는 등 아동학대범죄를 저질렀다가 학부모들의 신고로 경찰의 수사를 받고 있다. 학부모들은 이런 문제에 대한 사회적 관심을 촉구하기 위해 C 언론사에 제보했다. 제보된 내용 중에는 이 감독이 학생들을 폭행하는 장면이 담긴 영상도 있다. 학부모들은 엄정한 처벌을 위해 언론에서 이 감독의 실명을 밝혀서 보도해 달라고 요청하고 있다. C 언론사의 자문 변호사는 이 사안을 보도하면서 해당 학교나 이 감독의 이름을 밝혀서 보도하면 '아동학대범죄의 처벌 등에 관한 특례법'에 위반될 수 있다는 의견을 제시했다.

질문 3. C 언론사는 이 감독에 대한 엄정한 처벌을 촉구하는 것은 물론, 학교의 감독 책임을 명확하게 지적하고 학교 체육 관련 제도에 관한 사회적 관심을 환기하는 공익적 차원에서 법을 어기더라도 학교와 감독을 공개하려고 한다. 그래도 괜찮을까?

2 범죄 보도의 역할과 위험성

1) 범죄 보도의 기능과 공익성

우리 사회에는 정말 다양한 범죄가 발생한다. 이런 범죄에 관한 소식을 우리는 신문이나 방송 같은 언론을 통해 일상적으로 접한다. 심지어 같은 동네에서 일어난 범죄라고 하더라도 보도를 통해 비로소 자세한 내용을 파악할 수 있다. 그만큼 사회가 복잡하고 각자의 생활이 개인화되어 있기 때문이다.

보도에 자주 등장하는 범죄들은 시대에 따라 변한다. 1990년대까지만 해도 주로 공무원 범죄 아니면 조직폭력을 비롯한 각종 폭력 범죄에 관한 보도가 많았다. 정부가 범죄와의 전쟁을 벌였던 일도 있다. 음주운전 같은 범죄도 단속 과정과 함께 언론의 단골 보도

대상이었다. 점차 성범죄나 데이트 폭력 등 성과 관련한 범죄 보도가 늘었고, 최근 들어서는 보이스피싱이나 전세사기 같은 새로운 유형의 범죄가 관심을 끌고 있다. 한동안 '묻지마' 범죄라고 불렸던 이른바 '이상동기 범죄'는 점점 중요한 사회적 문제로 큰 관심을 받고 있다. 마약 범죄도 한동안 큰 관심을 받지 못하다가 최근 보도가 늘었다. 물론, 선출직을 포함한 공직자들의 권력형 범죄는 시대 변화와 상관없이 꾸준하게 보도된다.

일차적으로 범죄 보도는 그 사회에 어떤 위험이 존재하는지를 잘 보여준다. 밤길을 걷다가 발생한 각종 강력범죄에 관한 보도를 접하면 사람들은 잠시 잊어버렸던 어두운 밤길의 위험성을 다시 인식하게 된다. 열린 창문으로 침입한 절도 사건 보도는 휴가를 간다며 들뜬 사람들에게 다시 한번 창문을 꼼꼼하게 점검해야 한다는 점을 알려준다. 다양한 상황에서 벌어진 성범죄나 데이트 폭력 등도 마찬가지다. 함부로 사람을 믿어서는 안 된다는 점을 일깨우고, 그런 범죄가 발생할 경우 어떻게 대처하는 것이 현명한지 생각할 기회를 준다. 공무원들의 뇌물 관련 보도는 세상에 완전범죄는 없다는 사실을 알려준다. 이처럼 우리 사회에서 벌어지는 다양한 범죄의 존재를 알려주는 것만으로도 범죄 보도는 공익적 역할을 한다. 어떤 사람에게는 범죄에 대비할 수 있도록 해주고, 어떤 사람에게는 범죄에 대한 유혹을 뿌리칠 수 있게 해준다(심석태, 2024).

다른 나라의 범죄를 보도하는 것도 마찬가지이다. 이를테면 한국인들이 잘 찾는 유럽의 어떤 도시에서 최근 소매치기 범죄가 많이 발생하고 있다거나, 어떤 나라에서는 택시 기사가 주는 음료를 먹고 범죄 피해자가 됐다는 소식을 생각해 보라. 미국의 어느 도시에서 지하철 내 범죄가 큰 문제가 되고 있다는 것이나, 해외의 특정 지역에서 판매하는 길거리 음료에서 마약 성분이 검출됐다는 소식도 마찬가지다. 범죄가 없는 사회는 없고, 해외여행을 계획하는 시청자나 독자들이 무엇을 조심해야 할지 좋은 정보가 된다.

범죄 보도는 범죄에 대한 사회적 대처를 촉구하는 기능도 한다. 범죄 보도가 수행하는 공익성의 다른 한 측면이다. 밤길 범죄가 자주 발생하는 지역이 있다면 경찰은 해당 지역에 대한 야간 순찰을 강화할 필요가 있다. 지방자치단체에서는 그 지역에 가로등을 추가로 설치하거나 비상벨 설치 등을 경찰과 협의할 것이다. 언론이 범죄 보도를 하지 않는다고 해서 경찰과 지자체가 손을 놓고 있지는 않겠지만, 언론 보도가 나오면 사회적인 관심이 높아지고 행정 당국이 조치를 서두를 가능성이 커진다. 이어지는 수사와 재판 관련 보도도 마찬가지다. 어느 사회에서나 범죄에 대한 단죄 과정을 극적으로 전달하는 것은 피해자를 중심으로 사회적인 유대감을 높이는 결과를 낳기도 한다(Stephens, 2007). 캄보디아에서 벌어진 한국인 납치 사건 등에 대한 언론의 집중 보도가 국민적 여론을 들끓게 하고, 결국 정부 차원의 강력한 대처를 끌어냈던 것은 좋은 사례다.

유사 범죄를 예방하기 위한 조치를 끌어낸 사례는 더 있다. 전세사기 범죄에 대한 보도는 사기를 당한 피해자들을 보호하고 유사한 범죄를 예방하기 위한 제도 개선을 추진하는 계기가 되었다. 다양한 보이스피싱 범죄에 대한 보도는 금융권이 다양한 확인 절차를 만드는 등 송금 절차를 개선하게 했다. 가정폭력이나 성범죄, 데이트 폭력처럼 가까운 사람들 사이에서 벌어지는 범죄에 대한 집중적인 보도는 실제로 이들 범죄에 대한 경찰의 미온적인 대처 관행을 바꿨고, 관련 법률 개정과 법원의 양형기준 개정 등 다양한 사회적 변화를 끌어냈다.

2) 범죄 보도는 왜 수시로 논란이 되나?

아무리 범죄 보도가 사회적으로 공익적 기능을 한다고 해도 범죄 보도는 범죄만큼이나 수시로 사회적인 논란이 된다. 범죄에 대한 이야기는 여러 가지 자극적인 요소를 갖고 있다. 전 세계적으로 대중매체들이 사람들의 관심을 끌 수 있는 이런 손쉬운 재료를 놓칠 리가 없다. 범죄 보도는 비교적 적은 노력으로도 큰 주목을 받을 수 있다는 점에서, 언론에는 그야말로 효율성이 매우 높은 뉴스 영역이기 때문이다(Schudson, 2011).

그러다 보니 범죄 예방이나 대처를 위해 필요한 정보라고 할 수 있는 '도대체 어떤 사람이 어떤 이유로 범행에 이르렀는지'가 범죄 기사에서는 너무 쉽게 단순화되고 일반화되는 경향을 보인다. 피의자의 범행 동기나 과정에 관한 조사가 충분히 이루어지기도 전에 마치 피의자의 어떤 특징이 범행의 이유였던 것처럼 알려지면, 유사한 특징을 갖는 모든 사람이 잠재적 피의자인 것처럼 오해를 받을 수 있다. 피의자가 정신병력을 갖고 있다는 것이나 장애, 특이한 가정 환경 등이 모두 범행의 원인으로 지목될 수 있는 것이다. 그런 상황에 놓인 사람들이 졸지에 주변 사람들로부터 의심의 눈초리를 받을 수도 있다.

피해자에 대한 이야기도 마찬가지다. 범죄 피해를 예방하기 위해 필요한 조치를 언급하는 것이 자칫 관련된 범죄 피해자의 부주의를 비난하는 것으로 비칠 수도 있다. 피해자의 특징이나 상태를 묘사하는 것이 자칫 특정한 사람들이 범죄에 취약한 것으로 비치게 할 우려도 있다. 나아가 피해 상황을 설명하는 과정에서 피해자의 인격적 존엄이 훼손되기도 있다. 범죄 피해에 더해 이차적인 피해를 가하는 것이다. 성에 관한 범죄는 더 그렇다. 주변으로부터 이런 관심을 받게 될 것이 두려워 성범죄 피해를 신고하지 못하는 사례가 생기기도 한다.

무엇보다 범죄는 기본적으로 사람들이 즐겁게 이야기하기에 적합한 소재는 아니다. 애초에 사회에서 일어나서는 안 되는, 바람직하지 않은 일이기 때문이다. 이상동기 범죄는 길거리에서 만나는 모든 사람을 의심하게 만들고, 가족이나 직장 동료 사이의 성범죄는 통상적인 인간관계를 맺는 것조차 불안하게 만든다. 공직자들의 뇌물 범죄는 공직에 있는 사람들에 대한 신뢰를 허물 수 있다.

범죄 보도는 아무리 주의해도 이런 위험성을 갖고 있다. 그런데 시청자와 독자의 관심을 얻으려는 언론은 종종 자극적인 방법으로 범죄를 보도한다. 인터넷과 유튜브 조회 수 경쟁은 더 자극적인 제목을 달게 만든다. 사회적으로 큰 화제가 되는 범죄가 발생하면 공익성과는 무관한 속보 경쟁이 벌어지고, 자극적인 표현이나 불필요한 사생활을 들추는 보도로 이어지는 경우가 많다.

범죄에 대해 사회적으로 경각심을 갖게 만들고 적절한 대처를 촉구하는 범죄 보도의 기능과 공익성에도 불구하고, 이런 측면은 항상 범죄 보도를 논란의 대상으로 만든다. 언론의 경쟁이 과열해지면 확인되지 않은 보도로 피의자와 피해자 모두에게 상처를 줄 수도 있고, 자칫 공정한 재판에 부정적인 영향을 줄 수도 있다. 무엇보다 확정판결이 나기 전에 단정적인 보도를 하는 것이 돌이키기 어려운 피해를 야기할 수 있다는 점도 범죄 보도와 관련해 어느 나라에서나 우려하는 문제이다(Greer, 2013).

3 범죄 보도에 관한 법적 쟁점들

범죄 보도는 법을 어긴 '범죄 행위'의 발생과 그에 대한 사회적 대처를 다루는 것이다. 따라서 범죄 보도에는 법적인 요소가 많이 담길 수밖에 없다. 특히 범죄에 대한 형사법적 처리 과정을 다룬다는 점에서 범죄에 적용되는 법률 규정이나 법적 원칙이 범죄 보도에도 일정한 영향을 미칠 수밖에 없다. 다만 국가 공권력이 범죄를 다루는 데 적용되는 법적 원칙이 모두 언론에 그대로 적용되는 것은 아니다. 언론이 법률에 따라 공권력을 행사하는 수사기관은 아니기 때문이다. 하지만 이들 원칙은 언론의 범죄 보도에도 실질적으로 직간접적인 영향을 미친다.

1) 무죄추정원칙과 범죄 보도

대한민국 헌법은 제27조 제4항에서 무죄추정원칙을 선언하고 있다. "형사피고인은 유죄의 판결이 확정될 때까지는 무죄로 추정된다"는 부분이다. 그래서 어떤 범죄를 저지른 사람을 '범인'이라고 하지만, 실제로 수사 과정에서 범인으로 지목된 사람을 범인이라고 부르지는 않는다. 수사 과정에서 범인일 가능성이 있다고 의심받는 사람을 '용의자'라고 부르고, 상당한 증거 등이 확보되는 등의 이유로 정식으로 입건이 되면 그때부터는 '피의자'가 된다. 그 사람이 재판에 넘겨지면 그때부터는 '피고인'이 된다.

범죄의 피의자나 피고인이 실제로 범인일 수도 있다. 하지만 재판에서 범인으로 인정되어 유죄판결이 확정될 때까지는 무죄로 추정되기 때문에 그가 누구인지 알 수 있도록 보도하는 것은 헌법에 위반된다고 생각하는 사람들이 있다. 확정판결이 나기 전까지는 철저하게 익명으로 보도해야 한다는 것이다. 심지어는 그 대상이 공인이거나, 혹은 범행이 매우 잔혹하거나 특이해서 사회적 관심을 끌어도 마찬가지라고 주장하는 경우도 있다. 한마디로, 확정판결 이전의 범죄 보도는 헌법적 정당성이 없다고 생각하는 것이다. 그렇다면 법원에서 유죄라는 확정판결이 나기 전에는 무죄추정원칙을 존중해서 피의자나 피고인이 누구인지는 보도하지 말아야 할까?

언론인 중에도 무죄추정원칙이 그대로 언론에 적용된다고 믿는 이들이 있다. 학자들 중에도 마찬가지다. 비록 헌법재판소가 무죄추정원칙의 적용 범위를 넓게 해석하는 경향이 있지만, 원칙적으로 무죄추정원칙은 형사사법절차에 적용되는 것이다(문재완, 2020). 이것은 헌법의 조문을 통해서도 자연스럽게 알 수 있는 사실이다. 무죄추정원칙은 본질적으로 수사나 재판을 하는 과정에서 피의자나 피고인이 무죄일 가능성을 잊지 말고 방어권을 보장하라는 것이다. 무죄추정원칙에도 불구하고 압수수색이나 구속처럼 중대한 기본권을 제한하는 강제 수사를 하는 이유도 그것이다.

더구나 재판에 넘겨진 뒤에는 피의사실 공표가 금지되지도 않는다. 우리 사법 제도는 공개 재판을 원칙으로 하기 때문에 누구든 재판 과정에서 피고인에 대한 공소사실이나 관련 증거, 증인 신문 내용 등을 모두 볼 수 있다. 그런데 무죄추정원칙을 들어 범죄 피의자에 대한 보도를 무조건 잘못이라고 주장하는 것은 이 원칙의 의미를 지나치게 확대할 뿐만 아니라, 언론의 자유라는 기본권을 너무 가볍게 본 것이라고 할 수 있다.

그렇다고 언론이 무죄추정원칙과는 아무 상관이 없다고 할 수는 없다. 언론도 마땅히 헌법에 규정된 무죄추정원칙의 정신을 존중해야 하기 때문이다. 기본적으로 헌법에 따라 형사 절차에서 무죄로 추정되는 사람에 대해, 아무런 강제적 조사권도 없는 언론이 제한적인 근거를 바탕으로 함부로 누군가를 범인으로 단정하는 보도를 해서는 안 된다.

유죄판결이 확정됐다가도 한참 시간이 흐른 뒤에 반대 증거가 나타나면서 재심을 통해 무죄가 선고되는 일이 있다. 약촌 오거리 살인 사건 등 유죄 판결을 받고 장기간을 복역한 사람들이 재심을 거쳐 무죄 판결을 받은 사례들이 있다. 그만큼 철저한 수사와 대법원까지 가는 재판을 거쳐도 억울한 사람을 범인으로 오판할 수 있다는 뜻이다. 언론으로서는 속보 경쟁에서 앞서려는 욕심 때문에 자신이 취재한 내용을 과대 평가할 가능성이 있다. 단편적인 근거만 갖고 있는 언론이 특정인을 범인으로 단정하는 보도를 할 위험이 높다는 말이다. 범죄 보도 과정에서 언론인들이 무죄추정원칙을 잊지 말아야 하는 이유가 여기에 있다.

2) 피의사실공표죄와 범죄 보도

우리 형법에는 다른 나라에서는 사례를 찾아보기 힘든 조항이 하나 있다. 바로 피의사실공표죄다. 형법 제126조는 수사 업무에 관련된 공무원이 직무와 관련해 알게 된 피의

사실을 기소 전에 공표하는 것을 범죄로 규정하고 있다.

형법 제126조(피의사실공표) 검찰, 경찰 그 밖에 범죄수사에 관한 직무를 수행하는 자 또는 이를 감독하거나 보조하는 자가 그 직무를 수행하면서 알게 된 피의사실을 공소제기 전에 공표한 경우에는 3년 이하의 징역 또는 5년 이하의 자격정지에 처한다.

이 조항은 1953년 형법 제정 과정에서 초안에는 없었으나 국회 본회의 심의 도중에 삽입된 것이다. 이승만 대통령이 경찰을 동원해 정치적 반대 세력을 압박하는 일이 잦았던 당시의 시대상이 반영된 결과였다(연시중, 2001). 수사 공무원이 정보를 유출하는 것은 제127조에 규정된 공무상 비밀 누설죄로 처벌할 수도 있지만, 경찰을 동원한 의도적인 피의사실 유포에 대응하기 위한 조항이 만들어진 것이다. 당시 임시국회 본회의 속기록을 보면 수사를 한다며 떠들썩하게 언론에 발표해서 정치적 반대 세력에게 타격을 주고는, 소기의 목적을 달성하면 제대로 수사도 하지 않고 유야무야하는 일이 종종 있었다고 한다.

이 조항은 이후 오랫동안 사실상 사문화되어 있었다. 그러다가 수사기관이 입맛에 맞는 정보를 일부 언론에 흘리고, 언론이 이를 바탕으로 함부로 수사 대상에 관한 단정적인 보도를 하는 등의 문제가 사회적으로 논란이 되면서 이 조항은 완전히 새로운 국면을 맞는다. 비록 함부로 피의사실을 공표한 사람이 형사처벌을 받지는 않더라도 법원이 이런 피의사실 공표에 대한 국가의 민사상 손해배상 책임을 인정하기 시작한 것이다. 그러다 보니 점차 모든 범죄 보도가 누군가의 불법적인 피의사실 공표에 기반한 것이 아니냐는 의심을 받을 정도가 되어버렸다.

원칙적으로 피의사실공표죄는 피의사실을 보도한 언론에 적용되는 것이 아니다. 수사공무원을 적용 대상으로 하기 때문이다. 이처럼 특정한 신분이 있어야 처벌받는 것을 '신분범'이라고 한다. 물론 수사공무원에게 피의사실 공표를 요구하거나 도와주는 경우 언론인도 피의사실 공표의 교사범이나 방조범이 될 수 있다고 주장하는 사람도 있다. 하지만 언론인이 수사공무원을 상대로 피의사실에 관한 질문을 하거나 정보를 요청하는 것에 대해 법적 책임을 묻는 것은 무리다. 헌법에 보장된 언론의 자유를 위한 자연스러운 취재 행위에 해당하기 때문이다. 따라서 피의사실공표죄를 이유로 경찰이나 검찰 등을 상대로 질문하거나 정보를 요구하는 취재 행위를 불법이라고 보기는 어렵다.

법원이 모든 피의사실 공표를 불법으로 보는 것도 아니다. 대법원은 피의사실을 공표하더라도 위법성이 면제되는 기준을 판례를 통해 자세하게 밝히고 있다(2019다282197). 그 대상이 되는 범죄가 대단한 사회적 관심사이거나 대상자가 공인인 경우, 확실한 근거가 있는 사안에서, 공보 책임자 등이 절차를 거쳐서, 단정적으로 발표하지 않는 것 등이 그것이다. 실제로 수사기관들도 일정한 기준에 따라 기소 이전이라도 예외적으로 수사 상황을 언론에 발표할 수 있도록 규칙 등으로 기준을 정해놓았다. 수사공보준칙 등의 이름으로 만들어진 규칙이 그것이다. 박희봉 · 한동섭(2020)의 주장처럼 법률이 금지한 것을 하위 법규로 허용하는 문제가 있다고 볼 수도 있다. 하지만 위에서 언급한 판례에 나오는 것처럼 대법원도 일정한 조건 아래서 범죄 수사가 국민의 정당한 공적 관심사가 될 수 있음을 인정하고 있다는 점에 유의할 필요가 있다(정세종, 2019).

피의사실공표죄를 이유로 모든 피의사실에 관한 보도가 잘못이라고 생각하는 것은 언론의 공적 기능을 부정하는, 지나치게 경직된 태도라고 할 수 있다. 하지만 언론도 범죄 보도 과정에서 특정인의 피의사실을 보도하는 것에 신중을 기해야 하는 것은 당연하다. 무엇보다 피의사실 공표는 현행 형법이 범죄로 규정한 것으로, 누군가의 인권을 심각하게 침해할 수 있기 때문이다. 애초에 피의사실공표죄라는 것이 수사기관이 일부러 피의사실을 언론에 흘려 수사 대상을 압박하는 것을 막기 위해 도입됐다는 점도 잊지 말아야 한다. 따라서 정말 공익적 차원에서 보도할 필요가 있는 사안인지, 나아가 그런 내용까지 보도하지 않으면 해당 범죄 보도가 불가능한지 등을 잘 따져서 신중하게 보도하는 것이 바람직하다. 결국 언론은 범죄 보도의 공익적 측면과 인격권 보호를 잘 조화시키기 위해 최선을 다할 필요가 있다(이경렬, 2020).

3) 익명보도 원칙과 피의자 신상공개

'익명보도 원칙'은 법원이 판결을 통해 확립한 것이다(96다17257). 그 근거는 헌법 제10조의 행복추구권과 기본적 인권 보장 조항, 헌법 제17조의 사생활의 비밀과 자유 보호 조항, 형법 제307조 등의 명예훼손 조항 등에서 찾을 수 있다. 법원이 선언한 익명보도 원칙은 "비록 범죄 보도의 공익성은 인정하지만, 그 범죄를 저지른 사람이 누구인지 아는 것까지 공익성이 있다고 볼 수는 없다"는 것이다. 범죄 보도의 공익성은 얼마든지 그 범죄의 피의자와 피고인을 익명으로 다루더라도 달성할 수 있다고 보기 때문이다.

익명보도 원칙의 예외도 있다. 바로 범죄의 피의자와 피고인이 누구인지가 공적 관심사가 될 정도로 고위 공직자이거나 유명인 등인 경우다. 또 해당 범죄가 여러 사정으로 인해 사회적 관심사로 떠오른 경우도 있다. 예를 들어 범죄의 잔혹성이나 수법의 특수성 등으로 사람들의 이목을 집중시키거나, 범죄 피해가 광범위하게 발생했을 때가 여기에 해당한다.

피의자의 신상을 수사기관이 공개하는 경우도 있다. 수사기관은 2023년에 제정된 「특정중대범죄 피의자 등 신상정보 공개에 관한 법률」에 따라 국가나 사회, 개인에게 중대한 해악을 끼치는 '특정중대범죄' 피의자나 피고인의 신상을 공개할 수 있다. 내란에서부터 범죄단체 조직이나 성폭력 범죄, 마약범죄 등 다양한 범죄가 특정중대범죄로 규정돼 있다. 예전에 일부 강력범죄와 성폭력 범죄로 제한돼 있던 신상공개 대상을 대폭 확대하면서 하나의 법률로 통합한 것이다.

피의자의 신상정보를 공개하기 위해서는 각 수사기관에 설치된 신상정보공개심의위원회의 심의를 거쳐야 한다. 범행수단이 잔인하고 중대한 피해가 발생하였으며, 피의자가 그 죄를 저질렀다고 믿을 만한 증거가 충분하며, 국민의 알권리 보장이나 범죄 예방 등 공익을 위해 필요하다는 요건이 모두 충족된 경우에 공개를 하게 된다. 이미 다른 죄로 재판에 넘겨진 사람이 특정중대범죄를 저지른 것으로 공소사실이 변경된 경우에는 검사의 청구에 따라 법원이 신상공개 여부를 결정한다. 모든 신상정보 공개 기간은 30일 동안이다.

이렇게 신상정보가 공개된 사람에 대해서는 실명을 보도하더라도 이른바 '익명보도원칙'의 예외로 인정된다고 본다. 그런데 30일의 공개 기간을 지나면 실명으로 보도했던 것들을 다시 익명으로 바꿔야 할까? 또, 언론은 수사기관이 실명을 공개하지 않은 사건을 스스로의 판단에 따라 실명 보도하면 무조건 법적 책임을 져야 하거나 언론윤리적으로 잘못일까? 언론의 신상공개 행위의 성격을 어떻게 보느냐에 따라 정반대의 판단이 존재한다.

범죄 피의자 등의 신상을 법률에 따라 수사기관 등이 공식적으로 결정하지 않는 한 언론이 먼저 공개하는 것은 모두 불법이고 언론윤리 위반이라는 주장도 가능하다. 종종 언론이 중대한 범죄 피의자를 수사기관의 결정 전에 먼저 공개할 때 이런 식의 비판이 제기된다. 이런 주장에 따른다면 30일의 법정 공개 기간이 지나면 다시 신상을 가리는 것이 맞다.

하지만 이 신상공개에 관한 법률이 제정되기 전에도 수사기관은 사안의 성격, 공익성 등을 판단해 신상을 공개한 경우가 있고, 언론은 자체적으로 피의자의 신분이나 사안의 성격을 검토해 국민의 알권리 등 공익적 필요가 크다면 신상을 공개해 왔다. 대법원도 익명보도의 예외를 인정하고 있다(2007다71 등). 반대로 언론은 수사기관이 피의자에 대한 신상공개를 결정하더라도, 자체 판단에 따라 근거가 부족하거나 공익적 필요가 작다면 익명보도를 계속할 수 있고, 실제로 그렇게 하는 언론사도 있다.

결국 어느 쪽을 선택하든, 신상공개 여부는 본질적으로 언론이 스스로 판단할 수 있는 일이다. 이른바 편집권의 영역에 속하는 것이다. 다만 언론은 스스로 어떤 편집권 차원의 결정을 내리면 마땅히 그에 따른 법적, 윤리적 책임을 져야 한다. 법적으로는 익명보도원칙 판결에서 밝힌 예외에 해당하는지 법원 판결을 받을 수 있고, 윤리적으로는 시청자와 독자의 비판 가능성이라는 심사를 통과해야 한다. 공개 기간 이후에 어떤 선택을 할지도 마찬가지다.

언론이 단순히 수사기관의 결정을 따르기만 하면 법적 책임을 져야 할 부담을 덜 수는 있다. 하지만 언론의 기본적인 편집권의 영역에 속하는 문제를 행정기관의 판단에 오롯이 맡기는 것도 훌륭한 선택이라고 하기는 어렵다. 다만 모든 판단은 조회 수나 시청률 등이 아니라 오로지 공익적 필요성만을 근거로 해야 한다는 점을 잊어서는 안 된다.

4) 범죄 보도에 대한 법적 규제 문제

범죄를 저지른 혐의로 수사를 받는 피의자에 대한 보도는 자칫 그 범죄의 피해자가 누구인지를 드러냄으로써 2차 피해로 이어질 수 있다. 또한 아동이나 청소년 등 미성년자의 경우처럼 범죄 피의자라 하더라도 특별한 보호가 필요한 때도 있다. 몇몇 법률은 특정한 조건에 해당하는 범죄 피의자나 피해자를 공개하는 것을 금지하고, 위반할 경우 처벌하는 규정까지 두고 있다. 이런 사안에서는 언론이 단순히 사안의 중대성 등 공익적 필요성을 판단해 피의자의 신상을 공개하거나 피해자가 누구인지 드러나는 보도를 해서도 안 된다.

가장 대표적으로 2차 피해에 유의해야 하는 사례는 성 관련 범죄다. 「성폭력범죄의 처벌 등에 관한 특례법」은 제24조에서 누구든지 성폭력범죄 피해자의 주소나 이름, 나이, 직업, 학교 등 피해자를 특정하여 파악할 수 있는 인적사항이나 사진 등을 피해자의 동의 없이 보도하거나 공개하는 것을 금지한다. 이를 위반하면 3년 이하의 징역이나 3천만 원 이하의 벌금형에 처해질 수 있다. 「아동·청소년의 성보호에 관한 법률」은 제31조에서 비슷한 규정을 두고 있는데, 형량은 7년 이하의 징역이나 5천만 원 이하의 벌금으로 더 높고 징역과 벌금형을 병과할 수도 있다.

미성년 피의자에 대한 신상 공개를 금지하는 법률도 있다. 대표적으로 「소년법」 제68조는 소년법에 따라 조사나 심리가 진행 중인 보호사건이나 형사사건에서 당사자를 짐작할 수 있는 사실이나 사진을 보도하는 것을 금지하고, 이를 위반하면 1년 이하의 징역이나 1천만 원 이하의 벌금에 처하도록 규정한다. 소년법에서 말하는 '소년'은 19세 미만인 사람으로, 다만 14세 이상일 때는 일반 형사사건으로 넘어가지 않고 소년법에 따른 조사나 심리를 받을 경우만 해당된다. 같은 미성년자라도 보도에 대한 법적 규제가 같지는 않은 것이다.

2025년 하반기에 한 유명 배우의 소년범 전력에 관한 보도를 계기로 사회적으로 보도의 적절성과 함께 소년범에 대한 처분을 무조건 비공개하는 것이 적절한지 큰 논란이 있었다. 하지만 어떤 경우든 미성년 범죄와 관련해서는 그에 대한 적정한 처벌도 중요하지만 사회에서 제 역할을 할 수 있도록 교화하고 보호하는 것이 중요하다는 점을 잊어서는 안 된다. 언론이 보도 여부를 결정하기 위한 공익성 등의 판단에서 미성년자의 교화와 보호라는 사회적 책임을 중요하게 고려해야 한다는 말이다.

성범죄 외에도 피해자 보호를 위해 가해자의 신상을 공개해서는 안 되는 경우가 또 있다. 아동학대범죄 사례에서 가해자를 공개할 경우 피해 아동이 특정될 수 있고, 이는 2차 피해로 연결될 수 있다. 「아동학대범죄의 처벌 등에 관한 특례법」 제35조 제2항은 아동학대 행위자나 피해 아동, 고소나 고발, 신고를 한 사람의 주소나 이름 등 이들을 특정할 수 있는 일체의 인적사항과 사진을 보도하거나 방송할 수 없도록 규정한다. 이런 보도 금지 의무를 위반한 경우 500만 원 이하의 벌금형을 받을 수 있다.

이 조항의 특징은 '어떤 경우'에도 피해 아동이 특정되는 것을 막겠다며 관련된 모든 사람의 인적사항을 공개하지 못하게 했을 뿐만 아니라 피해 당사자가 공개에 동의하더라도 가해자를 공개하는 것이 금지된다는 점이다. 이 때문에 애초에 가해자를 보호하기 위한 것이 아님에도 불구하고 피해자 측의 제보로 가해자를 공개해도 언론이 처벌받게 된다. 실제로 피해자 부모들의 제보로 아동을 학대한 교사 문제를 보도했던 유명 언론인들이 벌금형을 받은 사례가 있다. 이 조항을 근거로 가해자가 보도를 한 언론인들을 고발했기 때문이다. 애초에 피해자를 보호하려던 조항이 가해자의 무기가 된 것이다. 아동학대 행위자의 신상을 공개해야 할 매우 특별한 사정이 없는 한, 가해자를 공개할 경우 처벌을 면하기 어렵다는 점을 기억해야 한다.

4 범죄 보도의 윤리적 한계

1) 범죄 보도 관련 윤리 규범

범죄 보도에 대해 언론이 자율적으로 마련한 대표적인 규범들은 다음과 같다. 규범의 내용을 보면 앞에서 설명한 여러 원칙과 고려해야 할 사항들이 상당 부분 반영되어 있다는 것을 알 수 있다. 중요한 것은 이런 윤리 규범을 평소에 충분히 숙지하고 있어야만 실제 보도 과정에서 적용할 수 있다는 점이다. 언론이 이들 규범만 충실히 지킨다면 사실 지금까지 범죄 보도를 두고 일었던 대부분의 논란은 발생하지 않았을 것이라고 해도 지나치지 않다.

▸ **신문윤리실천요강(한국신문협회 · 한국신문방송편집인협회 · 한국기자협회)**

제7조 범죄보도와 인권존중: 언론인은 유죄가 확정되기 전의 형사사건 피의자 및 피고인의 인권을 존중해야 한다. 또한 범죄에 연루된 정신이상자와 박약자, 성범죄에 연루된 피해자 및 무관한 가족들의 인권을 존중해야 한다.

① (형사피의자 및 피고인의 명예 존중) 언론인은 형사사건의 피의자 및 피고인이 무죄로 추정된다는 점을 유의하여 경칭을 사용하는 등 그의 명예와 인격을 존중해야 한다. 다만 피의자가 현행범인 경우와 기소 후 피고인에 대한 경칭의 사용 여부는 개별 언론사의 편집정책에 따른다.

② (성범죄와 무관한 가족 보호) 기자나 편집자는 성범죄를 보도하는 경우 무관한 가족의 신원을 밝혀서는 안 된다.

③ (미성년피의자 신원 보호) 기자나 편집자는 미성년(18세 이하)의 피의자 또는 피고인의 사진 및 기타 신원자료를 밝혀서는 안 된다.

④ (자살 보도의 신중) 자살 보도는 사회에 미치는 영향을 고려하여 신중해야 한다. 자살 방법 등에 대한 구체적 묘사 등 대중의 호기심에 영합하는 보도를 해서는 안 된다. 특히 표제에는 '자살'이라는 표현을 삼간다.

⑤ (피의자 및 참고인 등 촬영 신중) 기자는 형사사건의 피의자, 참고인 및 증인을 촬영하거나 사진 또는 영상을 보도할 때는 최대한 공익과 공공성을 고려해야 한다.

▸ 방송기자연합회 취재보도준칙

〈정직하고 책임 있는 취재보도〉

19. 보도로 인해 사건·사고나 범죄의 피해자에게 '2차 피해'가 발생하지 않도록 조심하고 유족이나 주변 지인을 취재할 때는 고통이나 모욕감을 주지 않도록 각별히 유의합니다.
20. 각종 범죄 보도 시 수법이나 정황 등을 필요 이상으로 상세히 묘사하지 않습니다. 아동학대, 성폭력 사건 등을 보도할 때 자극적이거나 선정적인 묘사를 하지 않도록 주의합니다.

▸ 한국기자협회 성폭력범죄 보도 세부 권고 기준

〈실천 요강〉

1. 언론은 취재와 보도과정에서 성범죄 피해자와 그 가족의 2차 피해를 유발하지 않도록 피해자의 신상을 식별할 수 있는 정보를 공개하지 않는다.
2. 언론은 성범죄 사건의 본질과 무관한 피해자의 사생활 등을 보도함으로써 피해자에게 범죄 유발의 책임이 있는 것처럼 인식되도록 하지 않는다.
3. 언론은 가해자 중심적 성 관념에 입각한 용어 사용이나 피해자와 시민에게 공포감과 불쾌감을 주고 불필요한 성적인 상상을 유발하는 표현은 사용하지 않는다.
4. 언론은 성범죄 사건의 이해와 상관없는 범죄의 수법과 과정, 양태, 그리고 수사과정에서의 현장 검증 등 수사 상황을 지나칠 정도로 상세히 보도하지 않는다.
5. 언론은 성범죄의 범행 동기를 개별적 성향-가해자의 포르노, 술, 약물 등 탐닉, 자제할 수 없는 성욕 등-에 집중함으로써 성폭력의 원인에 대한 잘못된 통념을 강화하거

나 가해자의 책임이 가볍게 인식되지 않도록 주의한다.

6. 언론은 성범죄 피의자의 얼굴과 이름 등 신상 정보를 관련 법률에 의해 공식적으로 공개된 경우를 제외하고는 원칙적으로 보도하지 않는다.
7. 언론은 수사기관이 제공하는 정보라도 그 공개의 적절성 여부를 판단해 자기 책임 하에 보도한다.
8. 언론은 미성년자 성범죄 사건을 취재, 보도하는 데 있어 미성년자의 인권에 미칠 영향을 세심히 고려해야 한다.
9. 언론은 사진과 영상 보도에서도 피해자 등이 2차 피해를 당하지 않도록 주의한다. 특히 삽화, 그래픽, 지도 제공이나 재연 등에 신중을 기한다.
10. 언론은 성범죄 예방을 위해 법률적 정보 등의 제공과 성범죄에 대한 인식 제고를 위한 사항을 적극 보도한다.

2) 범죄 보도의 공익성과 선정적 보도

대표적인 언론인 단체들이 마련한 윤리 규범들이 범죄 보도와 관련해 제시하는 핵심 원칙은 단순하다. 왜 범죄를 보도하는지 잊지 말고, 범죄 보도의 공익적 기능을 위해 필요한 만큼만 보도하는 선에서 그쳐야 한다는 것이다. 범죄 보도는 여러 가지 공익적 기능을 하며, 사람들의 정당한 알권리의 대상이 된다. 하지만 사람들의 모든 궁금증이 정당성을 갖는 것은 아니다. 보도 또한 사람들의 정당한 궁금증을 충족시키는 것까지만 정당성을 갖는다. 마음속으로 어떤 호기심을 갖든 그것은 자유지만, 실제로 그 호기심을 충족시키기 위한 행동으로 나아가는 것은 문제가 될 수도 있다.

가장 기본적인 윤리 규범의 하나인 신문윤리실천요강이 제시하는 기준들 가운데 눈에 띄는 것은 범죄 보도를 한다고 해도 무죄추정원칙에 기초해 피의자 등에 대한 명예와 인격을 존중해야 한다는 점, 범죄와 무관한 가족 등의 신원을 밝혀서는 안 되며, 미성년자의 신원을 알 수 있는 내용을 보도하면 안 된다는 것이다. 피의자 등을 촬영하거나 보도할 때에도 최대한 공익적 필요성을 생각하라는 규정도 있다. '공익적으로 꼭 필요한 선'을 넘어서 보도하지 말라는 것이다. 이런 기준은 다른 언론윤리 규범을 해석하고 적용하는 기초가 된다.

성범죄 보도에서는 특히 이런 부분을 유의해야 한다. 성범죄라는 것이 애초에 자극적,

선정적이어서, 아무리 공적 필요성에 따라 보도한다고 하더라도 내용상 자극적인 표현이 들어가기 쉽기 때문이다. 가해자를 처벌하기 위한 수사나 재판 과정에서야 사실 관계를 엄정하게 규명하고 책임을 명확하게 묻기 위해 범행에 관한 구체적인 언급이 불가피하다고 하더라도 언론의 보도가 불필요하게 범행의 방식이나 피해 상황을 자세하게 담을 이유가 없다.

반드시 성범죄처럼 민감한 사항이 아니라도 범행의 내용을 시시콜콜 보도하는 것은 오히려 유사 범죄의 발생을 초래하는 등 공익적이지 않은 결과를 가져올 수 있다. 특히 피해자 등 관련된 사람들의 사생활이 노출되는 등의 부당한 피해를 발생시킬 위험도 있다. 실제로 범죄 보도에는 사람들의 관심이 쏠리기 쉽고, 호기심이 발동하면 정작 범죄 자체를 단죄하고 사회적인 경각심을 고취하는 것과는 상관없는 주변적인 내용들이 더 주목받게 된다. 대체로 범죄 보도에 대한 조회 수가 높게 나오는 이유가 바로 이런 부분 때문이기도 하다.

언론은 이런 사람들의 얄팍한 호기심을 충족시킴으로써 조회 수를 올리면서 겉으로만 국민의 알권리를 충족시키는 것이라고 포장해서는 안 된다. 어떤 보도가 정말 공적 관심사를 충족시키는 선에 머물고 있는지, 아니면 조회 수를 노린 선정적 보도를 하면서 국민의 알권리를 내세우고 있는지를 구분하는 것이 어렵지는 않다.

3) 피해 최소화 원칙

범죄 보도와 관련해서 잊지 말아야 할 중요한 윤리 원칙으로 '피해 최소화'라는 것이 있다. 실제로 범죄 보도에 대한 각종 윤리 규범들이 궁극적으로 가리키는 방향도 이것이다. 범죄 피해자는 물론 가해자도 공익적 필요를 넘어서는 보도로 인해 부당한 피해를 받아서는 안 된다. 피해자나 가해자의 가족, 주변인 등도 포함될 수 있다.

'피해 최소화'라는 표현이 국내 언론윤리 규범에 명시적으로 등장하는 것은 가장 최근인 2022년에 제정된 방송기자연합회 윤리강령이다. 하지만 그 이전에 만들어진 다른 윤리 규범에도 실질적으로 같은 취지의 내용이 포함돼 있다. 사실 이 피해 최소화의 원칙은 꼭 범죄 보도에만 해당하는 것도 아니다. 공익성에서 출발한 어떤 보도라도 누군가에게는 피해를 줄 수 있다. 그런데 범죄 보도와 관련해 이 원칙을 특별히 언급하는 이유는 다른 어떤 보도보다도 범죄 보도는 관련된 사람에게 큰 피해를 줄 수 있기 때문이다.

피해 최소화 원칙은 다른 나라의 윤리 규범에서도 찾아볼 수 있다. 대표적으로 미국 기자협회(Society of Professional Journalists: SPJ)의 윤리강령(code of ethics)은 서문을 제외하고 크게 네 개의 부분으로 구성되어 있는데 그중의 하나가 '피해 최소화(Minimize Harm)'이다. 기본적으로 어떤 공익적 필요에 따른 보도를 하더라도 불필요하게 피해나 불편함을 초래하지 말도록 노력할 것을 요구하는 것이다. 여기서도 주로 범죄 보도를 하는 과정에서 관련된 사람의 피해가 불필요하게 커지지 않도록 유의해야 한다는 점을 언급하고 있다.

범죄 보도 과정에서 관련된 모든 사람의 피해가 최소화되도록 하는 기본적인 방법은, 범죄 보도가 갖는 공익적 필요성을 넘어 불필요하게 자세하고 선정적인 보도를 하지 않는 것이다. 시청률이나 조회 수 등을 과도하게 의식하는 순간 언론의 범죄 보도는 꼭 필요한 범위를 넘어설 가능성이 높다. 언론인이 독자나 시청자의 관심을 아예 의식하지 않는 것은 불가능하지만, 누군가의 부당한 피해를 대가로 조회 수나 시청률을 얻는 것을 정당화할 수 없다는 점을 결코 잊어서는 안 된다. 범죄 보도에 대한 법적 책임과는 별개로 윤리적 한계를 항상 의식해야 한다. 특히 범죄 보도를 하는 과정에서 단순히 범죄 발생이라는 문제만이 아니라 법이 제대로 작동하고 있음을 보여주는 것도 필요하다. 자극적인 범죄 보도로 사회의 전반적인 범죄 대응에 언론 보도가 오히려 방해가 되어서는 안 된다는 점도 잊지 말아야 한다(Morrell & Grant, 2021).

5 마무리

핵심정리

- 범죄 보도는 범죄의 발생과 사회적 대처 과정 등을 보도함으로써 다양한 공적 기능을 수행한다. 먼저 범죄 보도는 사회적으로 어떤 범죄가 발생하고 있는지를 뉴스 이용자들에게 알려줌으로써 범죄라는 사회적 위험에 대한 경각심을 갖고 대비할 수 있도록 해준다. 또한 수사기관과 행정 당국이 범

죄에 적절하게 대처하고 있는지, 유사한 범죄에 대한 예방 조치를 제대로 하고 있는지 감시하는 역할도 한다. 범죄 보도는 또한 범죄를 저지른 사람에 대한 신속하고 적정한 조치가 이루어지고, 피해자에 대한 보호가 적절한지도 점검할 수 있도록 한다.

- 범죄 보도는 이런 공익적 기능에도 불구하고 범죄의 자극적 성격으로 인해 자극적, 선정적으로 흐르기 쉽고, 관련된 사람들의 인격권을 침해할 위험이 있다. 성범죄나 기타 유명인의 범죄 등 사람들의 호기심을 자극하는 사건의 경우에는 특히 이런 위험이 커진다. 이 때문에 사회적으로 범죄가 발생하는 양상을 알리고 적극적인 대처를 촉구하는 등의 공익적 기능을 위해 꼭 필요하다고 하더라도 과도하게 자극적이거나 사생활의 비밀 등 인격권을 침해하는 보도가 되지 않도록 유의해야 한다. 특히 범죄의 발생에서부터 피의자에 대한 수사와 재판 과정 등 모든 범죄 보도는 단정적으로 흘러서는 안 된다.
- 헌법은 형사피고인에 대해 유죄 판결이 확정될 때까지 무죄로 추정한다고 규정한다. 또 수사 공무원이 피의사실을 기소 전에 공표하는 것은 형법에서 금지한 범죄다. 이 때문에 종종 범죄 보도는 그 자체로 무죄추정원칙에 반할뿐더러 불법적인 피의사실공표에 근거한 것이라는 비난을 받는다. 하지만 무죄로 추정하면서도 피의자나 피고인을 장기간 구속할 수 있고, 일정한 경우 범죄 피의자의 신상을 공개할 뿐만 아니라 모든 형사 재판은 공개된다는 점을 기억해야 한다. 무죄추정원칙은 형사 절차에서 미리 유죄라는 예단을 갖지 말고 절차적 방어권을 충분히 보장하라는 요구인 것이다. 피의사실공표죄도 수사기관이 부당하게 피의자의 피의사실을 공표해서 여론을 활용하는 것을 막기 위한 것이지, 범죄에 대한 알권리 자체를 부정하는 것은 아니다.
- 범죄 보도는 당사자의 명예에 치명적인 영향을 미친다. 따라서 충분한 근거를 확보하지 못한 상태에서 성급하게 보도했다가는 법적 분쟁의 대상이 되기 쉽다. 범죄 피의자의 신상을 공개하는 문제도 마찬가지다. 사회적으로 관심의 대상이 된다고 함부로 수사 대상의 신상을 공개하는 경우 법적 책임을 져야 할 수가 있다. 피의자가 공인이거나, 해당 범죄의 수법이 특이하고 피해가 심각해서 정당한 사회적 관심의 대상이 된 경우 등에 한하여 신상을 보도하는 신중한 접근이 필요하다.
- 범죄 보도는 원래 자극적일 수밖에 없다. 성과 관련된 범죄가 아니라도 범행의 수법 등 사람들의 호기심을 자극하는 내용을 보도하는 경우 시청률이나 조회 수 등에 영향을 미치기 쉽다. 이런 경우도 왜 범죄 보도가 사회적으로 정당성을 인정받는지를 잘 생각해야 한다. 특히 범죄 보도가 명예훼손이나 사생활침해 등으로 이어질 가능성을 피하기 위해서라도 범죄 보도에 관한 각종 윤리 규범을 지켜서 꼭 필요한 범위 안에서만 신중하게 보도할 필요가 있다.

실전활용 체크리스트

- 지금 보도하려는 범죄는 사회적으로 범죄 발생의 양상을 알리고 범죄에 대비하게 하는 등 공익적 필요가 있는 사안인가? 아니면 단순히 사람들의 호기심을 충족시키는 것일 뿐인가?
- 범죄의 구체적이고 자극적인 양상을 언급하지 않고는 해당 범죄가 갖는 사회적 의미나 공적 가치를 실현하기 어려운가? 세부적이고 자극적인 사항을 언급하지 않고도 범죄에 대한 사회적 경각심을 불러일으키고 적절한 사회적 대응 필요성을 제기할 방법은 없는가?
- 헌법에 따라 무죄로 추정받는 피의자에 대해 충분한 근거도 없이 단정적으로 보도하고 있지는 않은가?
- 범죄 보도의 필요성이나 피의자의 신상 공개 등에 대해 보도의 실질적인 공익적 가치나 신상 공개의 필요성 등을 종합적으로 판단하지 않고 수사기관 등의 발표나 판단에 기계적으로 의존하고 있는 것은 아닌가?
- 언론윤리 규범에서 범죄 보도에서 어떤 사항을 유의해야 한다고 규정하고 있는지 숙지하고 있나?

6 참고 문헌

문재완 (2020). 범죄보도와 무죄추정원칙. 「언론과 법」 제19권 제2호. 77-113.

박희봉 · 한동섭 (2020). 범죄보도에서 알 권리와 인격권의 조화: 수사공보규정에 대한 비판적 분석을 중심으로. 「언론과 법」 제19권 제1호. 97-145.

심석태 (2024). 「에세이 언론 윤리」. 한국문화사.

연시중 (2001). 「한국정당정치실록」 제2권. 지와사랑.

이경렬 (2020). 언론의 범죄보도와 피의사실공표의 문제. 「피해자학연구」 제28권 제3호. 59-91.

정세종 (2019). 경찰수사실무와 피의사실공표죄. 「한국공안행정학회보」 제76호. 449-475.

Greer, C (2013). Crime and Media: Understanding the Connections. In Hale, C., Hayward, K., Wahadin, A., & Wincup, E. (eds). 「Criminology」(3rd ed.). Oxford: Oxford University Press.

Morrell, J. & Grant, J. (2021). 「Behind closed doors」. London: Criminal Justice Alliance. https://www.criminaljusticealliance.org/wp-content/uploads/Behind-closed-doors_FINAL-online-1.pdf.

Schudson, M. (2011) 「The Sociology of News」(2nd ed.). New York: W.W. Norton. 이강형 옮김 (2014). 「뉴스의 사회학」. 한국언론진흥재단.

Stephens, M. (2007). 「A History of News」(3rd ed.). Oxford; Oxford University Press. 이광재·이인희 옮김 (2020). 「뉴스의 역사」. 커뮤니케이션북스.

제8장

저작권

상윤모

제8장
저작권

1 들어가며

학습목표

- 저작물의 성립 요건에 대한 이해
- 저작권법의 궁극적인 목적에 대한 이해
- 저작권과 표현의 자유 사이의 갈등에 대한 이해
- '저작재산권'과 '저작인격권'의 구분 및 적용
- 저작물의 공정한 이용 판단 시 고려되는 사항들에 대한 이해 및 적용

학습사례

A는 평소 웹툰을 즐겨보는 청년으로 웹툰 작가들과 친하게 지내고 있었다. 그러던 중 유명 웹툰 작가 C가 웹툰 작가 지망생들의 작품을 가로채고, 잡무에 부려 먹은 후 정당한 보상도 하지 않는다는 사실을 알게 되었다. A는 인터넷을 찾아보던 중 유명 웹툰 작가 C의 나체 사진과 해당 나체 사진을 볼 수 있는 사진 전시회 홍보 포스터를 인터넷에서 내려받았다. A가 인터넷에서 내려받은 C의 나체 사진과 C의 나체 사진 전시회 홍보 포스터는 사진작가인 B의 저작물이었다. 이후 A는 인터넷에서 내려받은 C의 나체 사진과 포스터를 약간 수정한 뒤, C의 비윤리적 행동을 비난하는 내용을 포함한 포스터를 제작하였다. A는 자신의 소셜 미디어에 자신이 제작한 포스터를 게시하면서 누구나 볼 수 있도록 설정하였다. 이때 A는 포스터 속 나체 사진이 사진작가 B의 작품이라는 점을 표시하지 않았다.

A가 만든 포스터는 '열정페이'로 유명한 C가 '청년착취 명예의 전당 입성자'로 선정되었다는 등의 내용을 담고 있었으며, 전체적으로 볼 때, 유명 웹툰 작가 C의 청년 노동착취 사실을 비판하려는 목적의

포스터였다. 유명 웹툰 작가 C와 서로 잘 알고 있던 사이인 사진작가 B는 자신의 저작물이 A가 제작한 포스터에 이용된 것을 안 후 A에 연락해 몇 차례 해당 포스터의 삭제를 요청했으나 A는 이에 응하지 않았다.

질문 1. B는 A가 무단으로 자신의 저작물을 이용하여 포스터를 제작한 것에 대해 어떤 법적 조치를 취할 수 있을까?
질문 2. 문제가 된 나체 사진의 모델인 C는 A를 상대로 어떤 법적 조치를 취할 수 있을까?
질문 3. A는 자신의 포스터 제작과 관련하여 B와 C의 법적 조치에 대해 어떤 대응을 할 수 있을까?

2 저작물과 저작자

1) 저작물의 개념 및 성립 요건

(1) 인간

저작권법 제2조 제1호는 저작물을 "인간의 사상 또는 감정을 표현한 창작물"이라고 규정하고 있다. 따라서 인간이 아닌 동물이나 인공지능에 의해 만들어진 생성물도 저작물로 인정받을 수 있는지가 문제 된다. 미국의 한 항소법원은 '나루토'라 불리는 인도네시아의 한 원숭이가 사진작가의 카메라를 낚아채 찍은 '셀카' 사진이 저작물인지에 대한 판결에서 인간만이 저작권자가 될 수 있다고 보았다(Naruto v. Slater, 888 F.3d 418 (9th Cir. 2018)). 현재의 저작권법 체계는 인간 중심으로 설계되었다. 즉 창작물의 저작물성 판단은 기본적으로 인간의 창작을 전제로 한다(조연하, 2023). 최근 생성형 인공지능 기술이 급속도로 발전하면서 인공지능이 만든 생성물에 대해서도 저작권을 인정할 수 있는지에 대한 논의가 전 세계적으로 활발히 진행되고 있다. 인공지능 생성물에 저작물성을 인정할지 그리고 인공지능에 저작권을 부여하고 인공지능의 생성물을 보호할지의 문제는 규범적 성격을 갖는 법·정책적 판단을 요구하고 있다(임효성, 2019).

(2) 사상 또는 감정을 표현

저작권은 아이디어와 표현을 구별하여, 표현만을 보호한다. 우리 대법원은 "저작권의 보호 대상은 학문과 예술에 관하여 사람의 정신적 노력에 의하여 얻어진 사상 또는 감정을 말, 문자, 음, 색 등에 의하여 구체적으로 외부에 표현한 창작적인 표현형식이고, 표현되어 있는 내용 즉 아이디어나 이론 등의 사상 및 감정 그 자체는 설사 그것이 독창성, 신규성이 있다 하더라도 원칙적으로 저작권의 보호 대상이 되지 않는 것"이라고 하였다(99다10813). 미국 판례에서 유래한 '아이디어/표현 이분법(idea/expression dichotomy)'은 저작권법의 목적 측면에서 살펴볼 필요가 있다. 저작권법은 제1조에서 그 궁극적인 목적이 "문화 및 관련 산업의 향상발전에 이바지함"에 있음을 명시하고 있다. 저작권법의 입법목적이 다양한 창작활동을 격려함으로써 문화 및 관련 산업의 발전을 도모하고자 함에 있으므로 아이디어는 아무리 그것이 독창적이더라도 저작권법의 보호를 받지 못하고 그것이 구체적으로 표현되었을 때만 보호받을 수 있다.

▸ [깊이 살펴보기] '아이디어–표현 이분법'과 '합체의 원칙' 등

아이디어에 독점권을 부여하는 것은 새로운 창작을 촉진하는 것과는 거리가 먼 접근이다. 따라서 저작자에게 독점적·배타적 권리를 부여하는 저작권은 표현에만 인정되고 해당 표현의 소재가 되는 아이디어에는 적용되지 않는다. 이러한 '아이디어/표현 이분법'은 미국 연방대법원 판결(Baker v. Selden, 101 U.S. 99 (1879))에서 기원한 것으로 알려져 있다. 이후 1976년 개정된 미국 저작권법 제102조(b)("원저작물에 대한 보호는, 그 저작물이 기술, 설명, 도해, 구현된 형태와 관계없이, 어떠한 경우에도 아이디어, 절차, 과정, 시스템, 운영 방법, 개념, 원리 또는 발견 그 자체에는 미치지 않는다")에 성문화되었다. '아이디어/표현 이분법'에 따르면, 계약서 등의 서식, 과학 원리를 표현하는 공식, 영화 시나리오에 대한 아이디어 등은 저작권 보호를 받지 못한다. 하지만 구체적 사례에서 아이디어와 표현의 명확한 구분을 짓는 것은 쉽지 않은 일이다. 이에 따라 '추상성과 구체성', '독창성과 비독창성', '유일성과 다양성', '소재성과 비소재성' 등을 기준으로 아이디어와 표현을 구분하는 논의가 형성되어 왔다(오승종, 2020). 이러한 '아이디어/표현 이분법'에 대해서는 아이디어 자체와 그 아이디어를 기반으로 한 표현을 구분할 수 없는 경우 저작권과 표현의 자유 사이의 균형점을 제시하지 못한다는 한계점도 지적된다(조연하, 2021).

한편 아이디어와 표현이 밀접하게 연결되어 있어서 분리할 수 없는 경우가 있을 수 있다. 이 경우 해당 표현을 보호하게 되면 저작권 보호의 대상이 아닌 아이디어까지 보호하는 결과를 가져올 수 있고, 이는 결국 아이디어에 대한 독점을 인정하는 것이 된다. 따라서 이러한 경우를 방지하기 위해 아이디어와 표현이 합체된 것으로 볼 수 있는 경우에는 그 표현 또한 저작권으로 보호할 수 없다는 원칙을 '합체의 원칙(merger doctrine)'이라고 한다. 창작 당시에는 어떤 아이디어를 표현하는 방법이 여럿 있었지만 시간이 지나 특정 표현 방식이 업계의 '사실상의 표준'이 되어버렸을 때 앞서 설명한 합체 현상이 나타난 것으로 보기도 한다(오승종, 2020). '합체의 원칙'이 주로 기능적 저작물에서 문제시된다면, 문학적 저작물에서 주로 문제가 되는 것으로 '필수장면의 원칙'을 들 수 있다(오승종, 2020). '필수장면의 원칙'에 따르면, 소설이나 희곡 등에 전형적·필수적으로 등장하는 사건들, 기본적 플롯이나 등장인물의 성격 유형 등은 비록 그것이 표현에 해당할지라도 저작권 보호를 받을 수 없는 것으로 본다. 아이디어에 필연적으로 수반되는 표현까지 저작권으로 보호하게 되면 미래의 창작자가 새로운 창작활동을 할 기회를 제한하는 것이 될 수 있다는 우려를 반영한 원칙이라고 할 수 있다.

(3) 창작물

저작물로 인정받기 위해서는 창작성을 갖추어야 하는데, 이때 요구되는 창작성은 높은 수준의 창작성을 요구하는 것은 아니다. 우리 판례는 "창작성이란 완전한 의미의 독창성을 말하는 것은 아니며 단지 어떠한 작품이 남의 것을 단순히 모방한 것이 아니고 작자 자신의 독자적인 사상 또는 감정의 표현을 담고 있음을 의미할 뿐이어서 ... 저작자 나름대로의 정신적 노력의 소산으로서의 특성이 부여되어 있고 다른 저작자의 기존의 작품과 구별할 수 있을 정도"면 충분하다고 보았다(94도2238). 한편 우리 판례는 소설의 제호나 광고 슬로건(서울고등법원 97나15229) 등과 같이 짧은 문구의 저작물성이 문제 된 경우 대체로 저작권을 인정하지 않고 있다. 다만 짧은 문구라 하더라도 저자의 '개성'을 드러내기 충분한 경우와 같이 표현에 충분한 창작성이 드러나는 경우 저작물성을 인정받을 수 있다(서울남부지방법원 2012고정4449).

2) 저작권의 보호대상 및 보호기간

(1) 보호되는 저작물

저작권법 제4조는 저작물의 예시를 제시하고 있다(어문저작물, 음악저작물, 연극저작물, 미술저작물, 건축저작물, 사진저작물, 영상저작물, 도형저작물, 컴퓨터프로그램저작물). 이는 예시에 불과한 것으로 어떤 창작물이 저작권법에 규정된 예시 유형 중 하나에 해당하지 않더라도 저작물 성립 요건을 갖추었다면 저작물로 인정받을 수 있다. 예를 들어 신문 기사의 경우 저작권법 제4조에 명시적으로 규정되어 있지는 않지만, 우리 판례는 "사실의 전달에 불과한 시사보도"를 제외한 신문 기사를 어문저작물로 보호하고 있다. 한편 저작권법은 2차적저작물(예컨대 국문 소설의 영문 번역판) 및 편집저작물(예컨대 문학전집)을 보호하고 있으며, 이들에 대한 보호는 원저작물의 창작적 표현이나 편집저작물의 소재에 관한 저작권에는 미치지 않는다.

(2) 보호되지 않는 저작물

저작권법 제7조는 보호되지 않는 저작물을 제시하고 있다. 헌법과 각종 법률, 법원의 판결 · 결정, 국가나 지방자치단체의 고시 · 공고 · 훈령, "사실의 전달에 불과한 시사보도" 등과 같이 공익적 성격 및 국민의 알권리에 기여하는 측면이 큰 대상은 저작권법의 보호대상에서 제외된다. 한편 컴퓨터프로그램은 보호되는 저작물에 해당하지만, 프로그램을 작성하는 데 사용되는 프로그램 언어, 규약, 해법은 저작권 보호의 대상이 아니다(저작권법 제101조의2). 따라서 알고리즘의 경우 그 자체로는 저작권법상의 보호를 받지 못하지만, 알고리즘을 바탕으로 형성된 소스 코드는 저작권을 인정받을 수 있다.

(3) 저작물의 보호기간

저작권은 저작물이 창작되었을 때부터 발생한다. 저작권의 경우 특허권이나 상표권과 같이 등록해야만 권리가 발생하는 것이 아니다. 다만 저작권을 등록하는 경우 등록된 저작물에 대해서는 저작자나 창작연월일이 추정되기 때문에 나중에 저작권 관련 법적 분쟁이 발생했을 때 자신이 창작자이고 다른 사람보다 먼저 창작했다는 점을 쉽게 증명할 수 있다는 장점이 있다. 한편 저작권법 제39조에 따르면, 저작재산권은 특별한 경우가 아닌 한 저작자가 생존하는 동안과 사망한 후 70년간 존속하며, 여러 사람이 창작에 참여한 공동저작물의 경우 마지막으로 사망한 저작자가 사망한 후 70년간 존속한다. 무명 또는 이명 저작물, 업무상저작물, 영상저작물 등의 경우 공표시기로부터 70년간 저작권이 존속한다. 한편 무명 또는 이명 저작물의 경우 공표 후 70년 이내에 저작자가 밝혀졌다면 그 저작자의 사망 후 70년간 저작권이 보호된다. 창작한 때부터 50년 이내 공표되지 않은 업무상저작물과 영상저작물의 경우 창작시기를 시점으로 70년간 저작권이 존재하는 것으로 본다.

3) 저작자

저작물을 창작한 사람을 저작자라 한다. 이러한 '창작자 원칙'에는 예외가 존재한다. 저작권법 제9조에 따라 "법인 등의 명의로 공표되는 업무상저작물의 저작자는 계약 또는 근무규칙 등에 다른 정함이 없는 때에는 그 법인 등이 된다." 예를 들어 언론사에 소속된 기자가 업무상 작성한 기사의 저작자는 계약 또는 근무규칙 등에 특별한 정함이 없는 한 해당 언론사가 된다. 공동저작물의 경우 복수의 저작자가 공동으로 저작권을 가지는데 이에 따라 모든 저작자의 동의를 얻어야 저작권을 행사할 수 있다. 우리 법원은 만화스토리작가와 만화가가 공동으로 창작한 만화의 경우 만화가가 만화스토리작가의 허락 없이 해당 만화의 제목을 변경해 다시 출판하거나, 인터넷 서비스 업체를 통해 만화 콘텐츠를 제공한 행위는 만화스토리작가의 저작권을 침해하게 된다고 보았다(서울북부지방법원 2007가합5940).

한편 저작권법은 저작자가 누구인지 알기 어려운 때를 대비하여 저작자에 대한 추정 규정을 두고 있다(제8조). 또한 영화, 드라마 등 영상 콘텐츠의 경우 다양한 사람이 창작에 기여하고 권리관계가 복잡한 만큼 저작권법은 특약이 없는 한 영상저작물 이용을 위해 필요한 권리를 영상제작자가 영상저작물의 제작에 협력할 것을 약정한 자로부터 양도받은 것으로 추정한다(제100조). 다만 영상저작물의 제작에 사용된 소재저작물의 저작재산권은 영상제작자의 영상저작물 이용에 필요한 권리 행사로 인해 영향을 받지 않는다. 일반적으로 저작자가 저작권자와 일치하지만, 저작권의 양도 또는 상속으로 인해 저작자와 저작권자가 다른 경우가 발생할 수 있다.

3 저작권의 유형과 특성

1) 저작재산권

저작권은 크게 저작재산권과 저작인격권으로 나뉜다. 저작재산권은 저작물을 일정한 방식으로 이용할 때 발생하는 경제적인 이익을 보호하기 위한 권리로, 복제권, 전시권, 배포권, 대여권, 공연권, 공중송신권, 2차적저작물작성권을 포함한다. 저작자는 자신의 저작물을 복제할 수 있는 복제권을 갖는데, 여기서 복제란 인쇄, 사진촬영, 복사, 녹음, 녹화 등의 방법으로 일시적으로나 영구적으로 자신의 저작물을 유형물에 고정하거나 다시 제작하는 것을 의미한다.

저작자는 자신의 저작물을 공연할 수 있는 공연권 또한 갖는다. 저작권법상 공연이란 저작물 등을 실연, 즉 직접 가창·연주하거나 연기하는 것뿐만 아니라 음반과 같은 복제물을 재생 등의 방법으로 공중에게 공개하는 것을 포함한다. 우리 법원은 저작권위탁관리업자가 노래방기기 제작업자로부터 사용료를 받고 음악저작물의 이용을 허락한 경우, 특별한 사정이 없으면 그러한 이용허락의 효력은 해당 음악저작물을 노래방기기와 함께 판매·배포하는 것에 한정되고, 노래방기기를 구입한 노래방 운영자가 일반 공중을 상대로 음악저작물을 재생하여 이용하는 것에까지 미치지는 않는다고 보았다(서울지방법원 2000나835). 즉 노래방 운영자는 공연권에 대한 이용허락을 저작권자로부터 별도로 얻어야 한다.

한편 저작물을 공중이 수신하거나 접근하게 할 목적으로 무선 또는 유선통신의 방법으로 송신하거나 이용에 제공할 수 있는 권리를 의미하는 공중송신권은 방송권, 전송권, 디지털음성송신권을 포함한다. 우리 법원은 저작권 침해 게시물에 연결되는 링크를 "영리적·계속적으로 게시하여 공중의 구성원이 개별적으로 선택한 시간과 장소에서 침해 게시물에 쉽게 접근할 수 있도록 하는 정도의 링크 행위를 하여 침해 게시물을 공중의 이용에 제공하는 성명불상자들의 범죄를 용이하게" 한 경우 공중송신권 침해의 방조범이 성립할 수 있다고 판단하였다(2017도19025).

저작재산권의 내용에는 전시권이 포함된다. 전시권의 경우 미술저작물 등의 원본이나 그 복제물을 공중이 관람할 수 있도록 전시할 권리를 뜻한다. 이때 '미술저작물 등'은 저작권법 제4조에서 예시하고 있는 저작물 가운데 "미술저작물 · 건축저작물 또는 사진저작물"을 지칭한다(제11조 제3항). 한편 우리 저작권법상 전시권은 해당 저작물의 공표 여부와 무관하게 '미술저작물 등'의 원본이나 복제물에 미치는 것으로 본다(오승종, 2020). 이에 따라 공개되지 않은 미술저작물 등을 전시할 경우, 전시권 침해는 물론이고 아래에서 살펴볼 공표권 침해도 될 수 있다.

저작자는 저작물의 원본이나 복제물을 공중에게 양도 또는 대여할 수 있는 배포권을 갖는다. 배포권과 관련하여 저작권법은 저작물의 원본 또는 복제물이 저작권자의 허락을 받아 판매 등의 방법으로 거래된 경우, 그 이후 저작권자의 배포권을 제한하고 있다. 이를 '최초 판매의 원칙' 혹은 '권리소진의 원칙'이라 부른다. 그동안 종이책이나 실물 음반을 대상으로 중고 시장이 존재하였던 것은 '최초 판매의 원칙'이 저작재산권자의 허락에 따라 거래가 이뤄진 경우, 동일 저작물에 대해 저작권자가 더 이상 배포권을 행사할 수 없도록 하였기 때문이라고 할 수 있다. 다만 '최초 판매의 원칙'이 디지털 저작물에도 적용될 수 있을지에 관해서는 국내외에서 논란이 있어왔다.

한편 저작재산권은 상업용 음반이나 상업용 프로그램을 영리를 목적으로 대여할 권리를 의미하는 대여권을 포함한다. 앞서 소개된 '최초 판매의 원칙'은 저작자의 대여권에는 적용되지 않는다. 마지막으로 저작자는 자신의 저작물을 원저작물로 하여 2차적저작물을 작성하여 이용할 수 있는 2차적저작물작성권을 갖는다. 예를 들어 한강 작가의 소설을 다른 언어로 번역하고자 하거나 영화화하고자 할 때 2차적저작물 작성권을 갖는 한강 작가의 허락을 얻어야 한다. 한편 저작권법은 저작재산권 전부를 양도하는 경우라도 특약이 없는 한 2차적저작물작성권은 포함되지 않은 것으로 추정하며, 프로그램은 특약이 없는 경우 2차적저작물작성권도 함께 양도가 이뤄진 것으로 추정한다(제45조 제2항).

2) 저작인격권

저작인격권은 저작자가 자신의 저작물에 대해 갖는 인격적 권리로서 저작자 일신에 전속한다(제14조). 따라서 저작자가 저작재산권을 양도하는 경우라도 저작인격권은 저작자에게 남아있게 된다. 저작인격권의 종류로는 공표권, 성명표시권, 동일성유지권이 있다. 공표권은 저작자가 자신의 저작물을 공표하거나 공표하지 않을 것을 결정할 권리로서 일단 해당 저작물이 공표된 경우라면 공표권은 소멸하게 된다. 성명표시권은 저작물의 원본이나 복제물 또는 저작물이 공표된 매체에 저작자의 실명 또는 이명을 표시할 권리로서, 일종의 명예권이라고 할 수 있다. 동일성유지권은 저작자가 자기 저작물의 내용, 형식 및 제목의 동일성을 유지할 권리를 뜻한다. 저작자의 허락 없이 저작물의 내용이나 형식이 변경되고 제3자가 해당 변경된 저작물이 원저작물을 변경한 것임을 알 수 있을 정도로 유사성이 있는 채로 변경되었다면 동일성유지권이 침해된 것으로 볼 수 있다. 학습사례에서 A는 B의 원저작물을 이용하면서 저작권자의 실명을 표시하지 않았다. 이는 저작권자인 B의 성명표시권을 침해한 것으로 볼 수 있다. 또한 B의 사진 저작물들이 B의 의도와 달리 C를 조롱할 목적으로 왜곡되어 사용된 것으로 판단될 경우, 저작권자인 B의 사회적 명예를 훼손한 저작인격권 침해로 판단될 수 있다. 우리 법원은 학습사례와 유사한 사례에서 저작인격권 침해를 인정하였다(서울남부지방법원 2016고정615, 항소심 - 서울남부지방법원 2016노1019, 상고심 - 2017도5797).

4 저작권의 한계 내지 제한

1) 저작재산권의 제한

저작권법은 저작권자의 이익만을 위해 존재하는 법이 아니다. 저작권법은 궁극적으로 "문화 및 관련 산업의 향상발전"을 도모하기 위해 존재한다. 따라서 저작권법이 정한 목적을 달성하기 위해서는 저작권자의 이익과 저작물 이용자의 이익 사이의 균형을 추구하는 것이 무엇보다 중요하다. 저작권법은 저작권자의 저작재산권 행사가 저작물 이용자들이 기존 저작물을 바탕으로 창의적인 표현을 하거나 새로운 창작물을 만드는 것을 방해하는 방식으로 이루어지는 것을 방지하기 위해 다양한 조항을 두고 있다. 대표적으로 저작권법 제23조에서 제35조의5까지 규정들이 저작재산권의 제한에 대해 다루고 있다. 학교 교육 목적을 위한 저작물 사용(제25조)과 공표된 저작물의 사적 이용을 위한 복제(제30조)의 경우 일정한 한계 내에서 저작권자의 배타적 권리 행사가 제한될 수 있다. 한편 이용을 금지하는 표시가 없는 한 시사적인 기사 및 논설을 다른 언론사가 복제 · 배포 또는 방송할 수 있으며(제27조), 공표된 저작물의 경우 일정한 목적(보도, 비평, 교육, 연구 등)을 위해 "정당한 범위 안에서 공정한 관행에 합치되게" 해당 저작물을 인용할 수 있다(제28조).

이 밖에도 제7조의 보호받지 못하는 저작물, 저작권 보호의 기간을 한정하고 있는 조항들 또한 저작재산권의 제한과 관련된다. 특히 저작권 보호기간이 만료된 저작물의 경우 공유(public domain)의 영역에 속하게 되어 누구든지 별도의 이용 허락이나 승인 없이도 자유롭게 이용할 수 있게 된다.

저작권법은 저작권자가 누구인지 모르거나 알더라도 찾을 수 없는 경우나 일정한 요건을 갖춘 저작물 이용이 공익적 측면에서 필요한 경우 저작권자의 허락을 받지 못하였다고 하더라도, 적정한 대가를 지급하거나 공탁하고 저작물을 이용할 수 있도록 하는 '법정허락' 제도를 마련하고 있다(오승종, 2020).

▸ [깊이 살펴보기] 저작물 이용의 법정허락

저작권자로부터 이용허락을 받고 저작물을 이용하려 해도 저작권자를 찾을 수 없거나 저작자가 사망한 것은 알지만 사망한 저작자의 유족과 연락이 닿지 않아 해당 저작물을 창작에 이용하기 어려운 경우가 발생할 수 있다.

저작권법은 대통령령으로 정하는 기준에 해당하는 '상당한 노력'을 해도 저작재산권자를 알 수 없거나, 저작재산권자를 알고 있는 경우라도 그 소재를 확인할 수 없는 경우 문화체육관광부장관의 승인을 얻은 후 문화체육관광부장관이 정하는 기준에 의한 보상금을 한국저작권위원회에 지급하고 저작물을 이용할 수 있도록 하고 있다(저작권법 제50조 제1항). 권리자를 찾을 수 없는 경우, 저작권등록부를 조회, 관련 저작권신탁관리업자나 저작권대리중개업자 등에게 문의, 일반 일간신문이나 권리자 찾기 정보시스템을 통한 공고, 온라인 검색 등을 통해 저작재산권자나 그의 거소를 찾으려는 노력을 일정 기간 동안 수행한 경우 '상당한 노력' 요건을 충족한 것으로 본다(저작권법 시행령 제18조).

한편 저작권법 제89조는 실연·음반 및 방송을 보호의 객체로 하는 저작인접권에도 법정허락 제도를 적용하도록 규정하고 있다. 우리 판례는 "저작권 또는 저작인접권에 대한 ... 법정허락 제도는 규정의 문언 자체로 이미 '공표가 완료된' 저작물을 사후에 이용하는 경우에 적용된다고 할 것인데, 이 사건 방송의 재송신은 실질적으로 원래의 방송과 '동시에' 이를 이용하는 경우에 해당하므로 원칙적으로 법정허락 제도의 적용 대상이 되지 않는다"고 판시함으로써 저작인접권에 대해서도 마찬가지의 요건이 적용됨을 확인했다(서울중앙지방법원 2009카합3358).

2) 저작물의 공정한 이용

저작물의 공정이용은 저작물 이용자가 저작권자의 사전 허락 없이 저작물을 새로운 목적을 위해 일정한 범위 안에서 이용하는 것을 가능하게 해준다. 한미 자유무역협정을 체결할 당시 여러 차례에 걸친 회의를 거쳐 2011년 우리 저작권법에 미국식 공정이용 조항이 도입되었다. 공정이용은 저작권자의 권리 침해 주장에 대한 항변일 뿐 아니라 저작물 이용자가 갖는 일종의 권리로 볼 수 있다. 저작물의 공정한 이용에 해당하는지는 법원이 판단하는데, 해당 법원은 ① "이용의 목적 및 성격", ② "저작물의 종류 및 용도", ③ "이용된 부분이 저작물 전체에서 차지하는 비중과 그 중요성", 그리고 ④ "저작물의 이용이 그 저작물의 현재 시장 또는 가치나 잠재적인 시장 또는 가치에 미치는 영향"을 종합적으로 고려하여 판단한다(저작권법 제35조의5).

앞서 제시된 학습사례에서 A는 저작권침해 주장에 대해 B의 저작물을 이용하여 포스터를 제작한 행위는 패러디로 볼 여지가 있고, 저작권법이 인정하는 공정이용에 해당한다고 주장해 볼 수 있다. 하지만 실제 학습사례와 사실관계가 유사한 판결에서 우리 법원은 사진작가의 원저작물을 이용해 유명 디자이너의 청년 노동착취 현실을 고발하기 위해 포스터를 제작한 행위를 공정이용에 해당하지 않는다고 보았다(서울남부지방법원 2016노1019). 해당 법원은 "패러디가 성립하기 위하여는 기본적으로 원저작물과 독립된 창작성을 가지고 있어야 하고 누가 보더라도 기존의 원작품을 과장하여 흉내낸 것으로 풍자하거나 회화화한 것이 명백하여야 할 것"이라고 판시했다(서울남부지방법원 2016노1019). 아래에서는 법원의 판단 근거와 이에 대한 비판을 함께 살펴보고자 한다.

▸ [깊이 살펴보기] 패러디와 공정이용

표현의 자유 또는 비평의 자유를 주장하는 쪽과 저작권을 근거로 특정 표현이나 비평을 금지하려는 쪽 사이에는 갈등이 존재한다. 학습사례 또한 원저작물을 이용하여 유명 웹툰 작가의 비윤리적 행위를 비판하려는 A와 그러한 표현을 금지하고자 하는 저작권자 B

사이에 갈등이 존재한다. A는 자신의 소셜 미디어 게시판에 B가 저작권을 갖는 원작 사진을 그의 동의 없이 복제, 게시하여 B의 저작재산권을 침해했는지가 문제가 되고, 저작인격권을 침해하여 B의 명예를 훼손하였는지 또한 다투어질 수 있다. 우리 법원은 학습 사례와 유사한 사실관계를 다룬 판례에서 피고인이 유명 디자이너를 조롱하고 비하하기 위해 자신이 만든 포스터에 사진작가가 찍은 유명 디자이너의 나체 사진을 복제하였는데, 해당 유명 디자이너의 노동착취를 고발하기 위한 목적이라면 통상적인 프로필 사진을 사용하는 것으로도 충분히 달성할 수 있었다고 판시했다. 이에 대해서는 법원이 해당 판결에서 원저작물을 비평하는 방식으로 이용하는 패러디의 속성을 충분히 고려하지 못했고, 패러디의 성립요건을 지나치게 좁게 봄으로써 문화예술 영역에 법원이 개입하여 계도하는 듯한 모습을 보여주었다는 비판이 제기된다(남형두, 2025). 유명 디자이너의 비윤리적 행위를 고발하는 목적의 패러디물을 제작하고자 하는 사람의 경우 해당 디자이너가 나체로 인사하는 장면을 담은 원저작물을 이용하는 것이 그 디자이너의 실체를 알리기에 적합하다고 판단했을 수 있다. 또한 해당 법원은 유명 디자이너의 실체를 알리려는 목적으로 제작된 포스터에서 원저작물이 차지하는 비중이 상당하다는 점이 공정이용 성립에 부정적인 영향을 미친 것으로 보았다. 하지만 원저작물의 상당 부분을 사용했다고 공정이용이 부정되는 것은 아니다. 공정이용 성립 여부는 법원이 저작권법에서 제시한 네 가지 요건을 종합적으로 고려하고, 그 외 기타 사정 또한 고려하여 사안마다 개별적으로 판단하게 되어있다. 패러디물은 창작자의 표현의 자유, 예술의 자유, 비평의 자유 등과도 관련되는 만큼 문화 및 예술의 영역에 관한 판단에 있어 법원은 신중할 필요가 있다(남형두, 2025). 우리 대법원도 대작 사기 사건 관련 판례에서 "미술작품의 가치 평가 등은 전문가의 의견을 존중하는 사법자제 원칙을 지켜야"한다고 판시한 바 있다(2018도13696). 패러디 창작물에 대한 공정이용 판단은 저작권자의 저작권과 원저작물 이용자의 표현의 자유가 갈등 관계에 있는 만큼 저작권자의 이익과 저작물 이용자의 이익 사이의 균형을 고려하면서 신중하게 내려질 필요가 있다.

한편 미국의 경우 1841년 폴섬 대 마쉬 판례(Folsom v. Marsh, 9 F. Cas. 342 (C.C.D. Mass. 1841))에서 공정이용 개념의 기반이 정립된 이후 판례를 통해 공정이용 법리를 형성해 왔다. 이후 1976년 연방 저작권법 제정 시 공정이용 여부를 판단할 때 고려해야 할 기준을 성문화했다. 미국 저작권법 제107조에서 규정하는 공정이용 판단의 기준은 ① "그러한 이용이 상업적 성질의 것인지 또는 비영리적 교육목적을 위한 것인지를 포함하여 해당 이용의 목적 및 성격", ② "저작권으로 보호되는 저작물의 성격", ③ "이용된 부분이 저작권으로 보호되는 저작물 전체에서 차지하는 양과 중요성" 그리고 ④ "그 이용이 저작권으로 보호되는 저작물의 잠재적 시장이나 가치에 미치는 영향"이다. 미국 법원은 이 기준들을 종합적으로 고려하여 사건마다 개별적으로 공정이용 여부에 관한 판단을 내린다. 공정이용 여부를 다룬 미국 판례들의 경우 저작권법 제107조의 네 가지 요소를 종합적으로 검토할 때, 저작권자의 허락을 얻지 않은 저작물 이용이 '변형적(transformative)' 이용에 해당하는지 여부, 그리고 그러한 변형적 이용에 적합한 양과 성질의 이용인지, 또 해당 이용행위로 만들어진 저작물이 이용된 저작물을 대체하거나 그 판매를 저해하는지를 중점적으로 다루었다.

오랜 기간 판례를 통해 공정이용 법리를 발전시켜 온 미국과 달리 국내의 경우, 아직 관련 판례가 충분히 축적되지 않았으며, 관련 논의 또한 많이 이루어졌다고 보기 어렵다(이일호, 2023). 그러던 중 2024년 국내에서도 공정이용을 다룬 두 건의 대법원 판례가 같은 날 선고되었다.[25] 최근에는 해외를 중심으로 인공지능의 뉴스 콘텐츠 학습을 둘러싸고 많은 소송이 제기되고 있는 가운데 국내에서도 인공지능 기업과 언론사 간 뉴스 저작권 분쟁이 심화되고 있다(상윤모, 2024). 현재 미국을 중심으로 인공지능의 데이터 학습을 공정이용이라고 판단한 판례와 그렇지 않은 판례가 나오기 시작한 만큼 앞으로 공정이용 법리가 생성형 인공지능 시대를 맞이하여 더욱 정교해질 필요가 있다.

---

25) 대법원은 2024년 7월 같은 날 공정이용 관련 두 건의 판결을 선고하였다. 하나는 문학 작품이나 미술작품 등 저작물을 이용하여 출제되었던 고입선발고사, 대학수학능력시험 등 평가문제를 홈페이지 등에 게시하여 누구든지 내려받을 수 있게 한 한국교육과정평가원의 행위가 공정이용에 해당하지 않는다고 판단한 판결이다(2021다272001). 다른 하나는 유명 작사가인 망인의 저작재산권을 상속받은 원고와 망인의 생전에 저작권 신탁계약을 체결한 수탁자인 독립당사자참가인이 피고들인 지방자치단체 등이 망인의 노래 가사를 이용하여 노래비를 제작·설치한 행위에 대해 저작권 침해를 이유로 손해배상을 청구한 사건이었다. 이 사건에서 대법원은 공정이용 조항이 저작권법에 신설되기 이전에 저작물의 복제행위가 이루어진 사안에 대해 그 시행 후에 제기된 재판에서 공정이용 조항을 적용할 수 없는 것으로 판단했다(2021다216872, 2021다216889).

5 저작권 침해 구제

1) 저작권 침해

저작권으로 보호되는 저작물을 저작권자의 허락 없이 무단으로 이용하면 저작권 침해에 해당한다. 저작권자로부터 저작물 이용에 대한 허락을 받은 경우라 할지라도 허락된 범위를 넘어 이용하는 것은 저작권 침해가 되며, 저작권자의 허락을 얻지 않은 이용이 저작권법상 "저작물의 공정한 이용"에 해당하면 저작재산권 침해가 아니게 된다. 한편 저작권은 저작재산권 외에도 저작인격권을 포함한다. 따라서 저작인격권을 존중하지 않거나 저작자의 명예를 훼손하는 방식으로 저작물을 이용한 경우라면 저작인격권 침해를 구성하게 된다.

저작권 침해는 침해자의 저작물이 원저작물에 기반하여 만들어지고, 두 저작물 사이에 실질적인 유사성이 인정될 때 성립한다. 저작물에 대한 모방이 있는지에 대한 판단은 저작물에 대한 접근 가능성이 있었는지에 따라 간접적으로 판단하게 된다. 우리 판례는 저작권 침해 판단 시 두 저작물 사이에 실질적인 유사성이 있는지를 판단할 때는 "창작적인 표현형식에 해당하는 것만을 가지고 대비해 보아야"한다는 입장이다(2020도13556).

앞서 제시된 학습사례에서 사진작가 B는 자신의 저작물을 무단으로 이용한 A의 행위가 저작재산권 및 저작인격권을 침해하였다고 주장할 수 있다. 우리 법원은 학습사례와 사실 관계가 거의 동일한 사건에서 "저작물을 원형 그대로 복제하지 아니하고 다소의 수정·증감이나 변경이 가하여진 것이라고 하더라도 새로운 창작성을 더하지 아니한 정도이면 복제로 보아야 한다"고 보았다(서울남부지방법원 2016노1019). 해당 법원은 원저작물의 여백 일부를 삭제하거나 문구를 삭제하고 사진 부분만 활용하는 등의 일부 수정 및 변경으로는 2차적 저작물 보호를 위한 새로운 창작성이 추가된 것으로 보기 어렵다고 판단하면서 복제권 침해를 인정하였다.

한편 학습사례에서 A는 B의 저작물을 복제하면서 저작권자 B의 실명을 표시하지 않았다. A의 이러한 행위는 원저작물에 대한 성명표시권을 침해한 것으로 볼 수 있다. 위의 판례에서 법원은 A가 C를 조롱할 목적으로 B의 저작물을 무단으로 이용하여 저작권자의 사회적 명예가 훼손되었다고 보았다. 학습사례에서 나체 사진의 모델인 웹툰작가 C는 A를 상대로 초상권 침해를 원인으로 소송을 제기해 볼 수 있으며, A의 포스터 제작이 자신에 대한 심각한 조롱 등 인격권을 침해하는 방식으로 포스터가 제작된 경우, 명예훼손에 따른 불법행위를 주장해 볼 수 있다.

2) 침해에 대한 구제

저작권 침해가 발생한 경우, 저작권자는 법률에 따라 구제받을 수 있다. 민사상 구제의 경우 권리를 침해하는 자에 대하여 그 침해의 정지를, 권리 침해 우려가 있는 자에 대하여 침해의 예방 또는 손해배상의 담보를 청구할 수 있다(제123조 제1항). 저작재산권 및 저작권법에 따라 보호되는 권리(저작인격권 및 실연자의 인격권 제외)를 가진 자(저작재산권자등)는 고의나 과실로 권리를 침해한 사람에게 손해배상을 청구할 수 있으며, 침해로 얻은 이익이나 그 권리 행사로 일반적으로 받을 수 있는 금액을 손해로 보며, 등록된 권리를 침해한 경우라면 과실이 있는 것으로 추정한다(제125조). 한편 저작재산권자등은 실제 손해를 입증하기 어려운 경우라도, 권리를 침해한 사람에게 저작물당 최대 1천만 원(고의 · 영리목적의 경우 5천만 원) 범위 안에서 상당한 금액의 배상을 청구할 수 있다(제125조의2). 저작권 침해자의 고의나 과실 입증이 어려운 경우 민법상의 부당이득반환청구권을 행사하여 민사상 구제를 받을 가능성도 있다.

한편 저작재산권 등 재산적 권리를 침해한 경우, 그 침해자에 대해 5년 이하의 징역 또는 5천만 원 이하의 벌금을 부과할 수 있으며, 일정한 경우 병과할 수 있다(제136조 제1항 제1호). 저작인격권 또는 실연자의 인격권을 침해하여 명예를 훼손한 자는 3년 이하의 징역 또는 3천만 원 이하의 벌금에 처하거나 이를 병과할 수 있다(제136조 제2항 제1호). 그 외에도 저작권법은 법에 정한 다양한 저작권 침해 행위에 대해 벌금을 부과할 수 있도록 하고 있으며(제137조 – 138조), 일정한 경우 침해물에 대한 몰수도 가능하다(제139조).

6 마무리

핵심정리

- 저작물은 인간의 사상이나 감정이 외부로 '표현'된 것을 의미하며, 아이디어는 저작권 보호의 대상이 아니다. 물론 모든 표현이 저작권 보호의 대상이 되는 것은 아니며 저작물로서 창작성을 갖춘 표현이 저작권 보호의 대상이다.
- 저작권법은 "문화 및 관련 산업의 향상발전"을 도모하기 위한 것으로 저작권자의 이익만을 보호하기 위한 법이 아니다. 저작권법이 정한 목적을 달성하기 위해서는 저작권자의 이익과 저작물 이용자의 이익 사이의 균형을 추구하는 것이 무엇보다 중요하다.
- 저작권자의 권리는 배타적인 것으로 그 행사는 저작물을 이용하고자 하는 사람의 표현의 자유와 갈등 관계에 놓일 수 있다.
- 저작권은 저작재산권과 저작인격권으로 나뉜다. 저작재산권의 경우 양도나 상속이 가능하지만, 저작인격권은 저작자 일신에 전속하는 권리이다.
- 저작재산권은 공공의 필요 또는 후속 창작자의 창작을 위해 제한될 수 있다. 저작재산권 제한과 관련하여서는 저작권법에 구체적인 조건을 정한 경우들이 존재한다. 한편 공정이용은 저작권자의 허락을 얻지 않고도 저작물을 일정한 한도 내에서 비교적 유연하게 이용할 수 있도록 하는 일반적인 저작재산권 제한 규정이다. 저작물의 공정한 이용 여부에 관한 판단은 해당 법원이 개별적으로 내린다. 이때 법원은 다음의 사항들을 종합적으로 고려한다. 첫째, "이용의 목적 및 성격", 둘째, "저작물의 종류 및 용도", 셋째, "이용된 부분이 저작물 전체에서 차지하는 비중과 그 중요성" 그리고 넷째, "저작물의 이용이 그 저작물의 현재 시장 또는 가치나 잠재적인 시장 또는 가치에 미치는 영향"이다.

실전활용 체크리스트

- 타인의 저작물을 이용하려 할 때 해당 저작물의 저작권자를 찾아 이용 허락을 받으려는 노력을 다하였는가?
- 저작권 보호기간이 지난 저작물인지 확인하였는가?
- 저작권자로부터 이용 허락을 받은 경우라고 하더라도 허락의 범위를 넘어서 타인의 저작물을 이용

하고 있는 것은 아닌지 검토하였는가?

- 타인의 저작물을 자신의 창작물에 이용하려 할 때 출처 표시를 명확히 하고 저작권자에 대한 크레딧을 정확히 기재했는가?
- 저작권자의 동의 없이 원저작물을 이용하는 경우 공정이용의 성립 요건에 대해 충분히 검토하였는가?
- 이용하고자 하는 창작물이 크리에이티브 커먼즈(CC) 라이선스 등 일정한 조건하에 자유롭게 이용이 가능한 경우인지 확인하였는가?

7 참고 문헌

남형두 (2025). 「공정이용의 역설: 시소에 올라탄 거인, 균형의 복원」. 경인문화사.

문재완 등 (2017). 「미디어와 법」. 커뮤니케이션북스.

상윤모 (2024). 인공지능의 뉴스 콘텐츠 학습과 뉴스 저작권에 대한 고찰. 「계간 저작권」 제37권 제1호. 95－134.

오승종 (2020). 「저작권법」. 박영사.

이일호 (2023). 우리 저작권법상 공정이용의 운영 현황과 과제 - 판례를 중심으로 －. 「계간 저작권」 제36권 제1호. 151－192.

임효성 (2019). 인공지능을 활용한 음악창작과 저작물성. 「계간 저작권」 제32권 제2호. 37－73.

조연하 (2021). 「미디어 저작권」. 박영사.

조연하 (2023). 「인공지능 창작과 저작권」. 박영사.

제9장

상업적 표현의 자유, 광고 윤리

이영희

제9장
상업적 표현의 자유, 광고 윤리

1 들어가며

학습목표

- 상업적 표현의 자유와 일반적 표현의 자유의 헌법적 보호 범주의 차이를 이해한다.
- 광고 관련 주요 법규의 구조와 목적을 설명할 수 있다.
- 광고 윤리의 기본 원칙과 주요 쟁점을 사례로 분석할 수 있다.
- AI 시대 광고의 윤리 · 법적 문제를 파악하고 대응 방향을 논의할 수 있다.

학습사례

사례 1

한 뷰티 인플루언서 A는 자신의 SNS에 특정 다이어트 보조제 영상을 올렸다. A는 영상에서 "이거 먹고 일주일 만에 3kg 빠졌어요. 운동 하나도 안 했어요. 진짜 인생템… 다이어트 원하시는 분들 꼭 해보세요"라고 말했다. 영상은 "#내돈내산 #광고아님"이라는 해시태그와 함께 게시되었고, 수십만 회 이상 공유되었다. 하지만 이후 밝혀진 사실에 따르면 A는 해당 업체로부터 제품 제공뿐 아니라 '긍정적 사용 경험'을 강조해 달라는 요청과 금전적 대가를 받았다. 소비자단체는 "허위 · 과장 광고이자 표시 의무 위반"이라고 비판했고, 방송통신 관련 기관에 신고했다. A는 "저는 제 개인 경험을 말한 것뿐이고 표현의 자유에 해당한다"고 주장했다.

질문 1. A의 게시물은 '개인의 경험담'일까, 아니면 '상업적 표현' 즉, 광고에 해당할까?

질문 2. 만약 광고라면, 이 표현은 정치적 의견표명과 같은 수준으로 자유롭게 보호받을 수 있을까, 아니면 더 강하게 규제될 수 있을까?

사례 2

한 의류 브랜드는 실제 사람이 아닌, 생성형 AI로 만들어낸 가상 모델 B를 활용해 광고 캠페인을 진행했다. 광고에는 "여성의 맵시 있는 자신감을 보여준다"는 문구가 함께 사용되었다. 하지만 곧 비판이 제기됐다.

"실제 모델은 한 명도 쓰지 않으면서 여성의 맵시 있는 몸매를 말하는 건 소비자를 속이는 것 아니냐", "이 가상 모델의 얼굴은 실존 연예인 C와 유사한데, 퍼블리시티권 침해 아니냐" 등 논란이 이어졌다. 브랜드 측은 "모든 이미지는 우리가 직접 생성한 독자적 창작물"이라며 문제가 없다는 입장을 냈다.

질문 3. 이 광고는 소비자를 기만한 것일까?

질문 4. AI로 만든 인물의 얼굴과 몸매가 실존 인물과 유사할 경우, 그건 누구의 권리를 침해한 것으로 볼 수 있을까?

2 상업적 표현의 법적 쟁점: 자유와 규제의 균형

상업적 표현은 영리 목적의 상품·서비스 홍보를 위한 의사소통을 의미하며, 광고는 그 대표적 형태이다. 정치적·예술적 표현이 공공의 가치나 미적 표현에 초점을 두는 반면, 상업적 표현은 이윤추구를 전제로 하므로 법적 규제의 정당성이 더 인정된다. 광고는 시장경제에서 경쟁을 촉진하고 소비자 선택권을 확대하지만, 동시에 과장·허위 광고 등으로 소비자를 기만하거나 합리적 선택을 방해하고 금전적 피해를 발생시킬 위험도 있다. 이러한 이유로 각국은 법률 및 자율규제를 통해 상업적 표현을 규율하고 있으며, 특히 AI·디지털 기술의 발전은 맞춤형 광고, 인플루언서 마케팅, 딥페이크 광고 등 새로운 법적·윤리적 쟁점을 만들어내고 있다.

1) 상업적 표현의 자유의 법적 근거

상업적 표현은 경제적 거래를 전제로 한 표현활동으로, 순수한 사상 · 정치적 표현과는 그 성격이 다르다. 헌법 제21조 제1항은 "모든 국민은 언론 · 출판의 자유와 집회 · 결사의 자유를 가진다"고 규정하고 있으며, 이 조항은 상업적 표현에도 적용된다. 그러나 상업적 표현의 자유는 무제한적인 것이 아니며, 헌법 제37조 제2항이 규정하는 일반적 기본권 제한 원칙에 따라 규제가 가능하다. 헌법재판소와 대법원은 상업적 표현이 소비자의 합리적 선택과 시장 질서에 미치는 영향이 크다는 점을 고려하여, 공공복리 실현을 위해 정치적 표현보다 완화된 보호 기준을 적용하고 있다.

이에 따라 헌법재판소는 광고물도 사상 · 지식 · 정보 등을 불특정 다수인에게 전파하는 것으로서 언론 · 출판의 자유에 의한 보호를 받는 대상이 된다고 하여 그 표현 행위성을 인정한 바 있고(96헌바2), 텔레비전 방송광고 역시 언론 · 출판 자유의 보호 대상이 된다고 보아 사전심의 규정에 대해 위헌 결정을 내렸으며(2005헌마506), 건강 기능 식품 표시 · 광고 역시 언론 · 출판 자유의 보호 대상이 된다(2006헌바75)고 인정하였다. 다만 이처럼 상업적 표현에 대한 보호를 인정하면서도, 헌법재판소는 담뱃갑 포장지에 흡연은 건강에 해롭다는 내용이 명확하게 표현된 경고문구를 표시해야 하는 담배사업법은 위헌이 아니며, 담배 광고의 제한은 직접 흡연으로부터 국민의 생명 · 신체의 안전을 보호하기 위한 정당한 규제라고 인정하였다(2012헌마38).[26]

비교법적으로, 미국에서는 Virginia State Board of Pharmacy v. Virginia Citizens Consumer Council(1976) 사건을 통해 상업적 표현이 처음으로 수정헌법 제1조의 보호 대상으로 인정되었다. 이후 Central Hudson Gas & Electric Corp. v. Public Service Commission(1980) 판결에서는 상업적 표현의 제한이 합헌으로 인정되기 위한 4단계 심사기준(Central Hudson test)을 확립하였다(임지봉, 2006).

① 해당 표현이 합법적 활동(lawful activity)에 관한 것이며 오도(misleading)되지 않을 것

26) 헌법적 학설에는 상업적 표현을 다른 표현과 동등하게 표현의 자유를 보호해 준다는 동등보호론이 있고, 상업적 표현은 이윤추구를 목적으로 하고, 상업적 동기가 있기 때문에 사상적 표현이나 정치적 표현 행위 등과 헌법적으로 동등한 보호 대상으로 여기는 것은 부적절하다는 차등보호론이 있다. 또한 상업적 표현에 대한 헌법의 보호여부를 동등하거나 차별적 기준으로 획일화하는 것을 경계하는 절충적 보호론이 있다(조소영, 2017).

② 정부의 규제 목적이 중요한 공익(substantial governmental interest)에 기초할 것

③ 규제가 그 목적을 직접적으로 달성(directly advance)할 것

④ 규제가 목적 달성을 위해 필요 이상으로 광범위하지 않을 것(not more extensive than necessary)

이 판례를 통해 미국 연방대법원은 상업적 표현이 수정헌법 제1조의 보호대상이지만, 정치적 표현과 동일한 수준의 보호를 받지 않으며 '중간심사(intermediate scrutiny)' 기준이 적용된다는 원칙을 확립했다. 즉, 상업적 표현의 자유는 보장되지만, 소비자 보호와 공정경쟁이라는 공익적 목적이 인정될 경우 합리적 규제가 허용된다.

한국에서도 상업적 표현은 헌법상 표현의 자유의 한 형태로 인정되지만, 공익 실현과 소비자 보호를 위한 규제가 폭넓게 허용된다. 헌법재판소는 상업적 표현이 시장경제와 소비자 신뢰에 직접적 영향을 미치는 점을 들어, 공익적 목적이 명확한 경우 제한이 가능하다고 본다. 대표적으로 앞서 언급한 2012헌마38 결정은 국민 건강이라는 공익을 위해 담배 광고의 자유를 제한할 수 있다고 판시하였다.

이는 미국의 Central Hudson 판례와 유사하게, 규제의 목적의 정당성, 수단의 적합성, 침해의 최소성, 법익의 균형성을 종합적으로 고려하는 '비례성의 원칙'을 적용하는 접근과 맞닿아 있다.

결국, 한국의 판례는 상업적 표현을 단순한 시장 행위가 아닌 사회적 책임을 수반한 공적 행위로 보며, 표현의 자유와 공공의 이익 간 조화를 중시하는 입장을 견지하고 있다. 이는 상업적 표현의 자유와 규제의 균형이라는 본장의 핵심 문제의식을 가장 잘 보여주는 사례라 할 수 있다.

2) 광고 관련 주요 법규

상업적 표현 중에서도 광고는 시장에서 기업과 소비자 간의 정보를 연결하는 핵심적 역할을 하지만, 동시에 허위·과장이나 기만, 사회적 혼란을 초래할 위험이 존재한다. 이러한 문제를 방지하기 위해 한국의 광고 관련 법은 매체별, 업종별 등 다층적으로 구성되어 있다(이시훈, 2023). 다음은 주요 법률의 구조와 규제 내용을 요약한 것이다.

(1) 「표시 · 광고의 공정화에 관한 법률(표시광고법)」

「표시광고법」은 광고를 포괄적으로 규율하는 법률로, 모든 상품 · 용역의 표시와 광고에서 허위 · 과장, 기만, 부당한 비교를 금지한다. 이 법은 허위 · 과장 광고를 방지하고 소비자에게 정확한 정보를 제공하여, 공정한 거래질서 확립과 소비자 보호를 목적으로 한다(제1조). 사업자는 소비자를 속이거나 잘못 알게 하여 공정한 거래질서를 해칠 우려가 있는 표시 · 광고 행위를 직접 하거나 다른 사업자로 하여금 하게 해서는 안 된다. 구체적으로 금지되는 행위는 거짓이거나 과장된 광고, 소비자를 기만하는 광고, 부당하게 비교하는 광고, 그리고 경쟁사를 비방하는 광고이다(제3조).

공정거래위원회는 표시광고법 위반 행위에 대해 시정명령, 과징금 부과 등의 행정제재를 가할 수 있으며, 위반 정도에 따라 형사고발을 통한 처벌도 가능하다(제17조 내지 제20조). 이 법은 상업적 표현의 자유를 보장하면서도, 소비자 보호와 공정한 경쟁질서 유지를 위한 최소한의 규제 장치로 기능하고 있다.

(2) 개별법상의 광고 규제

산업별 특성에 따라 별도의 법률이 광고 행위를 제한하거나 관리하고 있다.

「의료법」은 의료기관이나 의료인이 치료 효과를 오인하게 할 우려가 있거나 거짓된 내용을 표시하는 광고를 금지하며(제56조), 의료광고를 하려는 경우 행정권으로부터 독립된 기관 또는 단체의 심의를 받도록 의무화하고 있다(제57조).

「약사법」은 의약품등의 명칭 · 제조방법 · 효능이나 성능에 관하여 거짓광고 또는 과장광고를 금지하고 있으며(제68조), 식품의약품안전처장의 위탁을 받은 업계 단체가 광고심의 업무를 할 수 있도록 하고 있다(제68조의 2).

「화장품법」은 의약품으로 오인하게 하는 광고, 기능성 허위 · 과장 광고, 심사결과와 상이한 광고 등 소비자를 기만하거나 오인시킬 우려가 있는 표시 · 광고를 금지하고 있다(제13조).

「식품 등의 표시 · 광고에 관한 법률」은 허위 · 과장 광고 등 부당 광고를 금지하고 있으며, 특히 질병 예방 · 치료 효능 표시, 의약품으로 오인 가능한 광고, 거짓 · 과장 광고, 소비자기만 광고, 타업체 비방광고 등을 금지하고, 자율심의를 받지 않은 광고도 금지하고 있다(제8조).

「대부업 등의 등록 및 금융이용자 보호에 관한 법률」은 대부업자·대부중개업자에게 대부이자율, 거래상대방, 대부중개 내용 등에 관한 허위·과장, 사실 은폐·축소, 객관적 근거 없는 비교광고를 금지한다. 또한 법률을 위반하는 방법이나 타인의 재산권 침해 방법으로 대부를 받을 수 있는 것처럼 오인·유인하는 광고와, 정부기관·금융기관 또는 서민금융지원 상품으로 오인될 표현을 사용하는 광고도 금지한다(제9조의3).

「게임산업진흥에 관한 법률」은 게임물 광고·선전에 관하여 허위·과장 광고 및 사행심 조장 광고 등을 금지하고(제34조), 위반 광고·선전물에 대해서는 수거·폐기·삭제 등 필요한 조치를 할 수 있으며, 정보통신망을 통하여 제공되는 광고·선전물이 법에서 정한 위반 유형에 해당하는 경우, 게임물관리위원회의 심의 및 시정권고를 거쳐 문화체육관광부장관은 정보통신서비스 제공자 또는 게시판 운영자에게 취급 거부·정지·제한 등 시정을 명할 수 있다(제38조).

「청소년보호법」은 청소년유해매체물의 광고·선전에 관하여, 옥외광고물은 청소년 출입·고용금지업소 외의 업소 및 일반인이 통행하는 장소에 공공연하게 설치·부착·배포하는 것을 금지하고, 청소년 접근제한 기능이 없는 컴퓨터 통신을 통한 상업적 광고선전물의 설치·부착·배포도 금지한다. 또한 옥외광고물을 제외한 청소년유해매체물은 청소년을 대상으로 판매·대여·배포하거나 시청·관람 또는 이용하도록 제공하는 행위를 금지한다(제19조).

이처럼 개별법은 각 산업의 사회적 영향력과 위험도를 고려해 세부적 규제 기준을 설정하고 있으며, 상업적 표현의 자유가 공익적 가치와 충돌할 수 있는 영역을 세밀하게 관리한다.

(3) 「방송법」 및 「정보통신망 이용촉진 및 정보보호 등에 관한 법률(정보통신망법)」

매체별 특성에 따라 광고 규제의 방식도 달라진다. 「방송법」은 방송광고가 금지되는 품목 및 광고 내용의 공정성·공익성 등에 대한 심의를 하도록 규정을 제정하게 하고 있으며(제33조), 이에 따라 방송미디어통신심의위원회는 「방송광고심의에 관한 규정」을 제정하여 방송된 광고에 대한 사후 심의를 담당한다. 헌법재판소가 방송광고 사전심의에 대해 위헌 결정(2005헌마506)을 내린 이후, 방송광고는 사후 규제 중심으로 운영되며, 광고가 사회 질서나 미풍양속을 해치거나 시청자에게 혼란을 줄 우려가 있을 경우 사후적으로 수정 · 재제작 또는 방송 금지 등의 제재가 내려질 수 있다.

「정보통신망법」은 온라인 환경에서의 광고성 정보 전송과 개인정보 보호를 규율한다. 이 법은 영리 목적의 광고성 정보를 전자적 방법(이메일, SMS 등)으로 전송할 때 수신자의 사전 동의를 의무화하고 있으며, 광고임을 명확히 표시하고 수신거부 수단을 제공하며, 수신거부 시 전송을 금지하도록 규정한다(제50조). 이는 디지털 환경에서 소비자의 사생활 보호와 광고 수신에 대한 선택권을 보장하려는 입법 취지를 담고 있다

이와 같이 광고 관련 법체계는 매체와 산업의 특성에 따라 서로 다른 법률이 유기적으로 작동하며, 소비자에게 제공되는 정보의 진실성과 시장의 공정성을 함께 보장하는 것을 목표로 한다. 법률은 광고를 단순히 기업의 상업적 수단으로 보지 않고, 사회적 신뢰와 소비자 권익 보호라는 공익적 가치의 일부로 인식한다.

따라서 상업적 표현의 자유를 존중하되, 그 자유가 공공의 안전 · 건강 · 윤리와 충돌하지 않도록 법적 규제와 자율규제의 균형적 운용이 중요하다. 이러한 규제의 근본 목적은 결국 소비자를 보호하고 공정한 거래 질서를 확립하는 데 있다.

3) 소비자 보호와 광고 규제의 목적

광고 규제는 기업 활동을 제한하기 위한 제재가 아니라, 소비자가 올바른 정보를 바탕으로 합리적인 선택을 할 수 있도록 돕는 제도적 장치이다. 시장에서 정보의 비대칭성이 존재할 경우, 소비자는 기업이 제공하는 정보에 의존할 수밖에 없으며, 허위 · 과장 · 기만적 광고로 인한 피해가 발생하기 쉽다. 이러한 위험을 최소화하기 위해 광고 규제는 '소비자 보호'와 '공정한 경쟁질서 유지'라는 두 가지 축을 중심으로 설계되어 있다.

첫째, 소비자 보호 측면에서 광고 규제는 잘못된 정보 제공을 방지하고 소비자의 신체적, 경제적 안전을 확보한다. 특히 의약품 · 식품 · 의료 · 금융 등 생명과 재산에 직접 영향을 미치는 산업에서는 보다 엄격한 규제가 적용된다. 표시 · 광고의 공정화에 관한 법률을 비롯한 관련 법령은 '소비자의 알권리'와 '선택의 자유'를 보장하기 위한 제도적 기반이다.

둘째, 공정한 시장질서의 유지 또한 광고 규제의 핵심 목적이다. 과장된 비교 광고나 경쟁사 비방광고는 시장의 공정한 경쟁을 왜곡하고 건전한 산업 생태계를 해칠 수 있다. 공정거래위원회가 주도하는 표시 · 광고 규제 및 불공정거래행위 단속은 이러한 부당경쟁

행위를 예방하기 위한 장치로 작동한다.

이 외에도 광고는 사회적 가치와 문화를 형성하는 기능을 지니므로, 사회적 약자에 대한 차별, 성적 대상화, 환경적 무책임 등을 방지해야 한다. 이는 법적 규제뿐 아니라 업계 자율규제와 윤리기준을 통해 실현될 수 있다.

결국 광고 규제의 목적은 상업적 표현의 자유를 부정하는 것이 아니라, 자유의 사회적 책임을 제도적으로 보완하는 것이다. 상업적 표현은 헌법상 보호받는 자유이지만, 그 자유가 사회적 신뢰와 소비자 권익을 침해하지 않도록 적절한 규제와 윤리적 기준이 병행되어야 한다. 이러한 균형적 접근은 광고를 책임 있는 커뮤니케이션 행위로 발전시키는 핵심 조건이라 할 수 있다.

4) 광고 규제의 실효성 확보 방안

(1) 법적 규제의 한계와 개선 방향

현행 광고 규제 체계는 표시광고법 등 법적 규제를 중심으로 운영되고 있으나, 급변하는 디지털 환경과 새로운 광고 형태의 등장으로 인해 여러 한계에 직면하고 있다.

첫째, 법률은 구체적이고 명시적인 행위만을 규제 대상으로 하므로, 새롭게 등장하는 광고 형태에 즉각 대응하기 어렵다. 인플루언서 마케팅, 네이티브 광고, 메타버스 내 광고 등 신종 광고 기법은 기존 법률의 규제 범위를 벗어나는 경우가 많다.

둘째, 온라인 플랫폼의 국경 없는 특성으로 인해 해외 사업자에 대한 법적 규제 집행이 곤란하다. 국내 소비자를 대상으로 하는 해외 플랫폼의 광고는 국내법 적용이 제한적이며, 실질적 제재 수단이 부족하다.

셋째, 법적 규제는 사후 대응 중심이므로, 이미 광고가 확산된 후에야 제재가 이루어져 소비자 피해 예방에 한계가 있다. 특히 바이럴 마케팅이나 SNS 광고는 짧은 시간에 대규모 확산이 가능하여, 사후 제재만으로는 피해 확산을 막기 어렵다.

이러한 한계를 개선하기 위해서는 법률의 포괄적, 원칙적 규정을 강화하여 새로운 광고 형태에도 적용 가능하도록 해야 한다. 또한 과징금 수준을 현실화하고 위반 이익 환수 제도를 강화할 필요가 있다. 글로벌 플랫폼에 대한 국제 공조 체계를 구축하고, 국내 사업자와의 형평성을 확보해야 한다.

(2) 자율규제의 필요성과 역할

법적 규제의 한계를 보완하기 위해 업계 스스로가 윤리기준을 수립하고 준수하는 자율규제의 역할이 중요해지고 있다. 자율규제는 광고 산업의 책임 주체들이 스스로 윤리적 기준을 마련하고, 법적 제재 이전에 문제를 예방하는 제도적 장치이다. 자율규제는 사전적 예방과 사회적 신뢰 확보를 목표로 하며, 한국의 대표적인 사례로는 한국광고자율심의기구(KARB)가 있다.

자율규제는 규제 주체에 따라 크게 네 가지로 나눌 수 있다. 광고주인 기업이 자발적으로 스스로 규제하는 광고주 자신에 의한 규제, 동일 업종의 광고주 집단에 의한 규제, 광고업자들이 일정한 심사 기구를 설치하여 시행하는 전문가에 의한 규제, 대중 매체가 광고에 대해 자체적으로 실시하는 대중 매체에 의한 규제로 세분할 수 있다(조소영, 2017). 여기에 더하여, 최근에는 소비자 단체나 시민사회 단체가 부적절한 광고를 모니터링하고 비판하는 활동을 통해 규제력을 행사하는 소비자·시민사회에 의한 규제가 중요한 형태로 부상하고 있다(서범석, 2019).

국제적으로는 국제상공회의소(ICC: International Chamber of Commerce)가 글로벌 광고 규범의 표준을 정립하는 가운데, 영국의 광고기준위원회(ASA: Advertising Standards Authority)와 미국의 광고심의위원회(NARB: National Advertising Review Board) 등이 각국을 대표하는 자율규제 기구로서 활발히 활동하고 있다. 이들 기관은 광고 심의뿐만 아니라 AI, 인플루언서 광고, 맞춤형 광고 등 신유형 광고에 대한 가이드라인을 마련함으로써, 급격한 기술 변화에 유연하게 대응하는 '민간 자율감시 시스템'의 효용성을 입증하고 있다. 이러한 자율규제가 실효성을 가지려면 기업의 참여와 투명성 확보, 소비자의 감시, 정부의 정책적 지원이 함께 이루어져야 한다.

(3) 법적 규제와 자율규제의 조화

효과적인 광고윤리 체계는 법적 강제와 자율적 실천이 균형을 이룰 때 비로소 완성된다. 법적 규제가 최소한의 기준선을 제공한다면, 자율규제는 그 위에서 업계 스스로 신속하고 탄력적으로 윤리 기준을 보완한다.

AI 시대의 광고는 국가 경계를 넘어 디지털 플랫폼을 통해 실시간 확산되기 때문에, 국제 협력과 민간 자율규제의 중요성은 더욱 커지고 있다.

결국 광고의 자유와 규제의 조화는 단순히 '표현의 자유' 문제를 넘어, 공정한 경쟁 질서, 소비자 권리, 사회적 책임을 통합적으로 실현하기 위한 거버넌스 체계의 문제로 이해되어야 한다.

▸ [깊이 살펴보기] Virginia Pharmacy 사건과 상업적 표현의 자유

1976년 미국 연방대법원은 Virginia State Board of Pharmacy v. Virginia Citizens Consumer Council 사건에서, 약국이 의약품 가격을 광고하는 행위를 수정헌법 제1조(First Amendment)로 보호되는 상업적 표현(commercial speech)으로 인정했다. 이 판결은 상업적 표현이 단순한 영리 행위가 아니라 소비자의 알권리와 정보 접근권에 기여한다는 점에서 처음으로 헌법적 보호의 범위 안에 포함된다는 원칙을 확립했다.

법원은 "표현의 자유는 말하는 자뿐 아니라 듣는 자, 즉 소비자의 권리이기도 하다"고 명시하며, 정부가 전문직의 품위나 도덕성을 이유로 정보를 제한하는 것은 정당화되기 어렵다고 판단했다. 이는 정보의 자유로운 유통이 사회 전체의 복지와 시장의 투명성에 기여한다는 인식을 제도적으로 확립한 사건이었다. 이후 Central Hudson Gas & Electric Corp. v. Public Service Commission(1980) 판결에서는 상업적 표현 규제의 합헌성 판단 기준인 4단계 심사기준이 제시되어, 허위 · 기만이 아닌 상업적 표현은 보호되나, 중요한 공익 목적을 위한 합리적 규제는 허용된다는 '중간심사' 틀이 확립되었다. 이 판례는 오늘날까지 상업적 표현의 핵심 원리로 작용하며, 한국에서도 담배 광고 제한 사건(2012헌마38) 등에서 상업적 표현의 자유와 국민 건강·소비자 보호라는 공익 사이의 '균형 원리'를 확인하는 근거로 활용되고 있다.

3 광고의 윤리적 쟁점

광고 규제는 법률적 장치만으로 완결되지 않는다. 법은 허위·기만 광고나 불법 행위와 같은 명백한 위법을 다루지만, 광고의 사회적 책임과 도덕적 판단은 법이 아닌 윤리의 영역에 속한다. 광고는 단순히 상품을 알리는 행위가 아니라 사회적 가치, 문화적 인식, 심지어 인간의 행동양식에도 영향을 미치는 커뮤니케이션이기 때문이다. 따라서 법적 규제가 다루지 못하는 회색지대를 메우고, 광고의 신뢰성과 공공성을 확보하기 위해 윤리적 기준이 함께 논의되어야 한다.

이 절에서는 광고 윤리의 기본 원칙과 주요 윤리적 쟁점을 살펴보고, 이를 뒷받침하는 법적 규제와 자율규제 체계를 함께 고찰한다.

1) 광고윤리의 기본 원칙

광고윤리(advertising ethics)의 본질은 '소비자의 존엄성과 권리를 존중하고 보호'하는 것이며(유승철 외, 2023), 단순히 법을 준수하는 수준을 넘어, 사회적 책임과 신뢰성을 확보하기 위한 자율적 규범 체계를 의미한다. 이는 국제상공회의소(ICC)(2024)가 제시한 「마케팅 커뮤니케이션 국제규범(ICC Advertising and Marketing Communications Code)」 제1조의 기본 원칙에도 잘 드러나 있으며, 해당 원칙은 모든 광고는 "합법적이고(legal), 품위 있고(decent), 정직하며(honest), 진실해야(truthful)" 한다는 기준을 제시한다.

이 원칙은 한국광고자율심의기구(KARB, Korea Advertising Review Board)의 「광고심의규정」에도 반영되어 있다.

■ **표 한국광고자율심의규정 및 ICC Code 공통 규정 분류표**

분류 주제	한국광고자율심의기구 심의규정	마케팅 커뮤니케이션 국제규범 (ICC Code)
기본 원칙 및 윤리성	제4조(공정성과 윤리성) 제5조(합법성과 상호합의 존중)	Article 1 Basic principles(기본 원칙). Article 3 Decency(품위) Article 2 Social and environmental responsibility(사회적 및 환경적 책임)
진실성 및 정직성	제7조(진실성) 제10조(허위, 기만, 오도 광고)	Article 4 Honesty(정직성) Article 5 Truthfulness(진실성)
입증 및 근거 제시	제11조(입증) 제20조(소비자 조사)	Article 6 Substantiation(입증) Article 9 Use of technical or scientific data and terminology(기술 또는 과학적 데이터 및 용어 사용)
광고 주체 및 식별	제9조(광고주 표시) 제30조(광고물의 식별)	Article 7 Identification and transparency(식별 가능성 및 투명성) Article 8 Identity of the marketer(광고주 표시)
인간 존엄성 및 품위	제6조(인간의 존엄성 등 존중) 제8조(품위)	Article 3 Decency(품위)
비교, 비방 및 모방	제16조(배타적인 광고) 제17조(비교 광고) 제13조(표절, 복제)	Article 14 Comparisons(비교) Article 17 Denigration(비방) Article 16 Imitation(모방) Article 15 Exploitation of goodwill(영업권 침해)
추천, 보증 및 인물초상	제12조(추천, 보증) 제14조(성명, 초상)	Article 18 Testimonials and endorsements; Influencer marketing communications(추천 및 보증; 인플루언서 마케팅 커뮤니케이션) Article 19 Portrayal or imitation of persons and references to personal property(인물 묘사 또는 모방 및 사유 재산 언급)
어린이 및 청소년 보호	제23조(어린이 청소년) 제24조(어린이 보호)	Article 20 Children and teens(어린이 및 청소년 보호)
안전 및 건강	제26조(안전운행)	Article 21 Safety and health(안전 및 건강)
환경 관련	제21조(환경보호 등)	Article 2 Social and environmental responsibility(사회적 및 환경적 책임)

국내외 규범을 종합하면 광고 윤리의 기본 원칙은 다음 네 가지 축으로 정리할 수 있다.

① 진실성 · 정직성(Truthfulness & Honesty)

광고의 내용은 객관적 근거에 기반해야 하며, 소비자를 오도하거나 사실과 다르게 인식하게 만들어서는 안 된다. 이는 광고의 핵심 기능이 정보 제공에 있다는 점을 전제로, '사실의 왜곡(진실성의 결여)'뿐 아니라 '의도적 기만(정직성의 결여)'까지 모두 금지하는 원칙이다. 따라서 광고주는 효능 · 성능 · 가격 등의 정보를 명확하고 투명하게 제시할 의무를 가진다.

② 합법성(Legality)

광고는 국가의 법률과 규제를 준수해야 하며, 허위 · 기만 행위나 불공정 경쟁 행위를 해서는 안 된다. 이는 광고가 표현의 자유를 누리더라도 사회 질서와 소비자 보호를 저해하지 않아야 한다는 기본 전제에 해당한다. 예를 들어, 표시광고법은 소비자를 속이거나 부당한 비교를 하는 광고를 명시적으로 금지한다.

③ 품위의 유지(Decency)

광고는 사회 일반의 신뢰를 저해하거나, 공공의 건전한 가치관에 반하는 내용을 포함해서는 안 된다. 성적 대상화, 폭력적 표현, 특정 집단을 비하하거나 불쾌감을 조성하는 표현은 모두 품위 유지 원칙에 위배된다. 이는 광고가 단순히 사적 영리활동이 아니라 공적 커뮤니케이션이라는 점을 반영한다.

④ 사회적 책임(Social Responsibility)

광고는 사회적 약자, 환경, 문화적 다양성 등 공공의 가치를 존중해야 하며, 차별 · 편견을 조장하거나 비윤리적 소비를 부추겨서는 안 된다. 특히 어린이 · 청소년 등 취약한 집단을 대상으로 한 광고에서는 더욱 높은 수준의 윤리적 책임이 요구된다. AI 기반 맞춤형 광고나 딥페이크 기술을 활용한 사례에서도, 광고주는 사회적 영향과 책임을 고려해야 한다.

이러한 원칙들은 광고산업의 신뢰성을 유지하고 소비자와의 관계를 지속 가능하게 만드는 핵심 기준으로 작동한다. 또한 인공지능 시대에는 광고의 제작 · 유통 과정이 자동화되고 경계가 모호해짐에 따라, 법이 포착하지 못하는 영역을 보완하기 위해 윤리적 자율규제의 역할이 더욱 중요해지고 있다.

2) 주요 윤리적 문제 유형

광고 윤리는 다양한 사회적 가치와 맞닿아 있기 때문에, 단순히 허위·과장 여부만으로 판단하기 어렵다. 현대 광고에서 문제시되는 대표적 윤리 쟁점은 다음과 같다.

(1) 내용의 문제

① 선정적 광고

성적 이미지나 폭력성을 자극적으로 활용하여 소비자의 시선을 끄는 방식으로, 사회적 가치와 품위를 훼손할 수 있다. 예를 들어, 여성의 신체를 과도하게 노출한 자동차 광고나 폭력적 장면을 자극적으로 편집한 게임 광고가 이에 해당한다.

② 스테레오타입 강화 광고

성별, 연령, 인종 등에 대한 고정관념을 재생산하거나 강화하는 광고다. 예를 들어, 남성을 전문가·리더로, 여성을 보조자·돌봄 담당으로 묘사하거나, 중장년을 디지털에 서툰 존재로 희화화하는 표현은 사회적 다양성과 평등의 가치를 훼손한다.

(2) 대상의 문제

① 어린이 구매유도 광고

판단력이 미숙한 미성년자의 감정과 욕구를 자극하여 불필요한 소비를 유도하는 광고다. '이 인형을 사야 행복해진다'와 같은 표현은 소비를 통해 정서적 결핍을 채우도록 유도하는 전형적 사례다. 또한, 인기 애니메이션의 주인공이 프로그램 내에서 자연스럽게 제품을 사용하는 장면을 노출하여 광고와 콘텐츠의 경계를 모호하게 만들거나, '친구들이 다 가진다'는 표현으로 또래 집단에서의 소외감을 자극하여 부모에게 구매를 종용하도록 유도하는 행위도 이에 해당한다.

(3) 기만의 문제

① 오인 유발 광고

명백한 허위·과장 광고에 해당하지 않더라도 소비자가 오인하도록 교묘하게 설계된 광고를 말한다. 예를 들어, '1등 브랜드'라고 표시하면서 작은 글씨로 '특정 온라인 쇼핑몰 한정'이라고 제한 조건을 명시하는 경우가 이에 해당한다. 또한 할인 광고에서 '최대

70% 할인'이라고 크게 표시하면서 실제로는 극소수 품목에만 적용되는 경우, 또는 '무료 체험'을 강조하면서 자동 유료 전환 조건은 작은 글씨로 숨기는 방식도 전형적인 오인 유발 광고에 해당한다.

② 은폐형 광고

광고라는 사실을 숨기고 일반 콘텐츠처럼 가장하는 형태로, 신문이나 온라인 매체에서 기사 형식으로 빈번하게 나타난다. 광고주로부터 대가를 받고도 해당 콘텐츠를 '광고'나 '협찬'으로 명확히 표기하지 않고 일반 뉴스 기사처럼 보도하는 행위는 식별 가능성 및 정직성 원칙을 위반한 대표적인 사례다. 인플루언서가 광고주 또는 광고대행사로부터 경제적 대가를 받고도 '#광고' 표시 없이 제품을 자연스러운 일상 콘텐츠처럼 소개하는 행위도 이에 해당한다.

(4) 기술의 문제

① AI · 딥페이크 광고

인공지능 기술을 활용하여 존재하지 않는 인물이나 상황을 사실처럼 재현하는 광고로, 진위 식별이 어렵고 소비자 오인을 유발할 위험이 높다. AI 생성 이미지나 음성을 활용한 광고는 투명성 원칙을 침해할 수 있으며, 허위 사실을 진실처럼 표현하는 경우 신뢰성 원칙도 심각하게 훼손한다.

4 AI 시대의 광고와 새로운 윤리적 도전

디지털 기술과 인공지능의 발전은 광고산업의 패러다임을 근본적으로 바꾸어 놓았다. AI는 이용자의 검색 · 소비 패턴, 위치정보, 감정 상태까지 분석하여 광고를 자동 생성하고 노출 대상을 실시간으로 조정할 수 있게 만들었다. 이러한 기술은 광고의 효율성을 극대화하지만, 동시에 프라이버시 침해, 알고리즘 편향, 정보 왜곡, 책임 불분명 등 새로운 윤리적 문제를 야기한다. AI 시대의 광고는 단순히 기술적 혁신의 문제가 아니라, 인간의 판단과 사회적 신뢰를 어디까지 대체할 수 있는가를 묻는 윤리적 도전이기도 하다.

1) 개인 맞춤형 · 행동 예측 광고

AI는 이용자의 온라인 행동 데이터를 수집 · 분석하여, 개인의 관심사와 소비 패턴을 정밀하게 예측한다. 이른바 행동 기반 맞춤형 광고(behavioral targeting)는 '누가, 언제, 무엇을 보고 싶은지'를 예측해 광고를 자동 노출하는 방식이다. 이는 광고의 효율성과 경제적 효과를 높이지만, 이용자의 적절한 동의 없이 개인정보가 수집 · 활용될 경우 프라이버시 침해와 광범위한 감시로 이어질 수 있다. 예를 들어, 위치 · 구매 이력 · SNS 활동이 결합된 데이터가 AI 모델에 입력되면, 이용자의 행동 패턴을 분석하여 잠재적 욕구나 취약점을 예측한 광고가 노출된다. 이는 이용자의 자율적 선택권을 약화시키고, 특정 집단을 상업적 목적으로 세분화하고 조작하는 문제를 초래할 수 있다. 따라서 맞춤형 광고의 투명성 확보와 데이터 활용의 윤리적 한계 설정은 AI 시대 광고의 핵심 과제로 떠오르고 있다.

2) 딥페이크 · AI 생성물 광고의 진위성과 책임

생성형 AI(Generative AI)는 이미지 · 영상 · 음성을 합성해 사실처럼 보이는 광고를 제작할 수 있게 했다. 문제는 이러한 딥페이크(deep fake) 광고가 진위를 구별하기 어려워 소비자를 오도하거나 명예훼손, 저작권 침해, 초상권 및 퍼블리시티권 침해로 이어질 위험이 있다는 점이다. 예를 들어, 실제로 존재하지 않는 인플루언서가 등장하거나, 유명인의 얼굴을 합성한 광고가 제작되는 경우가 있다.

'AI 생성물'임을 명시하지 않으면 소비자는 그것을 실제 인물의 추천으로 오인할 수 있다. 또한 AI가 기존 콘텐츠를 무단으로 학습하여 생성한 이미지나 문구는 저작권 침해 문제를 발생시킬 수 있다.

이에 따라 AI 생성 광고에는 AI 활용 여부 명시 의무, 합성물 표시, 저작권 및 초상권 보호 장치 등 새로운 표시 규제와 자율 윤리 기준이 필요하다. 이는 단순히 기술 문제가 아니라, "누가 창작자이며 누가 책임을 져야하는가"라는 윤리적 질문과 직결된다.

3) 알고리즘 편향과 차별

AI 광고 알고리즘은 데이터 학습 과정에서 사회에 존재하는 편견과 불평등을 그대로 반영할 수 있다. 한 사례로 페이스북에서의 STEM 분야[27] 채용 광고가 여성보다 남성에게 20% 더 많이 노출된다는 조사 결과가 있다(Lambrecht & Tucker, 2019). 전문직 분야 채용 광고가 특정 지역 · 계층에 집중되는 현상은 알고리즘 차별의 전형적 사례로 꼽을 수 있다. 이는 의도적 차별이 아니라, 훈련 데이터에 내재된 통계적 편향(statistical bias)이 자동화된 결과로 나타난 것이다. 이러한 편향은 사회적 약자나 소수자 집단을 구조적으로 배제하거나 왜곡된 이미지를 강화할 수 있다. 결국 광고 알고리즘의 설계 단계에서부터 공정성(fairness), 투명성(transparency), 책임성(accountability)을 확보하는 것이 중요하다.

EU의 「인공지능법(The EU Artificial Intelligence Act)」은 고위험 AI 시스템의 차별과 편향 완화를 주요 목표로 제시하고 있으며, UNESCO의 「AI 윤리 권고안(Recommendation on the Ethics of Artificial Intelligence)」(2021)도 공정성과 비차별을 핵심 원칙으로 강조한다. 한국에서도 방송미디어통신위원회가 2025년 2월 「생성형 인공지능 서비스 이용자 보호 가이드라인」을 발표하는 등 세계적으로 AI 시스템의 투명성과 공정성 확보를 위한 제도적 기반을 마련하고 있다.

4) 자동화 광고의 책임 소재 문제

AI는 광고의 기획 · 제작 · 집행 전 과정을 자동화하며, 이로 인해 인간의 감독 기능이 약화되고 있다. 예를 들어, AI가 자동으로 광고 문구를 생성하거나, 실시간 데이터를 분석해 노출 대상을 조정하는 시스템에서는 누가 최종 책임자인지를 명확히 규정하기 어렵다. 이러한 책임의 공백은 소비자 피해가 발생했을 때 법적 책임 소재를 불명확하게 만든다.

또한 AI가 학습 데이터를 바탕으로 자율적으로 '최적화된' 표현을 생산할 경우, 그 결과가 차별적이거나 비윤리적이어도 사람이 즉각적으로 인지 · 개입하기 어렵다. 따라서 AI 광고의 자동화 과정에서는 인간의 개입(human-in-the-loop) 원칙을 유지하고, AI의 의사결정 과정에 대한 기록, 검증, 감사 제도를 마련해야 한다.

---

27) STEM 직업은 과학(Science), 기술(Technology), 공학(Engineering), 수학(Mathematics) 분야의 전문직을 말한다.

이와 같은 윤리적 감독 체계는 기술 혁신과 소비자 보호 사이의 균형을 유지하는 핵심 장치로 작동할 것이다.

▶ [깊이 살펴보기] EU AI Act가 제시하는 광고 알고리즘의 윤리 기준

유럽연합(EU)은 2024년 「인공지능법」을 통과시키며, AI 시스템을 위험 수준에 따라 규제하는 세계 최초의 포괄적 법제를 도입했다. 특히 제5조(Article 5 Prohibited AI Practices)는 잠재의식 조작 기법이나 취약 계층의 약점을 악용하는 AI를 명시적으로 금지하며, 합성 콘텐츠 생성 시 AI가 생성한 것임을 명확히 표시하도록 요구하고 있다. 이용자와 상호작용하는 AI는 투명성 원칙에 따라 사용자가 AI 시스템과 대화하고 있음을 인지할 수 있어야 한다. 이는 광고와 마케팅 분야를 포함한 모든 AI 활용 영역에 적용되는 원칙으로, 인간의 자율적 의사결정을 보호하려는 취지를 담고 있다. 이러한 기준은 한국에서도 방미통위의 'AI 이용자보호 가이드라인' 논의로 이어지고 있으며, 기술적 혁신을 인간 중심의 윤리 틀 속에 위치시키려는 글로벌 공통의 흐름을 보여준다.

5 마무리

핵심정리

- 상업적 표현(광고 등)은 헌법 제21조가 보장하는 표현의 자유의 한 형태이지만, 소비자 보호와 공정한 시장질서 유지라는 공익 목적을 위해 일정한 규제가 허용된다.
- 상업적 표현 규제의 합헌성 판단에는 정치적 표현과 달리 완화된 심사 기준이 적용되며, 이는 과잉금지원칙 적용 시 공익의 중대성과 수단의 적합성을 보다 폭넓게 인정하는 것을 의미한다.
- 「표시광고법」을 비롯한 관련 법률들은 허위 · 기만적 광고를 제한하며, 동시에 소비자의 합리적 선택권을 보호하기 위한 최소한의 법적 장치로 기능한다.
- 광고 윤리의 기본 원칙은 합법성, 진실성 · 정직성, 품위의 유지, 사회적 책임이며, 이는 국제상공회

의소(ICC) 규범과 한국광고자율심의기구(KARB)의 기준 모두에 공통적으로 반영되어 있다.

• 법적 규제는 강제력을 통해 공공의 신뢰를 보장하고, 자율규제는 업계의 윤리적 책임을 실천하는 장치로서 두 체계는 상호 보완적 관계를 이룬다.
• 자율규제는 광고주, 광고업자, 매체 외에 소비자 · 시민사회에 의한 감시 형태로 확장되고 있으며, 은폐형 광고 방지를 위한 투명성 확보가 최우선 과제이다.
• AI · 디지털 환경에서는 개인 맞춤형 · 딥페이크 · 알고리즘 광고 등 새로운 윤리 문제가 등장하고 있으며, 기술 혁신과 인간 중심의 가치 간 균형이 향후 광고 규제의 핵심 과제가 된다.

실전활용 체크리스트

• 이 광고는 사실에 근거한 정보를 제공하고 있는가?
• 효능, 성분, 가격 등 주요 정보에 과장이나 오해의 소지가 없는가?
• 광고임을 명확히 표시하고 있는가?
• 인플루언서 콘텐츠, 리뷰 광고 등에서 '광고' 또는 '유료 협찬'임을 명시했는가?
• AI나 알고리즘을 활용한 광고의 경우, 소비자가 자동화된 추천임을 인식할 수 있도록 투명성을 확보했는가?
• 자율심의기구(KARB 등)의 광고심의 규정을 검토했는가?
• 게재 전 사전심의나 사후 자율규제 절차를 통해 문제 가능성을 점검했는가?
• 광고 제작과 집행 과정에서 사회적 책임을 고려했는가?
• 소비자 안전, 환경, 문화적 다양성 등 지속가능한 가치에 부합하는가?
• 광고가 취약계층이나 고정관념을 이용하거나 차별을 조장하지는 않는가?

6 참고 문헌

서범석 (2019). 광고시민운동 사례에 대한 비교 연구– <동아일보> 백지 광고 사태와 언론 소비자주권 국민캠페인 불매운동 사례를 중심으로. 「한국광고홍보학보」

21권 1호. 221−249.
유승철·상윤모·엄남현·양승광 (2023). 인공지능 시대의 광고윤리. 학지사 비즈.
이시훈 (2023). 광고법제로 보는 광고의 이해. 한경사.
임지봉 (2006). 미국헌법과 상업적 표현의 자유. 「미국헌법연구」 17권 2호. 215−243.
조소영 (2017). 광고와 상업적 표현의 자유. 「미디어와 법」. 커뮤니케이션북스.
International Chamber of Commerce (ICC) (2024). ICC Advertising and Marketing Communications Code (11th ed.). Paris, France: Author.
Lambrecht, A., & Tucker, C. E. (2019). Algorithmic bias? An empirical study into apparent gender−based discrimination in the display of STEM career ads. Management Science 65(7). 2966−2981.
The EU Artificial Intelligence Act. URL: https://artificialintelligenceact.eu/
UNESCO (2021). Recommendation on the Ethics of Artificial Intelligence. Paris, France: Author.

제10장

개인정보 보호, 잊힐 권리

손형섭

제10장

개인정보 보호, 잊힐 권리

1 들어가며

학습목표

- 개인정보 보호의 의의와 법적 근거에 대한 이해
- 개인정보 보호와 공익목적의 정보 활용 간 충돌에 대한 이해 및 해결방법 설명
- 판례를 통한 개인정보 보호법과 공익적 언론 보도/제보 간 충돌 쟁점 분석
- 잊힐 권리의 개념 이해 및 국내외 주요 판례를 통한 잊힐 권리 인정 요건과 한계의 설명, 활용가능한 지식의 배양

학습사례

사례 1

일간지 A일보는 대통령비서실 산하 행정관 일부가 민간 기업과의 유착 의혹이 있다는 내용을 단독 보도했다. 기사에는 일부 행정관의 실명, 직위, 경력, 그리고 과거 근무처 정보가 포함되어 있었다. 보도 이후 대통령비서실은 "해당 기사에는 불필요한 개인정보가 포함되어 있으며 이는 공익 목적을 벗어난 사생활 침해"라며 개인정보 보호법 위반이라고 주장했다.

반면 시민단체는 "공직자의 직무 관련 정보는 국민의 알권리 및 투명성 확보를 위한 공익적 정보"라며, 관련 자료의 정보공개를 청구하였다.

질문 1. 이 보도는 개인정보 보호법 위반에 해당할까? 아니면 개인정보 보호법 적용 예외에 해당할까?

사례 2

B는 대학 시절 음주 사건으로 징계를 받았고, 이 사실이 여러 기사와 블로그 게시물에 남아 있다. 6년이 지난 현재, 그는 공무원 임용시험에 합격했으나 면접 과정에서 해당 기록이 여전히 포털 검색에서 노출되어 불이익을 받았다. B는 음주 사건으로 징계를 받은 것은 사실이지만 현재의 사회적 평가와 관련이 없는 정보이며, 과거 한 때의 실수가 계속 꼬리표처럼 따라 다니는 것은 부당하다는 생각이 들었다. 이에 B는 포털 측에 "오래된 기사와 게시물의 검색 결과 삭제"를 요청했지만, 포털 측은 "공익적 관심 사안"이라며 거부했다. B는 법원의 판단을 구하기로 했다.

질문 2. 법원은 B가 주장하는 '잊힐 권리'를 인정할까?

2 개인정보 보호의 개념

1) 개인정보와 언론보도

"개인정보"란 살아 있는 개인에 관한 정보로서, 해당 정보를 통하여 개인을 식별하거나 알아볼 수 있는 모든 정보를 말한다. 예를 들어 이름, 주민등록번호, 영상자료 등 단독 또는 다른 정보와 결합하여 개인을 특정할 수 있는 정보가 이에 해당한다. 이러한 개인정보 보호를 목적으로 제정된 법률이 바로 2011년 9월 30일부터 시행된 「개인정보 보호법」(제정 2011.3.29 법률 제10465호)이다. 개인정보 보호법은 적용 대상을 공공부문뿐만 아니라 민간부문의 모든 개인정보 취급자로 확대하고 개인정보 수집 · 제공 · 파기 등 단계별로 개인정보의 처리 원칙을 정립하며 개인정보 보호정책의 심의 · 의결 기구로서 개인정보보호위원회를 설치했다(김주영 · 손형섭, 2012).

개인정보 보호법은 "업무를 목적으로 개인정보파일을 운용하기 위해 스스로 또는 다른 사람을 통하여 개인정보를 처리하는 공공기관, 법인, 단체 및 개인 등"을 "개인정보처리자"로 정의하고(제2조 5호), 개인정보처리자가 개인정보 처리 전 과정에서 지켜야 할 기본 원칙 8가지를 명시하고 있다(제3조). 개인정보 보호의 주요 원칙을 요약해 보면 1) 목적 명확성 및 최소수집 원칙, 2) 목적 내 이용의 원칙 3) 정확성, 완전성, 최신성의 원칙, 4) 안전성 확보의 원칙, 5) 투명성 및 권리보장 원칙, 6) 사생활 침해 최소화 원칙, 7) 익명 · 가명처리 우선의 원칙, 8) 책임성과 신뢰 확보의 원칙이다(제3조). 정보주체는 자신의 개인정보 처리 과정 전반에 대해 정보 제공을 받을 권리, 처리 동의 및 범위 결정권, 열람 · 전송 요구권, 정정 · 삭제 · 처리정리 요구권, 피해 구제 요청권, 그리고 자동화된 결정에 대한 거부 · 설명 요구권 등을 가진다(제4조).

2020년의 데이터 3법으로 개정된 개인정보 보호법이 3년만인 2023년 새로운 개정안으로 2월에 국회를 통과하고 공포 후 6개월부터 시행됐다. 이후 여러 차례 개정법으로 이동형 영상정보처리기기 운영 기준을 마련하고, 개인정보 전송 요구권을 도입하는 등 많은 변화를 도모했으나, 이 법 제정시부터 공익목적의 언론보도와 제보에 대한 기준을 제시하고 있지는 않다.

개인정보 보호법과 언론보도와의 충돌문제는 개인정보 보호법의 제정 전후에도 이미 제기(김주영 · 손형섭, 2012) 되었지만, 여전히 명확한 기준이 정해지지 못해 다양한 법적 논쟁의 소재가 되었다. 논쟁을 해소하기 위해 현행 개인정보 보호법 제15조(개인정보의 수집 · 이용), 제17조(개인정보의 제공), 제18조(개인정보의 목적 외 이용 · 제공 제한)를 개정하는 법안으로 이른바 '공익목적 개인정보 활용을 위한 범위 확대'가 2023년 국회에서도 논의되었다.

학습사례와 유사한 사건이 실제로 있었다. 2022년 경향신문은 윤석열 정부의 대통령실 직원들의 4급 이상 공직자 74명의 인적사항에 대하여 주요 이력, 극우정당 활동 이력, 대통령과의 관계(외가 6촌 관계 등)를 보도했다. 이에 대하여 대통령실은 직원의 개인 신상을 공개한 보도에 대해 개인정보 보호법 위반이라고 지적했다. 이에 대하여 경향신문은 병무청 공고를 토대로 공개된 정보를 보도한 것이라는 입장이었다. 이에 대통령실은 "4급 이상 행정관의 실명과 생년월일을 전부 공개하고, 구체적인 단서나 의혹도 없이 대통령실 직원 의혹에 대하여 제보를 받는다고 하여 공무원을 잠재적 혐의자로 취급한 것은 공익적 목적의 취재로 이해하기 어렵다(세계일보, 2022.10.19.)는 입장이었다.

이 사건에서 개인정보로는 대통령비서실 소속 직원들의 성명, 직위 등이 포함되어 있었는데, 이는 개인정보에 해당한다. 그러나 이 사건 정보는 "공무원 개인의 사적인 행위나 인격적인 사항과 결합된 정보에 해당하지 아니하므로, 단지 대통령 비서실에 소속된 직원의 부서, 성명, 직책을 공개한다고 하여 그 명단에 포함된 공무원 개인의 사생활의 비밀 또는 자유가 현저히 침해될 것이라 생각 되지 않는다. 이 사건 정보를 공개하여 보호할 수 있는 국정운영의 투명성 확보 등의 공익이 이 사건 정보의 공개로 위 직원들이 입게 될 불이익보다 크다(서울고등법원 2023누61525)"는 것이 고등법원의 입장이었다. 관련 정보공개거부처분에 대한 소송에서 대통령 비서실장의 상고가 기각되어 위의 판결이 확정되었다(2024두61049).

2) 프라이버시와 개인정보의 범위

개인정보 보호의 이론적 배경이 되었던 프라이버시권은 자기정보통제권보다 넓고 다양한 사생활 보호 역의 법률적 개념을 포함한다. 인간존엄에 가치를 둔 프라이버시권, 개인정보통제권의 범위는 시대와 사회에 따라 다르고 이따금 모호하고 그 영역과 범위는 끊임없이 변화하지만 이를 어느 정도 범위로 구분할 필요가 있다. 필자가 이를 정리하기 위해 종종 인용하는 다음의 벤 다이어그램은 "① 프라이버시", "② 개인정보", "③ 개인정보의 외연"을 표시한다(손형섭, 2019). 프라이버시보다 명확한 용어인 개인정보를 법적 개념으로 프라이버시를 대체하거나 개인정보의 영역으로 프라이버시의 영역을 포섭하려고 하는 움직임도 있다. 개인정보라고 해도, 민감정보에서 단순한 개인식별에 사용되는 정보까지 다양한 것이 있다. "③ 개인정보의 외연"은 정보화 사회에서 기존의 프라이버시권의 영역 혹은 그 이외의 영역이었지만 각국의 입법에 따라 개인정보로 평가되게 될 수 있는 영역이다. 개인정보의 결합과 조합을 통해 "③ 개인정보의 외연"도 확대될 수 있다.

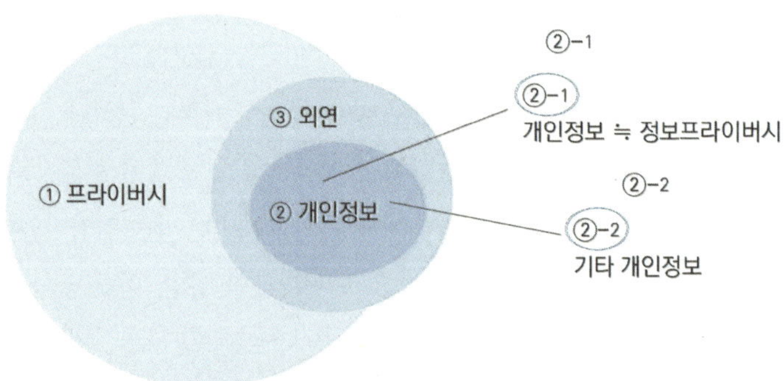

프라이버시 · 개인정보의 영역

나아가 개인정보의 영역에는 대부분 넓은 법적으로 보호되어야 할 프라이버시권의 일부로 정보 프라이버시 부분(②-1 개인정보)과 프라이버시 영역에 해당하지 않는 부분(②-2 기타 개인정보)이 있다. "②-1 개인정보≒정보 프라이버시"의 영역은 개인정보에서 정보 프라이버시의 대상으로 법적보호가 필요한 영역이다. "②-2 기타 개인정보" 부분은 인간존엄인 인격권을 침해하는 프라이버시권 영역의 밖에 있은 단순한 사실의 개인정보 또는 인격적 혹은 인간존엄의 법익과 무관한 개인정보에 해당한다. "아무개는 21대 국회의원이다"라는 공적인 개인정보는 개인정보자기통제권의 보호 대상이 아닌 ②-2 기타 개인정보"이다.

이에 따르면 대통령실 직원의 직책, 성명 등은 관보에도 공개되는 ②-2 기타 개인정보이다. 그런데 그 시대의 사회적 기준에 따라 차이가 있겠지만, 직원 개인의 연령, 정치적인 성향, 과거 경력, 대통령과의 인척관계 등이 ②-2의 개인정보라고 하기에는 어려울 수 있다. 개인의 전과 경력도 법적 근거 없이 공개될 수 있는 정보는 아니기에 ②-1 개인정보라고 할 수 있다. 다만, 언론보도의 경우 ②-1 개인정보를 어느 정도 보도할 수 있는지에 대한 기준이 개인정보 보호법과 언론법 및 관련 윤리 규범으로 정해져야 한다.

3 관련 사건: 인터넷 신문기자 사건

1) 신문기자의 개인정보 누설

인터넷 신문기자인 피고인이 뉴스 사이트에 관한 기사를 게재하면서 취재 활동 중에 알게 된 갑의 성명 지위 주소 등의 개인정보를 누설하였다고 하여 개인정보 보호법 제71조 제5호, 제59조 위반으로 기소된 사안에서, 피고인은 개인정보처리자가 아니라는 이유로 무죄를 주장하였으나, 법원은 피고인이 개인정보처리자가 아니더라도 제71조 제5호 위반으로 처벌할 수 있다며 피고인을 벌금 1백만 원에 처했다(서울서부지법 2015고정1144). 인터넷 신문 기사의 내용은 "서울 용산구 이태원동 ×× 번지는 아침 드라마에 나오는 회장님댁 같았다" 등의 내용을 게재 · 열람할 수 있도록 한 것이었다.

피고인의 변호사는 개인정보 보호법 제71조 제5호, 제59조는 개인정보처리자에게 적용하는 조항으로 피고인과 같은 신문기자는 개인정보처리자에 해당 되지 않고 이 규정으로 처벌할 수 없다고 주장했다. 그러나 법원은 "법 제59조에서는 개인정보처리자와 구별하여 '개인정보를 처리하거나 처리하였던 자'를 그 의무주체로 규정하고 있는 점, 법 제71조 제1호와 법 제71조 제2호, 제19조에서는 개인정보처리자로부터 정보를 제공 받은 제3자가 이를 이용한 경우를 처벌하는 등 개인정보처리자가 제3자에게 개인정보를 제공한 경우를 별도로 처벌하고 있어" 법 제71조 제5호, 제59조의 '개인정보를 처리하거나 처리하였던 자'는 '개인정보처리자'라 할 수 없고, 피고인이 업무상 알게 된 공소외 1인의 개인정보를 누설한 이상 제59조(금지행위)와 제71조(벌칙) 제5호 위반을 인정했다.

나아가 피고인 및 변호사가 "개인정보 보호법 제58조 제1항 제4호[28]에서 언론이 취재, 보도 등 고유 목적을 달성하기 위하여 수집, 이용하는 개인정보에 관하여는 법 제3장부터 제7장까지를 적용하지 아니한다고 규정하고 있고, 언론의 특성상 개인정보의 '이용'이라는 것은 취재 과정상 수집한 개인정보를 '보도'하는 것을 의미하므로, 피고인이 공소외 1인의 개인정보를 보도한 것은 위 규정에 따라 개인정보를 이용한 것으로, 개인정보 보호법이 적용되지 아니한다"고 주장하였으나, 법원은 "예외 규정은 법 제3장에서부터 제8장까지 적용하지 아니함"에 반하여, 피고에 대한 처벌 규정은 제9장(보칙)에 해당하는 점(현행법 기준), 개인정보 보호법상 수집 · 이용의 범위를 넘어 개인정보를 일반 공중에게 보도한 것이 4호의 예외 규정에 포함된다고 보기 어렵다며 피고인 등의 주장을 배척했다(서울서부지법 2015고정1144).

---

28) 제58조(적용의 일부 제외) ① 다음 각 호의 어느 하나에 해당하는 개인정보에 관하여는 제3장부터 제8장까지를 적용하지 아니한다.
1. 삭제 <2023. 3. 14>
2. 국가안전보장과 관련된 정보 분석을 목적으로 수집 또는 제공 요청되는 개인정보
3. 삭제 <2023. 3. 14>
4. 언론, 종교단체, 정당이 각각 취재 · 보도, 선교, 선거 입후보자 추천 등 고유 목적을 달성하기 위하여 수집 · 이용하는 개인정보

2) 개인정보 보호법의 해석

'언론중재 및 피해구제 등에 관한 법률' 제2조에서 볼 수 있듯이 "누구든지 언론의 자유와 독립에 관하여 어떠한 규제나 간섭을 할 수 없"을 뿐만 아니라, 언론이 전달하는 기사는 진실한 사실의 '역사적 기록'이라는 의미를 지니고 있다. 즉, 기사는 오랜 시간이 흘렀을 때, 사료로서의 가치를 지닐 수 있으며 공공적 역할을 하고 있기때문에 삭제 또는 변형해서는 안 된다는 반발이 있을 수 있다. 이러한 문제의식에 따라 개인정보 보호법은 제정 당시부터 취재와 보도 목적의 개인정보에 대해서는 개인정보 보호법상의 일부 규정을 적용하지 않는다고 명시적으로 규정하고 있다(제58조 제1항 제4호).

이런 취지로 우리 개인정보 보호법 제58조에서는 언론 등에 대하여 광범위한 적용제외를 규정하고 있다. 보도, 저술 학술연구, 종교 및 정치의 분야에서 개인정보가 다량으로 처리되는데 헌법이 보장하는 자유에 해당하는 이들 분야에서 개인정보 보호법을 그대로 적용하면, 언론의 자유, 학문 · 예술의 자유, 종교의 자유, 정치활동의 자유와 같은 기본권의 가치와 기능이 크게 위축될 가능성이 있어 이 적용 제외 규정을 두었다. 그러나 앞의 판례처럼 개인정보처리자 이외의 사람도 제9장의 금지행위(제59조)[29]에 적용될 수 있다. 언론의 적용 대상도 법 제58조 제1항에서는 "개인정보에 관하여 제3장부터 제8장까지를 적용하지 아니한다"고 규정하고 있을 뿐이다. 나아가 이 적용 제외는 그 고유 목적을 달성하기 위해 처리되는 개인정보에 한정하여 적용이 배제된다. 따라서 언론기관, 종교단체, 정당 등이 처리하는 모든 개인정보에 대해서 이 법의 적용이 제외되는 것이 아니다. 즉, 언론기관의 인물 DB사업, 종교단체의 사회복지사업, 정당의 여성정치인 육성사업 등은 언론기관 · 종교단체 · 정당 등의 고유 목적 활동이라고 할 수 없어 적용 제외에 해당하지 않는다.

이 적용 제외 규정은 제정 당시부터 "어떠한 기관에 어느 범위로 미치는지에 대해서 명확하지 않은 점"이 지적되었고 이에 대하여 꾸준한 구체화 작업이 필요하다는 지적(김주

29) 개인정보 보호법 제59조(금지행위) 개인정보를 처리하거나 처리하였던 자는 다음 각 호의 어느 하나에 해당하는 행위를 하여서는 아니 된다.
1. 거짓이나 그 밖의 부정한 수단이나 방법으로 개인정보를 취득하거나 처리에 관한 동의를 받는 행위
2. 업무상 알게 된 개인정보를 누설하거나 권한 없이 다른 사람이 이용하도록 제공하는 행위
3. 정당한 권한 없이 또는 허용된 권한을 초과하여 다른 사람의 개인정보를 훼손, 멸실, 변경, 위조 또는 유출하는 행위

영·손형섭, 2012)이 있었다. 그런데도 현행 개인정보 보호법은 여전히 언론이 개인정보의 공익을 위해 사용하는 것을 충분히 보장하지 않고 있다고 평가할 수 있다.

개인정보 보호법은 개인정보의 부정한 수단 등으로 취급하거나 이를 유출하는 금지행위 등을 규정하고 그 위반 사실에 대한 강한 형사처벌 규정[30]을 두고 있기 때문에 우리 개인정보 보호법은 개인의 정보를 보호하는 법의 정당한 목적을 넘어 언론에 대한 보도 제한이라는 기능을 더하고 있음이 확인된다. 따라서 현행법상 발생하는 문제를 해결하기 위해 몇 가지 입법적 대응 방법이 필요한 상황이다. 특히 언론기관이 아닌 프리랜서 기자와 작가 등은 적용 제외에 해당하지 않게 되어 개인정보 보호법 제3장부터 제8장까지는 물론 제9장(보칙), 제10장(벌칙)의 규정을 피할 수 없게 된다. 이는 표현의 자유 보장 차원에서 문제가 있다. 반면, 이 적용 제외 규정의 확대가 개인정보 보호법의 역할을 축소하게 할 우려도 있다. 결국, 이러한 문제는 개인정보 보호법의 입법시부터 지적되었으나 아직도 명확한 기준이 제시되지 않아 언론의 자유를 제한하는 상황이 제정 시부터 지금까지 계속되었다. 개인정보 보호법의 시행과 해석상 발생하는 불명확함과 불합리를 제거하기 위해 관련 규정의 개정이 필요하다고 하겠다. 언론기관에의 제보에 대해서 개인정보 보호법 위반이 되지 않으면서도 언론보도를 빙자하여 개인정보의 무단으로 공개하는 것을 통제하는 대안이 필요하다.

---

30) 현행 개인정보 보호법에서 규정하고 있는 강력하고 다양한 형사처벌 규정은 2011.3.29 법률 제10465호 개인정보보호법의 제정 배경에, 2010년부터 발생한 백화점이나 주유소나 은행과 GS칼텍스에서 발생한 1,000만 건의 개인정보 유출사건, SK텔레콤과 LG유플러스를 비롯한 통신회사와 백화점 항공사 학원 인터넷쇼핑몰 주유소 등 고객정보를 다루는 기업들이 부주의와 과실로 소중한 고객정보를 유출하는 사고가 있어, 제정법에서부터 개인정보의 수집단계부터 이용, 제공, 파기 등 전 단계에서 처벌규정이 등장했다.

4 잊힐 권리

1) 최초 케이스(Index case)

변호사 마리오코스테하 곤잘레스는 16년 전 부채 때문에 주택 경매 공고가 실린 신문 기사가, 빚이 청산된 현재에도 구글 검색 결과에 계속 노출되는 상황이었다. 이에 스페인 법원에 과거 정보가 현재 자신을 적절히 반영하지 못하기 때문에, 구글에게 자신의 이름을 검색했을 때 나오는 해당 기사 링크를 삭제해달라고 청구했다.

법적 쟁점은 "① 관할권: 구글의 서버가 미국에 있어도, 유럽연합(EU) 개인정보보호지침이 스페인에 있는 구글 스페인에 적용되는가? ② 적용 범위: 이 지침이 인터넷 검색엔진에도 적용되는가? ③ 권리의 인정: 개인에게 자신에 관한 과거 정보에 대한 검색 접근을 막아달라고 요구할 권리(잊힐 권리)가 지침에 의해 인정되는가?"의 세 가지였다.

2) 판결의 요지

유럽사법재판소(CJEU)에서 다음과 같이 판단하며 마리오 곤잘레스의 손을 들어주었다.

(1) 구글은 개인정보책임자의 책임이 있다.

① 구글은 '개인정보처리자'로서 책임이 있다. 구글이 비록 제3자가 올린 정보를 색인(Index)하고 저장하는 역할만 하더라도, 검색엔진 운영자는 정보 처리의 목적과 수단을 결정하기 때문에 개인정보보호지침(Data Protection Directive 95/46/EC, 이해 동 지침)상 '개인정보처리자(Controller)'에 해당한다. ② 구글 서버가 미국에 있어도, EU 회원국에 지사를 두고 EU 시민에게 서비스를 제공하는 이상 EU의 개인정보보호 지침을 따라야 한다. 검색엔진 운영자에게 책임을 지우는 것이 정보주체(개인)를 효과적으로 보호하려는 입법 취지에 맞다.

(2) '잊힐 권리'를 인정하고 검색 링크 삭제를 명령한다.

유럽사법재판소(CJEU)는 기존 지침에 있던 '정보 삭제/차단 청구권'과 '처리 거부권'을 확장하여, 인터넷 검색과 관련한 '잊힐 권리'를 인정했다. 삭제의 기준으로 검색 결과 링크가 아래 조건에 해당하면 삭제되어야 한다고 했다. "해당 검색 결과가 현재 시점에서 사건의 모든 상황을 고려해 볼 때, 검색엔진의 정보처리 목적과의 관계에서 '적합하지 않거나, 더 이상 연관성이 없거나, 또는 과도한 것'으로 판단될 경우" 삭제되어야 한다는 것이다.

3) 판결에 대한 평가

유럽연합 집행위원회가 판결에 대한 의미를 담아서 내놓은 사실보고서(Fact sheet)는 이번 판결에서 인정된 '잊힐 권리'가 새로운 것이라기보다는 이번 판결의 법적 근거가 된 1995년의 동 지침 제12조에 규정된 정보주체의 참여권(right of access)에 이미 내포된 것이고, 또 이번 판결이 인터넷에서의 표현의 자유를 무시한 새로운 권리를 인정한 것이 아니라는 점을 강조하고 있다.

유럽사법재판소는 이번 판결에서 잊힐 권리를 표현의 자유나 미디어의 자유와 같은 기본적 권리들을 제압하는 '상위의 권리'로 격상시킨 것이 아니다. 반대로, 이번 판결은 당신의 정보를 삭제하게 하는 권리가 절대적인 것이 아니고, 거기에는 분명한 한계가 있음을 확인한 것이다. 삭제요청은 사안의 개별적인 사정에 따라 평가되어야 한다. 판결은 개인정보의 저장이 원래 수집 당시의 처리목적에 비추어 더 이상 불필요하거나 또는 무관한 것이 되었을 때에 한해서만 적용된다. 무관하고 낡아 버린 링크를 제거하는 것은 콘텐츠를 삭제하는 것과 동일하지 않다는 것이었다.

결국, 이 사건은 잊힐 권리에 관한 모범사례가 되었다. 결국 법원은 구글에게 스페인 시민과 무관한 것으로 보이는 정보에 접근할 수 있는 링크를 삭제하라고 명령했지만, 원래의 신문사 아카이브에 담긴 내용이 개인정보보호의 이름으로 변경되어야 한다고 판시한 것은 아니었다.

4) 판결의 영향

위 판결의 당사자였던 구글은 2014년 5월 29일 EU 회원국 국민을 대상으로 정보삭제 요청 페이지를 개설하였다. 위 정보삭제요청 페이지는 신청자의 이름, 삭제를 요청하는 정보 링크, 삭제의 근거 및 자료, 서명 등을 기재해 제출하도록 요구하고 있으며, 다른 사람의 이름을 도용하지 못하도록 사진이 첨부된 신분 증명 자료를 함께 제출하도록 하고 있다. 위 페이지가 개설된 후 EU 회원국을 중심으로 정보 삭제 요청이 쇄도하여 총 9만 1,000건의 정보 삭제 요청이 접수되었고, 구글은 위 요청 중 50% 가량을 승인하고, 30%는 정보 삭제를 거부했다. 마이크로소프트(MS) 역시 2014년 7월 16일 EU 회원국 사용자를 대상으로 빙(Bing) 서비스에 대한 검색 삭제요청 접수를 받기 시작했다.

국내에서도 인터넷에 유포된 개인정보를 삭제 요청하는 제도의 정비가 필요하다. 우선 개인정보 주체는 개인정보 보호법 제36조에 따라 자신의 개인정보의 정정 및 삭제를 요구할 수 있고, 제37조에 따라 자신의 개인정보 처리의 정지를 요청할 수 있다. 개인정보 처리자는 예외적으로 위 개인정보의 정정 또는 삭제 요구를 거부할 수 있는데, 그 내용을 살펴보면 EU의 일반 데이터 규정(GDPR)과 유사한 측면이 있다(동법 제58조). 그 밖에 '신용정보의 보호 및 이용에 관한 법률'은 신용정보회사 등은 신용정보주체에게 불이익을 줄 수 있는 신용정보의 경우 그 불이익을 초래하게 된 사유가 해소된 날로부터 최장 5년 이내에 등록 · 관리 대상에서 삭제하여야 한다고 규정하고 있다(동법 제18조 제2항).

잊힐 권리에 관하여 정보통신망법에서는 별도의 임시조치 청구를 인정하는데, 정보통신망법 개정을 통해 현행 임시조치 제도의 절차적 허점을 보완하여, 피해자와 표현 행위자 모두의 권리가 보장될 수 있도록 구체적인 요건과 절차를 법제화하고 있다.

기타 법원을 통한 해결 방법으로 인터넷 기사가 개인의 명예를 훼손하는 등의 삭제 필요가 있는 경우에, 인격권에 기한 방해배제청구를 인용하고, 제거 청구 이후 업자가 이를 불응하여 명예 침해의 손해가 확산된 경우에 대한 손해배상은 일부 인용할 수 있다. 이같이 정보통신망법에 의한 임시조치 청구 외에도 민사상 손해배상청구, 원상회복 청구 등의 구제 방법이 있다.

5 마무리

핵심정리

- 개인정보 보호는 개인의 사생활을 보호하는 것은 물론, 궁극적으로 헌법상 보장된 제10조의 인간의 존엄과 가치와 제17조 사생활의 비밀과 자유를 실현하는 기초가 된다. 법적 근거로는 개인정보 보호법이 있다.
- 개인정보 보호와 공익 목적의 정보 활용은 개인의 기본권 보장과 공공의 이익 증진이라는 상반된 가치에 기반하므로 필연적으로 충돌이 발생한다. 개인정보 보호법 제58조는 적용제외를 두어 언론, 종교단체, 정당이 각각 취재 · 보도, 선교, 선거 입후보자 추천 등 고유목적을 달성하기 위하여 수집 · 이용하는 개인정보는 개인정보 보호법 제3장부터 제8장까지를 적용하지 않는다. 따라서 제59조(금지행위)에 해당하는 행위, 즉 언론사가 개인정보를 부정한 수단이나 방법으로 취득하거나, 업무상 알게 된 개인정보를 누설 또는 권한 없이 이용하거나, 타인의 이익을 해치거나 침해할 목적으로 개인정보를 제3자에게 제공하는 등의 행위는 여전히 금지되며 처벌 대상이 될 수 있다. 공익을 위한 개인정보 유출이 개인정보 보호법 위반에 해당하는지가 문제 되며, 공익신고자보호법이 있지만, 개인정보 보호법과의 충돌 시 법 적용의 우선순위와 정당행위로 인정될 수 있는지 사전 검토가 필요하다.
- 경향신문이 대통령실 공무원들의 개인정보를 보도하자 대통령실은 개인정보 보호법 위반을 주장했고, 이에 대해 시민단체는 정보공개 청구를 하여, 법원은 보도의 공익성이 개인의 사생활 침해보다 크다고 판단했다. 법원은 공무원의 직책, 성명 등은 공적 정보에 해당하여 공개 대상이나, 연령, 정치 성향, 친인척 관계 등은 사적 정보에 해당할 수 있다고 판단했다.
- 잊힐 권리에 관하여 국내법적 근거로는, 개인정보 보호법 제36조에 따라 개인정보 정정 및 삭제를 요구할 수 있고, 제37조에 따라 처리 정지를 요청할 수 있다. 다만 민사법으로 인격권에 기한 방해배제청구을 인정하여 인터넷 검색 결과로 인한 명예훼손 등 피해 발생 시, 인격권에 근거한 방해배제청구권을 통해 검색 인덱스 삭제를 요청할 수 있다.

실전활용 체크리스트

- 개인정보 보호법 제58조의 '언론 면책' 조항을 적용받기 위해, 보도하려는 개인정보의 공익적 목적이 명확한지 자문해야 한다. [공익성 판단] 현재 보도하려는 개인정보가 단순히 흥미 위주가 아닌, 공익을 위하거나 또는 정부 · 공공기관의 공적 권한 행사를 수행하기 위해 필요한 정보라고 명확히 주장할 수 있는가?
- 확보한 개인정보의 '보도 목적'이 법적으로 인정되는 '공익 목적'과 정확히 일치하며, 이를 개별 사건에서 명확히 소명할 수 있는가?
- 공익목적의 정보 취급 및 제공의 대상, 요건, 절차가 모호하다면, 법률 자문을 통해 향후 발생할 법적 문제를 사전에 검토했는가?
- 범죄 관련 정보처리에 있어서, 보도하려는 정보가 범죄피해자나 범죄신고자 등의 민감한 개인정보를 포함하고 있다면, 이들을 보호하기 위한 비실명 처리 등의 조치를 충분히 고려했는가?
- 정보주체가 보도된 내용에 대해 삭제나 정정, 검색 제외를 요구할 경우, 언론사로서 법적 대응 방안을 준비해야 한다. 정보의 정정 · 삭제 요구 대응시에, 정보주체가 개인정보 보호법 제36조에 근거하여 해당 보도에 포함된 개인정보의 정정 및 삭제를 요구해 올 경우, 이를 거부할 수 있는 법적 예외 사유(동법 제58조)에 명확히 해당된다고 판단하는가?
- 개인정보 처리 정지요구 대응에 있어, 정보주체가 개인정보 보호법 제37조에 따라 개인정보 처리 정지를 요청할 경우, 언론의 고유 목적 달성이라는 이유로 거부할 수 있는 근거를 명확히 제시할 수 있는가?
- 잊힐 권리와 임시조치에 대하여, 정보주체가 정보통신망법 제44조의2에 근거하여 해당 보도의 검색 결과에 대한 임시조치(하이퍼링크 제거 등)를 청구할 경우, 이에 대한 법적 방어 논리는 무엇인가?

6 참고 문헌

김송옥 (2015). 잊혀질 권리에 대한 비판적 고찰". 「언론과 법」 제14권 제1호.

김주영 · 손형섭 (2012). 『개인정보 보호법의 이해 – 이론 · 판례와 해설』. 법문사.

손형섭 (2023). “언론의 공익목적 개인정보 사용에 대한 개인정보 보호법 적용제외 연구”. 헌법학연구 제29권 제1호.

손형섭 (2019). “[판례평석] 홈페이지에 공개된 개인정보와 인격권”. 미디어와 인격권 제5권 제1호.

아주경제 (2023.11.13.). “안전한 생성AI 만드려면”…개인정보위, 13일 ‘사전적정성 검토제’ 설명회. https://www.ajunews.com/view/20231113141412056

언론보도 등 공익목적 정보처리를 위한 개인정보보호법 개정 토론회. (2023.2.17.). https://www.opennet.or.kr/23395

한동훈 (2021).「유럽연합의 잊힐 권리에 관한 연구－프랑스의 경우를 중심으로」. 비교헌법연구2021－B－5. 헌법재판연구원. 18.

세계일보 (2022.10.19.) 대통령실, 직원 신상 공개 보도에 “유감..개인정보보호법 위반”.

서울고등법원 2024.10.23. 선고 2023누61525 판결. [정보공개거부처분취소]

대통령비서실장의 상고를 기각, 대법원 2025.2.13. 선고 2024두61049 판결. (정보공개거부처분취소).

서울서부지방법원 2015.12.18. 선고 2015고정1144 판결.

Solove (2018). Daniel J. & Schwartz, Paul M., Information Privacy Law. 6th ed.

孫亨燮 (2008).「プライバシー権と個人情報保護の憲法理論」, 東京大学大学院法学政治学研究科 博士学位論文.

제11장

윤리강령과 자율규제

표시영

제11장

윤리강령과 자율규제

1 들어가며

학습목표

- 자율규제의 등장 배경과 가치 이해
- 자율규제 주요 유형과 특성 탐구
- 국내 세 언론자율규제기구의 구성 및 운영 파악
- 핵심적인 '윤리강령-심의 규정'의 내용 숙지
- 독자불만 처리 절차와 언론사의 자율규제 실천 확인

학습사례

제목 | "녹색 도시라더니"… Y건설 신축 단지, '녹지 훼손 · 매연' 논란

(서울=○○일보) 기자 김△△

입력 2025-11-03-08:30 (가상 기사)

서울 XX구 A동에 들어선 Y건설의 신축 아파트(총 1,128가구)가 분양 당시 '친환경 단지'를 내세웠지만, 지역 환경단체 '생태이음터'는 어제 성명에서 "공사 과정에서 완충녹지 약 6,200㎡가 사라졌고, 입주 이후 주말 저녁 시간대 단지 주변 PM10이 급증했다"고 주장했다.

이에 대해 Y건설은 "설계 · 시공 · 배출 모두 법정 기준을 준수했다"고 답하며, "녹지는 도시계획 변경에 따른 것으로, 대체 수목 식재 · 옥상 녹화로 환경에 미치는 영향을 최소화했다"고 반박했다. XX구청 환경과는 "관련 민원 접수를 확인했고, 측정 및 현장 점검을 진행 중"이라 밝혔다.

주민 A씨 등 복수의 관계자는 "야간 시간대 자재 반입 차량에서 매연이 반복적으로 발생했으며, 아이의 기침과 알레르기 증상이 아파트 입주 후 더욱 심해졌다"며, 직접 촬영한 휴대전화 영상을 제보했다. 한편 Y건설 대표 박○○ 씨는 이달 초 금품수수 의혹으로 시민단체에 고발을 당했다.

질문 1. 위 기사는 환경 오염 제보라는 공익적 사안을 다루며 환경단체의 주장, 기업 반박, 지자체 입장 그리고 익명의 제보 등을 함께 제시하고 있다. 언론윤리 관점에서 볼 때, 위 보도는 바람직한 보도로 평가될 수 있는가?

질문 2. 위 기사에서 제기된 '금품수수 의혹 고발'과 관련하여, 기사 내용에 문제가 있다고 판단할 경우, 당사자는 언론사 내부의 어떤 절차를 통해 이를 구제받을 수 있을까?

2 규범이론 속 자율규제의 부상

언론의 본질적 역할은 시민이 알아야 할 정보를 저널리즘 규칙에 따라 신속하고 정확하게 전달하는 데 있다. 이러한 언론 역할에 대한 논의는, 언론 자유와 규제 사이의 적정한 경계를 어떻게 설정할 것인가라는 규범적 쟁점과 맞물려 전개되어 왔다.

언론 자유는 권위주의 시대가 저물면서 그에 대항하는 중요한 가치로 부상하였다. 일찍이 존 밀턴(John Milton)은 거짓과 진실이 자유롭게 경쟁하는 '사상의 자유 시장(marketplace of idea)'에서, 진리가 개인의 양심과 이성에 근거한 공적 토론을 통해 스스로 드러난다는 '자기조정의 원리(self-regulation principle)'를 내세워 국가의 사전검열 철폐를 주장했다. 표현의 자유 관점에서 사전검열 없는 출판의 자유를 옹호한 위 주장은, 이후 존 로크(John Locke), 윌리엄 블랙스톤(William Blackstone) 등을 거쳐 자유지상주의 이론(Libertarian Theory)의 핵심 전제가 되었고, 이는 미국 수정헌법 제1조의 근간이 되었다.

반면 언론에 대한 규제를 지지하는 입장은 주로 선전 이론(Propaganda Theory)과 대중사회 이론(Mass Society Theory)에 뿌리를 둔다(김훈순 · 김경희 · 정선호, 2021). 이들은 언론의 강력하고 즉각적인 영향으로부터 시민을 보호하고, 나아가 언론이 양질의 보도를 통해 공적 책무를 성실히 이행하게 하려면 현명한 기술 관료에 의한 통제가 필요하다고 주장했다. 이러한 주장은 20세기 미디어 시장 내 급격한 경쟁 과열로, 선정적 보도와 오보 등이 급증하는 등, 황색 저널리즘(Yellow Journalism)이 만연해지면서 더욱 힘을 얻기 시작했다.

언론에 대한 정부 규제를 요구하는 목소리가 높아지는 가운데, 언론 종사자들이 자성적 의미로 제시한 대안이 바로 '자율규제(self-regulation)'다. 언론 스스로 윤리강령 등 자율적 규범을 제정하여 사회적 책무를 강화함으로써 언론의 신뢰성을 제고하겠다는 취지다. 이는 표현의 자유를 크게 제약하지 않으면서 언론의 전문성을 확보할 수 있는 효과적인 방안으로 주목받았다. 이후 언론의 공적 기능과 그 실패 원인을 대대적으로 검토한 허친스 언론자유위원회(Hutchins Commission)는 '언론 자유는 사회적 책임을 수반한다'는 원칙을 천명하고, 정확성 · 객관성 · 진실성 · 균형성 · 공익성 등의 규범을 언론 스스로 제도화하며, 위법하거나 유해한 보도로 인한 피해는 사후 책임으로 대응하는 절충적 규범 구조를 제시했는데, 이는 곧 사회책임 이론(Social Responsibility Theory)의 시초가 되었다.

결국 자율규제는 언론 자유와 규제 사이의 긴장 속에서 언론 스스로 책임과 균형점을 모색해 온 결과다. 그러나 오늘의 경쟁적 환경에서 언론은 상업적 서비스로서의 논리와 사회적 책임을 지닌 공적 서비스로서의 역할 사이 끊임없는 갈림길에 서며, 후자는 손쉽게 후순위로 밀려나고 있다. 언론 스스로 양질의 보도와 저널리즘 규범을 체화하려는 노력은 플랫폼과 알고리즘, 나아가 인공지능까지 더해진 복합적인 환경에서 그 의미가 더욱 커진다. 따라서 언론의 사회적 책임을 실효적으로 구현할 수 있는 자율규제의 설계와 운영에 대한 지속적 관심과 개선이 필요하다.

3 자율규제의 유형과 특성

자율규제는 정부 규제에 앞서 해당 집단, 조직, 개인 등 관련 이해당사자가 스스로 정한 일련의 규칙과 집행 절차를 바탕으로 행위를 통제 및 관리하는 거버넌스 유형을 의미한다. 공적 규제의 대체 또는 보완 수단으로 설계되며, 상황에 따라 공적 규제와 상호보완적으로 작동한다. 정부 규제가 법적 강제력을 전제로 하는 데 비해, 자율규제는 직접적 강제나 형벌 등을 수반하지 않으며, 대신 모니터링 · 평가 · 시정 요구 · 인증 등의 수단으로 준수 유인을 마련한다.

자율규제는 다양한 형태로 조직 및 운영되는데 정부의 개입 정도에 따라 명령적(Mandated), 강제적(Coerced), 제재적(Sanctioned), 자발적(Voluntary) 유형으로 구분된다(Black, 1996). 블랙(Black)에 따르면 첫째, 명령적 자율규제는 정부가 특정 집단에 규범 제정과 집행을 공식적으로 위임하고 요구한다. 정부가 목표나 원칙, 최소 기준 등이 포함된 상위 틀을 미리 제시하고, 집단 구성원은 그 틀 안에서 세부 규칙의 작성과 집행을 수행하는 구조다. 법적 근거가 있기에 정부의 제도적 개입 강도가 높은 편이며, 미준수 시 공적 제재가 뒤따를 수 있다. 둘째, 강제적 자율규제는 정부가 개별 사업자에게 내부 규칙을 만들 것을 의무화하고, 내용 및 절차를 실질적으로 지정하는 방식이며, 불이행 시 공적 제재로 바로 연결되는 경향이 있다. 따라서 정부의 관여와 강제성은 대체로 명령적 자율규제가 더 크지만, 집행 단계에서 체감되는 강제성은 강제적 유형이 더 높게 나타나는 경향이 있다. 셋째, 제재적 자율규제는 특정 집단이 자발적으로 설계한 규범에 대해 국가가 사후적으로 승인 · 등록 · 감독함으로써 정당성과 집행력을 보강하는 방식이다. 규범의 출발은 민간이지만 공적 인가가 효력과 신뢰를 부여한다. 넷째, 자발적 자율규제는 국가의 직접적 관여 없이 특정 집단 혹은 개별 사업자가 자체 규범을 제정하고 집행하는 방식으로, 자율규제의 원형에 가장 부합하는 형태라고 할 수 있다.

이처럼 자율규제는 국가 개입 정도에 따라 네 유형으로 구분되지만, 실제 운영에 있어서는 엄격히 나뉘지 않고 상황에 따라 겹치거나 이동하는 등 하나의 연속체로 이해된다.

네 유형 중에서 명령적, 강제적, 제재적 자율규제는 정도의 차이는 있으나 모두 일정한 정부 개입을 전제로 한다. 따라서 자발적 자율규제만 순수한 의미에서 자율규제로 보고, 나머지 세 유형은 공동규제(Co-Regulation)로 분류하기도 한다(최지수 · 윤석민, 2019).

자율규제는 여러 장단점을 지닌다(윤성옥 외, 2017). 우선 장점으로는 사업자의 자발적 참여를 전제로 하므로 제도에 대한 순응도가 높아져 실질적 규제 효과가 커지고, 내부 합의 절차를 통해 진행됨으로써 이해관계 갈등이 완화된다는 점을 들 수 있다. 또한 현장에서 규칙을 설계 · 개정할 수 있어 기술 및 시장 변화에 신속히 대응할 수 있으며, '모니터링-시정-재발방지'로 이어지는 예방적 통제가 가능하다. 더불어 전문가 기반의 자율규제는 전문성의 내재화를 통해 업계와 전문가 집단의 축적된 지식이 규범과 절차에 직접 반영되어 현실 적합성이 높아진다. 마지막으로 비용 및 행정 부담의 경감 효과도 있다. 민간이 1차 규율과 집행을 담당함에 따라 공공부문의 부담이 줄고, 목표-수단의 균형을 통해 최소 개입으로도 정책목표 달성 가능성이 커진다. 반면 제도가 형식화될 경우 책임 회피의 통로가 될 수 있고, 동종 업계의 자기규율은 엄정성과 중립성의 훼손을 야기할 위험이 있으며, 감시와 평가 체계가 미흡하면 신뢰성 저하와 비효율이 발생하고, 공동 규범이 사실상 담합 · 진입장벽처럼 작동해 경쟁을 제한할 위험도 존재한다(윤성옥 외, 2017).

4 한국의 언론자율규제기구와 윤리강령

1) 한국의 언론자율규제기구

「신문 등의 진흥에 관한 법률」(이하 신문법) 제34조는 정부 출연금 등으로 구성된 재원을 바탕으로 신문, 인터넷신문, 인터넷뉴스서비스, 잡지의 진흥을 위하여 한국언론진흥재단에 언론진흥기금을 설치하도록 규정하고 있으며, 해당 기금은 동법 시행령 제28조에 따라 "신문사업자 · 인터넷신문사업자 · 인터넷뉴스서비스사업자의 자율심의 지원 사업"을 위해 사용될 수 있다. 언론진흥기금은 한국언론진흥재단에서 관리 · 운용하되(동법 제36조 제1항), 재단은 이에 관한 종합적인 심의를 위하여 '언론진흥기금관리위원회'를 둬야 한다(동법 제2항). 동법 제37조는 문화체육관광부가 기금 사용의 성과를 측정 · 평가하여 그 결과를 다음 연도 3월 31일까지 한국언론진흥재단에 통보하도록 하고 있는데, 성과 측정 및 평가 기준은 재단과 협의하여 정한다.

한국언론진흥재단은 이러한 기금 목적에 따라 '신문기사자율심의지원', '인쇄매체광고자율심의지원' 그리고 '인터넷신문자율심의지원'이라는 <신문윤리심의지원> 사업을 진행하고 있으며, 현재 한국신문윤리위원회, 한국광고자율심의기구, 인터넷신문윤리위원회가 해당 사업의 지원을 받고 있다. 사업의 목적과 내용, 지원기준 · 규모 · 방식은 아래 <표 1>과 같다.

■ 표 1 한국언론진흥재단 신문윤리심의지원 사업 안내

분류	자율규제기구		
	한국신문윤리위원회	한국광고자율심의기구	인터넷신문윤리위원회
사업목적	신문기사, 온라인 기사 및 광고에 대한 업계 자율심의 기능 강화	인쇄매체 광고, 기사형광고에 대한 업계 자율심의 기능 강화	인터넷신문의 기사 및 광고에 대한 업계 자율심의 기능 강화
사업내용	‣ 신문기사, 온라인신문 기사 및 광고 심의위원회 심의비, 심의회의 운영비 지원, 대국민 홍보, 독자불만처리위원 심의비 및 운영비 등	‣ 인쇄매체 광고 및 기사형 광고 심의위원회 심의비, 회의운영비 등 지원 ‣ 광고 심의 종합정보 제공 사이트와 상담센터 운영비, 광고 심의정보집 출판 등 지원	‣ 인터넷신문 기사 및 광고 심의위원회 심의비, 심의회의 운영비, 대국민 홍보비 등 지원
지원기준	목적의 타당성, 사업내용의 구체성, 사업추진절차의 합리성, 시스템 활용계획, 기금 지원효과, 사업수행능력 등		
지원규모	1,300,000천 원 이내	800,000천 원 이내	800,000천 원 이내
지원방식	자부담 비율 10% 이상		

세 자율규제기구는 앞서 살펴본 블랙의 자율규제 유형 중, 제재적 자율규제에 가깝다. 자율규제기구가 규범 및 절차를 스스로 만들어 운영하고, 정부(문화체육관광부)는 재정 지원과 성과 평가 등 간접적 관여를 통해 정당성과 집행력을 뒷받침한다. 자율규제 미이행에 대해 정부로부터 직접 제재가 가해지는 것은 아니고, 주로 차등적 지원 혹은 인센티브 조정과 같은 소극적 제재가 가해진다. 다만 향후 신문법 등에 자율규제기구의 설치 및 운

영에 관한 공식 위임 규정이 마련되고, 상위 틀이 명시된다면 명령적 자율규제로의 이동 가능성도 배제할 수 없다. 다음으로 한국신문윤리위원회, 한국광고자율심의기구 그리고 인터넷신문윤리위원회의 구성과 운영 방식에 대해서 간략히 살펴보도록 하자.

(1) 한국신문윤리위원회

한국신문윤리위원회는 1961년 9월 12일 한국신문협회 · 한국신문방송편집인협회 · 한국기자협회 주도로 설립된 자율규제기구다. 4.19 혁명과 5.16 군사정변을 거치며 드러난 언론의 무지성에 대한 업계의 자성 요구와, 정부의 통제 강화에 대한 우려 속에서, 언론 스스로 보도 책임을 담보하기 위하여 출범했다. 한국신문윤리위원회의 자율심의는 원칙적으로 서약사를 대상으로 실시한다. 서약사가 되기 위해서는 신문법에 따라 정식으로 등록된 일간신문 및 뉴스통신, 주간 간행물, 온라인 신문 등이 한국신문윤리위원회의 규정을 준수하겠다는 서약서를 위원회에 제출해야 한다. 현재 총 276개(일간신문 및 뉴스통신 129개, 주간 간행물 7개, 온라인신문 총 140개)의 서약사가 참여하고 있다(2025년 11월 2일 기준).

한국신문윤리위원회의 심의 과정은 먼저 독자로부터 기사 및 광고에 대한 불만을 직접 접수받은 후, 독자불만처리위원이 해당 불만에 상당한 이유가 있다고 판단되면, 윤리위원회에 해당 사안을 회부하여 심의하도록 하는 독자불만처리절차가 있다. 그리고 이와 병렬적으로 심의실 또는 전문위원의 자발적 · 상시 모니터링을 통해, 제소 없이도 윤리강령 위반이 의심되는 기사나 광고를 자체적으로 선별하여 윤리위원회 심의 안건으로 회부하여 심의가 진행되기도 한다. 윤리위원회는 윤리강령 및 실천요강 위반 여부를 판단해 주의, 경고, 공개경고, 정정, 사과, 관련자에 대한 경고, 과징금 부과 등의 결정을 내릴 수 있고, 결과는 당사자에게 통보된다. 심의 결과에 불복할 경우, 매체는 결정 통보 후 2주 이내 재심을 청구할 수 있다.

(2) 한국광고자율심의기구

한국광고주협회, 한국광고단체연합회 등 8개 광고 관련 단체의 주도로 1991년 3월 27일 설립된 한국광고자율심의기구는 1993년 11월 10일 문화체육관광부 소관 사단법인으로 정식 승인받았다. 규제 환경 변화에 대응한 업계 주도의 자정 · 자율 심의 체계를 표방하며, 개별 언론사를 서약사로 관리하는 방식이 아닌 매체에 게재되는 광고 전반을 광범위하게 심의한다는 점에서 한국신문윤리위원회와 구별된다. 현재 12개 광고 단체가 회원으로 참여 중이며, 총 222종의 매체를 관리하고 있다(2025년 11월 2일 기준).

한국광고자율심의기구는 광고주, 대행사, 매체사, 소비자 또는 시민단체 등 다양한 경로(심의신청, 자체 모니터링, 관계기관 의뢰)를 통해 심의 대상 광고를 접수한다.접수된 광고는 담당 실무진의 1차 검토를 거쳐, 분야 및 광고 유형에 따라 광고심의위원회(제1, 제2), 인쇄매체광고심의위원회, 기사형광고심의위원회 등에서 최종 심의 · 의결된다. 위원회는 광고자율심의규정 및 심의세칙 위반 여부를 판단하여 주의, 경고, 수정, 중지, 관계기관 통보 등 다양한 결정을 내릴 수 있으며, 결과는 이해당사자 및 관련기관에 통보되고, 원칙적으로 공개된다. 불복 시 결정 통보일로부터 7일 이내(일부 유형에 따라 최대 14일 이내) 재심을 청구할 수 있다.

(3) 인터넷신문윤리위원회

인터넷 신문사의 급증과 비윤리적 보도의 증가, 뉴스 소비의 온라인 전환 흐름 속에서, 인터넷신문윤리위원회는 기사 · 광고에 대한 자율심의와 이용자 상담 등 자율규제 활동을 통해 인터넷신문의 사회적 책임과 공신력을 높이기 위해 2012년 12월 26일 출범했으며, 세 자율규제기구 중 가장 최근에 신설된 기관이다. 인터넷신문윤리위원회의 자율심의 역시 서약사를 대상으로 한다. 신문법에 따라 독자적 기사 생산과 지속적인 발행요건을 충족하고(동법 제 9조), 청소년보호책임자를 지정 및 공개하며(동법 제9조의2), 필요적 게재사항을 공표하여(동법 제21조) 인터넷신문으로서의 요건과 자격을 갖춰야 서약사 신청이 가능하다. 현재 총 869개의 매체가 서약사로 참여하고 있다(2025년 11월 2일 기준).

인터넷신문윤리위원회는 먼저 전문위원이 서약사를 대상으로 모니터링한 결과 중 논의가 필요한 사안을 심의 안건으로 상정하고, 기사심의 분과위원회와 광고심의 분과위원회가 이를 대상으로 매월 2회 심의 회의를 진행한다. 심의 결정은 기각 · 권고 · 주의 · 경고로 구분되며, 자율규제 준수 권고와 함께 해당 매체(혹은 기자에게)에 통보된다. 결과에 불복 시 매체는 결정문 수령 후 7일 이내 재심을 청구할 수 있다.

▸ [깊이 살펴보기] E언론자율규제기구의 실효성 문제

언론 분야의 자율규제는 여타의 산업 분야와는 달리 헌법상 핵심 기본권인 표현의 자유와 긴밀히 연결된다는 점에서 매우 섬세한 균형과 신중함을 요구한다. 건강한 공론장을 구축하기 위해서는 외부의 개입을 최소화하면서도 내부적으로 저널리즘 규칙이 실효적으로 준수될 수 있도록 설계되어야 하는데, 이는 강제성은 낮추고 실효성은 높여야 하는 상충 과제를 한 체계 안에 담아내야 하는 것으로, 결코 쉽지 않다.

언론자율규제기구의 고질적인 한계점으로 지적받아온 실효성 문제는 크게 '강제성'과 '독립성' 부재에서 찾을 수 있다. 자율규제는 자발적인 참여를 전제함으로 이를 지기지 않았을 경우 따로 가해지는 법적 제재가 없다. 따라서 언론사는 자율규제기구에 가입을 했음에도 불구하고 규범의 준수보다 당장의 이익을 쫓는다. 이는 한국의 언론 신뢰도가 여전히 하위권을 유지하고 있다는 점(디지털 뉴스 리포트, 2024), 언론자율규제기구의 심의 건수가 지속적으로 많다는 점, 그럼에도 불구하고 자율규제 이행률은 계속 낮다는 점(이재진 외, 2024) 등에서 재차 확인할 수 있다.

자율규제기구가 독립성을 갖추는 것도 실효성을 높이는데 있어 중요한 조건이다. 가령 한국신문윤리위원회의 경우 심의 기능의 중심적인 역할을 하는 '윤리위원회'의 구성 요건과 관련하여 독립성과 다양성을 보장할 수 없다는 비판을 오랜 시간 받아왔다(이승선 외 2021). 윤리위원회 운영 규정 제3조에 따르면, 윤리위원회는 한국신문협회에서 추천하는 신문발행인 2인, 한국신문방송편집인협회에서 추천하는 편집인 2인, 한국기자협회에서 추천하는 기자 2인, 국회에서 추천하는 국회의원 2인, 대한변호사협회에서 추천하는 변호사 1인, 한국교원단체총연합회에서 추천하는 대학교수 1인, 윤리위원회에서 추천하는 인사 4인, 독자불만처리위원으로 구성되는데, 언론 현업 관계자가 지나치게 많고, 정치인이 포함되며, 상대적으로 공중을 대표하는 전문가가 부족하다는 이유에서다. 이러한 구조에서는 객관적인 심의가 어려울 수 있다. 실제 한국신문윤리위원회의 심의 제재 대부분은 낮은 '주의'에 머물러 있다.

그렇다면 자율규제기구의 실효성 제고는 어떻게 이뤄질 수 있을까? 먼저 강제성 부재의 경우 첫째, 다양한 인센티브 제도 등을 통해서 언론사들의 참여를 유도할 수 있다. 여기에는 정부 광고를 포함한 다양한 보조금 혜택, 제작비 지원, 전문 분야 연수 기회 제공, 정부 부처 및 기관의 출입기자 등록 내지 추천, 시상 등이 있다. 핵심은 자율규제를 잘 지킨 언론사와 그렇지 않은 언론사 간 분명한 차등을 두는 것이다. 둘째, 포털 사이트와의 협력이다. 가령 뉴스제휴평가위원회의 입점과 퇴출 심사 시, 자율규제기구의 가입 여부와 심사 결과를 일정 부분 반영하는 안 등을 고려해볼 수 있다. 셋째 법적 근거 마련이다. 신문법 등에 자율규제에 대한 근거, 자율규제 단체 설치 및 재정지원 근거, 전문 인력 양성 등 제도 기반을 조성하기 위한 규정을 마련한다면 법적 정당성과 이행력을 확보할 수 있다. 넷째, 업계와 현실을 반영한 자율규제제도 구축이다. 이를 위해 심의 결과를 언론사 포함 당사자에게 명확하게 통보하며, 신입·경력 기자 대상 (재)교육을 통해 규범을 현업에 적용할 수 있도록 준비시켜야 한다. 나아가 언론사와의 상시 소통 채널을 강화하고, 심의 기준이 현행 언론 환경을 반영하도록 연구·개선 사업을 지속적으로 추진할 필요가 있다.

독립성 부재는 심의를 담당하는 위원회의 구성을 업계 이해관계자 중심이 아닌 객관성을 갖춘 외부 전문가 중심으로 구성함으로써 대응할 수 있다. 다만 전문성을 고려하면 언론 관계자를 배제할 수는 없으므로, 현업과의 연계를 방지할 수 없는 장치가 병행돼야 하다. 이와 관련하여 인터넷신문윤리위원회의 경우 자율심의·규제 운영규정 제5조 제3항에서 "단, 언론계에 종사한 경력을 가진 자는 언론계에서 퇴사 후 1년 이상 경과하여야 한다"는 단서 조항을 두고 있는데, 이와 같이 최소한의 독립성을 확보할 수 있는 방안을 참고할 수 있다.

2) 윤리강령과 심의규정

한국신문윤리위원회, 한국광고자율심의기구, 인터넷신문윤리위원회는 모두 윤리강령을 근간으로 삼고, 윤리강령의 취지와 이념을 실행 가능한 기준으로 풀어낸 심의규정에 근거해 자율심의를 운영한다.

<표 2>는 세 기구의 윤리강령과 심의 근거 규정 그리고 주제별 보완 준칙·지침이다. 본 장에서는 이들 가운데, 국내 언론자율규제의 가장 오래된 근간이자 출발점이라고 할 수 있는 한국신문윤리위원회의 신문윤리강령과 신문윤리실천요강을 중심으로, 심의 기준과 절차 전반을 살핀다.

■ **표 2 세 자율규제기구의 윤리강령, 심의 근거 규정, 주제별 보완 준칙 · 지침**

구분	윤리강령	심의 근거 규정	주제별 보완 준칙 · 지침
한국신문 윤리위원회	신문윤리강령	신문윤리실천요강	- 신문 소설 · 만화 심의기준 - SNS 등 출처 표기 가이드라인
	신문광고윤리강령	신문광고윤리실천요강	
인터넷신문 윤리위원회	인터넷신문윤리강령	인터넷신문 기사심의규정	- 인터넷신문의 인공지능 활용을 위한 기본 원칙 - 인터넷신문을 위한 인공지능 활용 가이드
	인터넷신문광고 윤리강령	인터넷신문광고 심의규정	
한국광고 자율심의기구	강령	광고자율심의규정	
		기사형광고심의 편집기준	
		기사형광고심의 심의세칙	

※ 위 표는 각 심의 기구의 '운영 규정'은 제외하고, 실질적 심의에 활용되는 핵심 기준만을 발췌 · 정리한 것이다.

한국신문윤리위원회 신문윤리강령은 1957년 4월 7일 수많은 신문사가 직접 참여하여 스스로 제정한 자율규약으로, 업계의 의지와 합의가 반영된 만큼 한국신문윤리위원회의 설립 취지와 방향성을 규정하는 기준점이 되었다. 언론 환경이 급속도로 변화하면서 윤리강령 또한 한국신문협회 · 한국신문방송편집인협회 · 한국기자협회의 협의를 거쳐 지금의 체계로 정비되었는데, 현재 언론의 자유(제1조), 언론의 책임(제2조), 언론의 독립(제3조), 보도와 평론(제4조), 명예존중과 사생활 보호(제5조), 반론권과 독자의 권리 존중(제6조), 언론인의 품위(제7조)로 구성되어 있다.

신문윤리강령 제1조는 언론의 자유를 명시한다. "우리 언론인은 언론의 자유가 국민의 알권리를 실현하기 위한 으뜸가는 가치임을 깊이 인식하고 대내외적인 모든 침해, 압력, 제한으로부터 이 자유를 지킬 것을 다짐한다"고 규정하고 있다. 이는 윤리강령이 표현의 자유를 핵심 전제로 삼고, 자율규제가 언론 자유 보장의 틀 안에서 구현되어야 함을 뜻한다. 다시 말해 외부 통제는 최소화하되 내부 규범과 절차로 품질과 책임을 담보하겠다는 헌장적 선언으로 읽힌다. 이 원칙은 신문윤리실천요강 제1조에서 절차적 책임으로 구체화된다. 정치권력으로부터의 자유는 정권 · 정당 · 정파의 압력 · 청탁을 명시적으로 거부하도록 요구하며, 사회 · 경제 세력으로부터의 독립은 기업 · 단체 · 종파의 이해관계 개입, 금전적 유혹을 수용하지 않음으로써 편집권의 자율을 보장한다.

제2조에는 언론의 책임이 위치한다. “우리 언론인은 언론이 사회의 공기로서 막중한 책임을 지고 있다고 믿는다. 이에 다양한 여론을 형성하고 국민의 기본권을 보호, 신장하기 위해 적극적으로 노력한다. 또한 공공복지 증진, 민족화합, 문화창달 등을 위해 전력을 다할 것을 다짐한다”고 규정하고 있다. 이는 언론의 자유가 핵심 가치이듯, 그에 상응하는 책임 역시 동등한 무게로 요구된다는 점을 분명히 한다. 이와 관련하여 신문윤리실천요강은 ‘사회적 책임’의 전제로 개인의 권리보호와 다양한 여론 형성을 제시하고, 공적 사안의 적극적 보도를 요구한다. 가령 이를 뒷받침하는 제3조 보도준칙은 취재 단계에서 사실 · 근거의 교차검증을 원칙으로 하고, 불가피한 미확인 정보는 그 한계를 명시하도록 한다. 특히 쟁점 보도에서는 의견의 균형과 반론 기회 보장, 보도자료의 독립적 검증을 통해 편향을 걸러내야 한다. 제10조 편집지침은 책임의 사후 이행 장치로 신속하고 뚜렷한 정정, 기사와 직접 관련된 사진 사용, 사진·영상의 조작 금지 등을 규정함으로써 편집 단계의 품질과 신뢰를 담보한다. 제2조의 ‘언론의 책임’은 이처럼 검증-균형-반론-정정으로 이어지는 내적 절차를 통해 실질화될 수 있는 것이다.

제3조는 언론의 독립으로, “우리 언론인은 언론이 정치, 경제, 사회, 종교 등 외부 세력으로부터 독립된 자주성을 갖고 있음을 천명한다. 우리는 언론에 대한 일체의 간섭과 부당한 이용을 단호히 거부할 것을 다짐한다”고 규정하고 있다. 언론의 독립은 외부 간섭 배제라는 가치와 상호보완적 관계로, 신문윤리강령 제1조 언론의 자유와 긴밀히 연결된다. 이와 관련하여 신문윤리실천요강은 정치권력으로부터의 자유와 사회 · 경제 세력으로부터의 독립을 명시하고, 제10조 제2항에서 사내외 부당한 요구로부터 기사의 내용이 변경되지 않아야 한다는 편집 변경 금지기준을 명시한다. 제6조 제1항에서 보도 유예의 설정 및 연장을 외부 개입 없이 합리성과 타당성에 따라 판단하도록 한 점도 언론의 독립과 관련 있다.

제4조는 보도와 평론이다. “우리 언론인은 사실의 전모를 정확하고, 객관적이고, 공정하게 보도함으로써 진실을 추구할 것을 다짐한다. 또한 공정하고 바르게 평론하며, 사회의 의견을 폭넓게 수용해 다양한 여론 형성에 기여할 것을 결의한다”고 규정하고 있다. 이 신문윤리강령은 객관성 · 공정성 · 진실성이라는 저널리즘 규칙의 핵심을 밝히며, 신문윤리실천요강에서 제3조 보도준칙과 제9조 평론의 원칙 등으로 구체화된다. 보도기사에 대해서는 사실과 의견의 명확한 구분, 쟁점 사안의 균형과 반론 보장, 미확인 정보 사용 시 한계 고지, 보도자료의 독립적 검증, 선정보도의 금지, 재난 · 자살 · 피의사실과 같이

주의가 필요한 보도에 있어 신중함 등이 요구된다. 사설 · 칼럼 등 의견물의 경우 사실 기반의 논증, 편파 · 왜곡의 배제, 균형과 절제가 논쟁적 쟁점의 경우 다양한 여론 수용이 기준으로 제시된다.

제5조는 "우리 언론인은 개인 또는 단체의 명예나 신용을 훼손하지 않고 사생활을 침해하지 않을 것을 다짐한다"는 명예존중과 사생활 보호를 규정한다. 이는 인격권 침해 보도가 빈번한 지금 더욱 중요한 의미를 가진다. 신문윤리실천요강은 제11조에서 오보 · 부정확 · 왜곡 · 저속한 표현 등으로 개인 · 단체의 명예 · 신용을 훼손하지 말 것을 명시하고, 제12조에서는 공익상 불가피한 경우를 제외하고 사생활 영역의 무단 침입 · 개인정보의 무단 검색 · 무단 촬영 · 보도를 금지하며, 공인의 사생활 보도에서도 절제를 요구한다. 아울러 제7조는 형사사건 보도에서 피의자 · 피고인의 무죄추정과 인격권 존중, 피해자 · 유가족 등 2차 피해 방지, 범죄와 무관한 가족 신원 비공개, 미성년자의 신원 보호 등을 의무 기준으로 제시하고 있다. 한편 자살보도의 경우 관련 윤리강령과 실천요강을 바탕으로 자살예방 보도준칙 4.0이 별도로 마련되어 시행 중이다.

제6조는 "우리 언론인은 개인 또는 단체의 권리를 존중하고 독자에게 반론 등 의견 개진의 기회를 주며 이를 기사에 반영하도록 노력한다"고 규정하여, 반론권과 독자의 권리 존중을 나타낸다. 이 원칙은 신문윤리실천요강에서 보도준칙의 '반론 기회 보장'과 편집지침의 '기사 정정' 기준으로 구체화된다. 즉, 비판 · 비방 내용이 포함될 때에는 사전에 해명할 기회를 부여하고, 제시된 반론은 가능한 범위에서 기사에 반영해야 하며, 보도 후 오류가 확인되면 신속하고 명확하게 정정 · 설명해야 한다는 것이다. 독자의 참여·구제는 한국신문윤리위원회 내에서 독자불만처리절차를 통해 별도로 운영 및 보완되고 있다.

마지막으로 제7조는 언론인의 품위로 "우리 언론인은 사회적 기대에 조응하는 높은 도덕성과 긍지, 품위를 지녀야 한다. 우리는 전문성과 소명의식을 갖추고 언론 본연의 역할에 충실해야 한다. 또한 바르고 고운 언어생활을 이끌어 품격 있는 사회를 구현하는 데 앞장서야 한다"고 규정하고 있다. 해당 조항은 언론인의 책임 및 전문성과 연결된다고 할 수 있다. 이와 관련하여 신문윤리실천요강은 제15조 언론인의 품위규정을 통해 금품 · 향응 · 청탁 수수 금지, 부당한 집단 영향력 행사 금지, 광고 · 판매 등 영업행위와 편집의 분리를 통해 이해상충을 차단하고, 언어 사용에서도 저속 · 비속 표현을 지양할 것을 구체적으로 요구한다. 나아가 제2조 취재준칙은 신분 사칭 · 위장 · 도청 · 비밀촬영 · 금전 제공 등 비윤리적 · 불법적 방법을 금지하고, 재난 · 사고 취재에서 인간의 존엄과 현장 질서를 해치지 않도록 명확한 기준을 제시한다. 신문윤리실천요강은 이처럼 윤리강령과 밀접히 연관돼 있으나, 개별 조항이 일대일로 대응한다고 보기보다는 윤리강령 전체의 원칙을 포괄적으로 구체화한 적용 기준으로 이해하는 것이 타당하다.

한편 인터넷신문윤리위원회의 인터넷신문윤리강령은 한국신문윤리위원회의 신문윤리강령과 기본 취지는 같지만, 온라인 환경의 특수성을 반영해 구성과 강조점에서 차이를 보인다. 현재 인터넷신문윤리강령은 언론의 자유(제1조), 언론의 책임(제2조), 인격권의 보호(제3조), 약자 보호와 차별 금지(제4조), 저작권 보호(제5조), 이해 상충(제6조), 부당게재 또는 전송 금지(제7조), 기사와 광고의 분리(제8조), 광고의 신뢰성 확보(제9조), 이용자 참여(제10조)로 구성되어 있는데, 온라인 환경을 감안하여 약자 보호 · 차별 금지가 한층 분명해졌고, 베껴쓰기 · 무단 전재 등 디지털 재이용에 대응하기 위한 저작권 보호와 부당 게재 · 전송 금지가 윤리강령 속 별도 조항으로 독립되어 있다. 또 온라인상 기사와 광고의 경계가 점차 모호해지고 있는 것을 반영해 기사와 광고의 분리 그리고 광고의 신뢰성 확보를 따로 규정함으로써, 온라인 내 기사형 광고에 대응하고 있는 점이 특징이다.

앞서 살펴본 학습 사례의 가상 기사에 윤리강령 및 심의 규정을 적용하여 평가해 보자. 신문윤리강령은 공적 사안에 대한 적극적 보도를 언론의 사회적 책임으로 규정한다. 그런 면에서 환경 오염 제보라는 공익적 사안을 다룬 가상 기사는 적절한 소재를 취재하였다고 볼 수 있다. 하지만 이처럼 제보성 기사는 양 당사자의 쟁점이 대립하는 경우가 많다. 위 가상 기사에서도 환경오염 제보라는 공익적 사안을 다루고 있지만, 이는 Y건설에 대한 비판적인 내용을 포함하고 있다. 따라서 언론사는 사전에 해명할 기회를 부여하고, Y건설 측의 입장을 가능한 범위 내에서 반영해야 한다. 그런 측면에서 반론권의 행사는 적절하게 이뤄졌다고 평가할 수 있다.

하지만 위 가상 기사는 환경단체의 주장에 대한 검증 없이 의혹을 그대로 기사에 담았으며, 주민 및 복수의 관계자가 제기한 의혹 또한 검증 없이 기사에 담아냈다. 검증을 위해 지자체를 취재하기는 했으나 확실한 답변을 받은 것이 아니라 검증 정도가 미흡하다. 신문윤리강령 신문윤리실천요강은 보도자료의 경우 검증이 필요하며, 미확인 정보를 보도에 사용할 때는 한계를 고지해야 한다고 규정한다. 이는 위 가상 기사처럼 비판적 보도일 경우 더욱 주의를 요한다. 취재원이 제공한 불특정 출처나 일방적 주장에 근거하여 제

3자를 비판, 비방, 공격하는 경우 익명 요청은 원칙적으로 받아들여서는 안 된다.

더불어 위 가상 기사는 기사 하단에 Y건설 대표 박○○씨의 금품수수 의혹에 대해 언급하고 있다. 이는 환경 오염이라는 공익과 무관한 내용으로 당사자의 명예를 훼손하기에 부적절하다고 평가할 수 있다.

3) 기타 보도 준칙 및 가이드라인

세 자율규제기구의 핵심이 되는 윤리강령과 심의규정 외에도, 한국기자협회 등 언론단체 · 유관기관 등이 공동 제정 및 공표하는 다양한 보도준칙 및 가이드라인이 존재한다(<표 3> 참고). 이는 자율규제기구의 운영은 물론 각 언론사의 취재 · 보도 과정에서 참조할 수 있는 실무 기준으로 기능한다.

■ 표 3 기타 보도준칙&가이드라인의 분류

구분	기타 보도준칙&가이드라인
자살 · 정신건강 보도	자살보도윤리강령, 자살예방 보도준칙4.0, 자살예방 보도준칙 4.0, 정신건강보도 권고기준
범죄 보도	성폭력 범죄 보도 세부 권고 기준, 성폭력 · 성희롱 사건보도 공감기준 및 실천요강, 아동학대 언론보도 권고기준, 마약류 사건 보도 권고 기준
재난 · 안보 관련 보도	재난보도준칙, 감염병보도준칙, 국가안보 위기시 군 취재 · 보도 기준
인권 · 혐오표현 · 트라우마 대응	인권보도준칙, 언론인 트라우마 가이드북1.0, 혐오표현 반대 미디어 실천 선언
선거	선거여론조사 보도준칙
남북관계	평화통일과 남북 화해 협력을 위한 보도 제작 준칙
인공지능	언론을 위한 생성형 인공지능(AI) 준칙

이 중에서 자살예방 보도준칙4.0, 재난보도준칙 그리고 성폭력 범죄 보도 세부 권고 기준에 대해 간략히 살펴본다. 먼저 자살예방 보도준칙의 네 가지 원칙은 첫째, 자살 사건은 가급적 보도하지 않는다. 둘째, 구체적인 자살 방법, 도구, 장소, 동기 등을 보도하지 않는다. 셋째, 고인의 인격과 유족의 사생활을 존중한다. 넷째, 자살예방을 위한 정보를 제공한다는 것이다. 위 보도준칙은 이를 중심으로 어떤 표현이 금지 및 지양되는지, 어떤

정보가 포함되어야 하는지 등 구체적인 세부 항목을 제시하고 있다.[31]

재난보도준칙은 언론의 재난 취재와 보도가 국민의 생명과 재산 보호, 피해 확산 방지, 사회적 혼란 최소화, 피해자의 명예와 인권 보호를 목적으로 실행하는 필수적 기준이다. 언론사는 신속하고 정확한 재난정보 전달, 공식 발표 및 사실관계의 철저한 검증, 피해자 인권과 사생활 보호, 비윤리적 취재 수단 금지, 선정적 · 감정적 보도 지양, 현장 취재진의 안전 확보, 신속한 정정 · 반론 보도 수용 등 다양한 세부 원칙을 준수해야 한다. 이 기준은 2014년 세월호 참사 이후 모든 언론사가 재난보도 과정에서 실질적으로 적용해야 할 핵심 규범으로, 오보와 혼란 방지, 피해 회복과 공공 책임 실현을 위한 언론계의 공동 선언이라 할 수 있다.

성폭력 범죄 보도 세부 권고 기준은 언론이 성폭력 사건을 다룰 때 피해자 보호와 인권 존중, 사회적 맥락을 충실히 반영하도록 안내하는 실천 지침이다. 이 기준에 따르면 언론은 피해자와 그 가족의 신원이 공개되지 않도록 신중을 기해야 하며, 범죄의 원인이나 과정, 현장 상황을 과도하게 상세히 다루거나 선정적으로 묘사하지 않아야 한다. 보도 과정에서는 피해자에게 책임이 있다는 오해를 유발할 모든 서술을 지양하며, 가해자 중심의 성적 편견 또는 편파적 용어 사용, 자극적 그래픽 및 사진 활용도 피해야 한다. 또한 사건의 법적 · 사회적 본질에서 벗어난 흥미위주 보도를 자제하고, 수사기관이나 법원의 정보라도 인권 침해 가능성과 공개 적절성을 꼼꼼히 판단해 취재 · 보도에 반영해야 한다. 특히 미성년자 사건에 대해서는 신중하게 접근하며, 법률적 정보와 예방 관련 사항 중심으로 공적 인식 확산을 도모해야 한다.

---

31) 예를 들어 제목 · 리드에서 '자살'이라는 직설적 표현을 자제하고, 방법 · 장소 · 유서 · 동기의 구체적인 묘사 · 단정을 금지한다. 현장을 나타내는 이미지 · 연출 그래픽은 쓰지 말고, 유명인 사례는 미화 · 영웅화를 피하며 최소화한다. 원인에 대한 설명은 복합적으로 제시하고, 기사 말미에 "상담 · 지원 연락처(예: 1393)"를 눈에 띄게 안내해야 한다. 통계 · 자료는 출처 · 기간 · 해석의 한계를 명확히 밝히며, 제목 · 배치 · 알고리즘 유통(포털 · SNS)에서도 선정적인 노출을 피해야 한다.

5 독자불만 처리 절차와 언론사의 자율규제 실천

독자불만 처리 절차에는 대표적으로 고충처리인제도와 독자권익위원회가 있다. 먼저 고충처리인제도와 관련하여, 「언론중재 및 피해구제 등에 관한 법률(이하 '언론중재법')」은 제6조 제1항에서 "종합편성 또는 보도에 관한 전문편성을 하는 방송사업자, 일반일간신문을 발행하는 신문사업자 및 뉴스통신사업자는 언론사 내부에 언론피해의 자율적 예방 및 구제를 위한 고충처리인을 두어야 한다"고 명시하고 있는데, 이는 고충처리인제도의 법적 근거가 된다. 고충처리인제도는 이처럼 언론중재법에서 해당 직무를 의무로 부과하고 있는 만큼 강제적 자율규제에 가깝다. 다만 불이행에 대한 과태료 적용 범위는 제한적이다. 동법 제34조에 따르면 고충처리인을 두지 않거나, 자격 · 지위 · 신분 · 임기 · 보수 등을 공표하지 않은 경우에만 3천만 원 이하 과태료 규정이 있고, 고충처리인의 '활동사항 공표' 미이행에는 벌칙이 없어 불이행 정도를 체계적으로 파악하기 어려운 제재 공백이 존재한다(이재진 외, 2024).

반면 독자권익위원회는 신문법 제 6조 제2항에서 "신문사업자 · 인터넷신문사업자 및 인터넷뉴스서비스사업자는 독자의 권익을 보호하기 위한 자문기구로 독자권익위원회를 둘 수 있다"고 규정하고 있는데, 이는 권고 수준이며, 이에 대한 법적 의무나 제재는 없다. 따라서 자발적 자율규제라고 할 수 있다. 다만 한국언론진흥재단의 기금 · 평가 · 지원사업과 연계되는 인센티브 구조가 실제로 작동하면서, 일부 제재적 자율규제 성격을 띠는 측면도 있다.

고충처리인은 언론사 내부에 있는 독립적인 조정 · 시정 권고 창구로, 오보와 인격권 침해 등에 대한 피해 예방과 신속한 구제를 목표로 한다. 주로 외부 전문가로 구성되며, 전 과정은 투명하게 공개된다. 침해 행위에 대한 직접 조사부터 정정 · 반론, 손해배상 권고까지 포괄하지만 강제는 아니고 대체로 권고 중심이다. 이 제도는 신속하게 독자의 불만을 처리할 수 있으며, 고충처리에 대한 경험이 축적될수록 언론사의 전문성과 신뢰도가 올라간다는 장점이 있다. 독자권익위원회는 외부 전문가가 참여하는 자문 및 평가형

위원회로 정기회의를 통한 뉴스 품질 점검 및 평가, 편집·보도 품질 개선을 위한 의견 제시, 독자 불만 심의 등 다양한 역할을 수행한다. 두 제도 모두 제3의 기구가 아닌 언론사 내부에서 직접 수행된다는 점에서 자율규제의 원형에 가깝다. 학습 사례의 가상 기사에서 제기된 문제와 관련하여, 당사자는 환경 오염 보도와 직접적인 관련이 없는 내용이 함께 보도되어 자신의 명예가 훼손됐다고 판단될 경우, 이처럼 고충처리인제도와 독자권익위원회를 통해 우선적인 구제를 요청할 수 있다.

먼저 고충처리인제도를 활용하여, 해당 기사의 적절성을 검토받을 수 있으며, 고충처리인은 보도의 공익성 및 관련성, 편집상 배치의 타당성 등을 종합적으로 검토한 뒤 정정·반론·삭제 또는 후속 설명 보도 등 필요한 조치를 권고할 수 있다. 아울러 독자권익위원회는 환경 오염이라는 공익적 사안과 기업 대표의 형사 의혹을 하나의 기사에 결합한 편집 판단이 적절했는지를 구조적으로 검토하고, 향후 유사한 보도에서 적용해야 할 편집 기준에 대해 의견을 제시할 수 있다.

한편 고충처리인과 독자권익위원회가 언론사 내부에서 실효적으로 작동하고 있는가에 대해서는 상반된 평가가 존재한다(이재진 외, 2024). 먼저 언론사들은 자율규제기구 및 언론인 단체 등과 유사한 윤리강령을 갖추고 있었는데, 고충처리인 및 독자권익위원회의 취지를 온전히 담는 조항을 명시한 경우는 거의 없는 것으로 나타났다. 즉 정확성, 반론권, 오보 정정 등의 기본 조항은 보유하고 있으나 고충처리인/독자권익위원회를 구체화한 조항은 매우 드물었다. 또한 운영 과정에 있어서도 고충처리인제도는 활동 내역을 제대로 공개하지 않아 실제 운영 여부를 확인할 수 없었다. 이에 대한 원인으로는 "법적 규정의 불충분성, 언론사 내부에서 지위의 모호성, 겸직으로 인한 전문성 결여, 고충처리인을 유지하는 데 소요되는 비용 부담, 언론중재위원회에 의한 피해구제의 용이성" 등이 지적된바 있다(이승선 외, 2021). 반면 독자권익위원회는 의무가 아님에도 운영하는 언론사 비율이 제법 높았다. 또한 운영하는 경우 위원회 회의 내용을 모두 공개하여 누구나 열람 가능하게 하고 있다. 통상 정기 회의는 월 1회 진행하는 언론사가 가장 많았다.

고충처리인과 독자권익위원회는 언론사가 스스로 운영하는 자율규제제도로 실질적인 언론윤리 실천과 독자의 권익 보호를 위해 오늘날 그 중요성이 더욱 커지고 있다. 두 제도의 원활한 운영을 위한 제도적·실무적 정비가 필요하며, 이를 실행하고자 하는 언론사의 적극적인 의지가 무엇보다 중요하다.

▸ [깊이 살펴보기] BBC의 불만·반론 처리체계

영국 BBC의 불만·반론 처리체계는 내부 자율과 외부 감독을 결합한 이중 구조다. 1단계에서는 해당 프로그램·편집 부서가 시청자(독자) 불만에 신속히 답변하고 정정·해명을 진행한다. 이 과정에서 해결되지 않으면 BBC 내부의 독립 조직인 ECU(Executive Complaints Unit)가 재검토해 최종 판단을 내린다. 그래도 이의가 있을 경우 2단계로 영국의 방송 규제기관 오프콤(Ofcom)에 상소할 수 있는데, 오프콤은 외부 심사와 제재 권한을 갖고 있다. 즉, BBC는 내부 절차로 속도와 실무 적합성을 확보하되, 외부 감독을 통한 공신력과 견제 장치를 갖춘 혼합형(co-regulation) 모델을 운용한다.

절차를 살펴보면, 온라인 포털의 단일 창구로 불만을 먼저 접수하면, '접수 확인 - 1차 답변 - 내부 재검토 - 외부 상소'까지 단계별 처리기한과 책임 주체를 공개한다. 선거 등 공익상 긴급 사안은 기한을 단축하여 우선 처리한다. 무엇을 문제로 판단할지도 규정화되어 있는데, 편집지침(Editorial Guidelines)과 실무 매뉴얼에 사실오인, 맥락 누락, 편파, 사생활 침해 등 유형별 기준을 제시하고, 정정·사과·후속 보도는 표준 문구와 노출 위치(방송·온라인의 어디에, 얼마 동안)를 미리 정해 둔다. 또한 '반론권(Right of Reply/ Right to Respond)'을 절차에 내재화해 사전·사후 모두 당사자의 의견을 반영한다.

투명성과 학습 메커니즘도 특징적이다. BBC는 매년 접수·인용·기각·정정·사과 건수 등의 핵심 지표를 공개하고, 주요 결정은 사례 요약과 함께 게시하고 있다. 이러한 공개 자료는 편집국 교육과 가이드 개정에 반영됨으로써 동일 유형의 오류 재발을 줄이는 역할을 한다. 내부 독립성은 ECU의 조직 분리로 보장하고, 최종 단계의 오프콤 심사는 내부 판단의 객관성과 공정성을 확보하는 역할을 한다.

6 마치며

핵심정리

- 언론 자율규제는 언론의 자유와 사회적 책임이라는 두 축에서 형성되었다. 자유지상주의 이론이 최소한의 국가 개입 아래 표현의 자유를 강조한 반면 사회책임이론은 허친스위원회 보고서 등에서 사회적 신뢰와 공공성의 관점에서 자발적 규율과 일정 수준의 외부 감독이 동시에 요구됨을 주장, 오늘날 자율규제 논의의 철학적 기반이 되었다.
- 자율규제는 정부와 시장의 영향력 정도에 따라 명령적(정부가 상위 틀을 제시 · 위임), 강제적(개별 사업자에게 내부규정 의무 · 불이행 시 제재 연계), 제재적(민간 규범을 정부가 사후 승인 · 감독하여 정당성 · 집행력을 보강), 자발적(정부 관여 없이 민간이 스스로 규칙을 제정 · 집행) 유형으로 분류된다.
- 한국의 대표적인 언론자율규제기구로는 한국신문윤리위원회, 인터넷신문윤리위원회, 한국광고자율심의기구가 있다. 각 기구는 독립성과 공공성을 바탕으로 윤리강령과 세부 실천규정을 제정하고, 언론계 전반에 바람직한 윤리기준을 확산시켜왔다. 한국의 자율규제기구는 대체로 공적 지원과 평가가 들어가는 제재형 성격이 강하다.
- 한국신문윤리위원회의 '신문윤리강령'과 신문윤리실천요강은 국내 자율규제의 가장 오래된 표준이다. 사실보도, 반론권, 사생활 및 명예 보호, 공정 · 공익 보도, 저작권 존중 등 현대 저널리즘 윤리의 핵심 영역을 포괄하고 있다. 이밖에도 자율규제기구와 각 언론사가 참고할 수 있는 다양한 보도준칙 및 가이드라인이 언론단체 · 유관기관 등을 통해 제정 및 공표되고 있다. 여기에는 대표적으로 자살예방 보도준칙4.0, 재난보도준칙 그리고 성폭력 범죄 보도 세부 권고 기준 등이 있다.
- 언론사 내부의 독자불만 처리 절차는 언론사 스스로 수행하는 대표적 자율규제 실천 방식이다. 고충처리인 제도와 독자권익위원회는 기사 · 광고 등 언론 행위 전반에 대한 독자의 불만이나 권익 침해를 신속하게 수렴 · 해결하려는 제도다. 많은 언론사들이 운영하고 있는 독자권익위원회와 달리 고충처리인은 언론중재법 제6조에 법적 근거가 있음에도 불구하고 활동 결과가 제시되지 않은 경우가 대부분이다.

실전활용 체크리스트

- 사안이 모호할 때 어떤 윤리강령 · 실천요강 · 심의규정을 어디서 확인하고 누구에게 자문해야 하는지 절차를 숙지했는가?
- 작성/편집한 기사에 사실보도 · 공정성 · 객관성 · 사생활·명예 보호 · 반론권 보장 등 신문윤리강령 핵심 조항이 모두 충족되는가?
- 취재 · 보도 과정에서 상대방의 반론/해명을 사전에 요청 및 반영했고, 주요 수치 · 자료 · 인용을 교차검증했는가? 미확인 정보는 기사에 한계 · 출처를 명시했는가?
- 외부 제보 · 익명 주장 · 온라인 루머를 사용할 때 인격권 침해 가능성을 점검했는가? 원본 · 메타데이터 · 취득 경위를 확인하고, 익명 인용의 필요성과 예외 사유를 기록했는가?
- 기사에 대한 오류 혹은 권리침해 발생 시 정정/사과/삭제/추가설명 절차를 기한 내 이행했는가? 정정문 표준 문구 · 노출 위치를 준수했고, 고충처리인/독자권익위의 접수 경로와 연락처를 명시했는가?

7 참고 문헌

김훈순 · 김경희 · 정선호 (2021). 「매스 커뮤니케이션 이론」. 이화여자대학교출판문화원.

이승선 · 김선량 · 김정호 · 표시영 (2021). 「언론자율규제 현황 및 개선방안 연구」. 한국언론진흥재단.

이재진 · 조소영 · 표시영 · 이영희 · 상윤모 (2024). 「고충처리 활성화 등 자율심의 실효성 제고 방안」. 한국언론진흥재단.

윤성옥 · 김택환 · 전학선 · 최은경 (2017). 「해외 언론 자율규제 현황 및 개선방안」. 한국언론진흥재단.

최지수 · 윤석민 (2019). 가짜뉴스 거버넌스: 정부규제, 자율규제, 공동규제 모형에 대한 비교를 중심으로. 「사이버커뮤니케이션학보」 36(1). 127–180.

표시영 · 이영희 · 최경미 · 진승현 (2023). 「미디어 플랫폼 다변화 시대 반론권 제도에 관한 해외법제연구」. 언론중재위원회.
표시영 (2025). 뉴미디어 시대 언론의 윤리기준 확립 및 인터넷신문윤리위원회의 과제. 「2025 인터넷신문 윤리적 가치제고를 위한 국회 정책 포럼 발표 자료집」.
Black, J. (1996). Constitutionalising self-regulation. *The Modern Law Review* 59(1). 24-55. https://doi.org/10.1111/j.1468-2230.1996.tb02064.x

제12장

디지털 플랫폼과 온라인 표현의 자유

박아란

제12장
디지털 플랫폼과 온라인 표현의 자유

1 들어가며

학습목표

- 디지털 플랫폼의 자유와 책임 구분
- 온라인 표현의 자유에 대한 기본적 이해
- 임시조치 등 플랫폼 관련 규제 파악
- 인격권 침해 게시물에 대한 플랫폼 책임 이해
- 글로벌 디지털 플랫폼 규제 어려움 인식

학습사례

사례 1

대학생 A씨는 연예인 루머를 수집해 올리는 네이버 팬카페 '가출한 덕심 보호소'를 개설했다. A씨는 재미와 조회 수를 위해 인터넷에서 떠도는 확인되지 않은 글과 이미지를 편집하여 자극적인 폭로글 형식으로 업로드해왔다. 어느 날 A씨는 인기있는 아이돌 그룹 멤버 B에 대해 다음과 같은 글을 올렸다.

"B는 연습생 시절 폭력 사건에 연루되었고, 학창 시절에도 심각한 학교폭력 사건에 연루되었으며 온갖 악행으로 인해 악명 높았다. 연예계 내부 관계자들은 다 알고 있는 사실이며 곧 추가 제보가 들어올 것이다."

해당 글은 팬카페를 통해 빠르게 확산되었고 인스타그램 등 다른 플랫폼에도 관련 게시물과 영상이 올라왔다. 인터넷 언론사들도 A씨의 게시글을 기사화하였다. 네이버는 임시조치로서 해당 게시물을 차단했다.

질문 1. A씨는 네이버의 임시조치가 자신의 게시물을 부당하게 차단하여 표현의 자유를 침해했다고 주장한다. 이러한 주장은 타당한 것인가?

질문 2. 아이돌 멤버 B의 소속사가 네이버에 명예훼손 게시물에 대한 조치를 요청하였으나 만약 어떠한 조치도 이루어지지 않았다면, B는 네이버를 상대로 손해배상청구소송을 제기하여 승소할 수 있을까?

사례 2

A씨는 유튜브에도 '가출한 덕심 보호소'라는 채널을 개설하여 아이돌 B에 대한 악의적 영상을 만들어 지속적으로 업로드했다. B씨는 게시물 삭제를 유튜브에 요청했으나 해당 영상에 대해서는 상당 기간 동안 어떠한 조치도 취해지지 않았다.

질문 3. B씨는 유튜브 운영 주체인 구글을 상대로 미국에서 명예훼손 소송을 제기하고자 한다. B씨는 미국에서 소송할 수 있을까?

질문 4. A씨는 유튜브가 해외 플랫폼이므로 자신의 신상은 드러나지 않을 것이라고 자신하면서 반복적으로 악의적 영상을 올리고 있다. 과연 A는 어떠한 처벌도 받지 않을까?

2 디지털 플랫폼과 인터넷 표현의 자유

1) 인터넷과 디지털 플랫폼

1990년대 중반부터 인터넷이 전 세계적으로 확산되면서 인류의 커뮤니케이션은 획기적인 방식으로 변화해왔다. 2002년 헌법재판소는 인터넷이 표현의 자유를 촉진시킬 수 있는 획기적인 매체라고 평가했다. 전통적 매체와 비교했을 때 인터넷은 "진입 장벽이 낮고, 표현의 쌍방향성이 보장되며, 그 이용에 적극적이고 계획적인 행동이 필요하다는 특성"이 있다면서 "오늘날 가장 거대하고 주요한 표현 매체"인 인터넷상의 표현에 대해 과도한 규제를 한다면 표현의 자유 발전에 큰 장애를 초래할 것이라고 보았다. 또한 헌법재판소는 "표현매체에 관한 기술의 발달은 표현의 자유의 장을 넓히고 질적 변화를 야기하고 있으므로 계속 변화하는 이 분야에서 규제의 수단 또한 헌법의 틀 내에서 다채롭고 새롭게 강구되어야 할 것"이라고 판단했다(99헌마480). 즉, 인터넷은 '사상의 자유시장(marketplace of ideas)'이 구현되는 공간으로서 표현의 자유와 다른 권리가 충돌할 때 이를 조화롭게 해결하기 위한 법제도적 뒷받침이 필요하다고 보았다.

인터넷에서의 다양한 활동은 디지털 플랫폼을 통해 활성화되고 있다. 디지털 플랫폼은 이용자들이 서로 의사소통하고 디지털 콘텐츠를 공유하며 거래와 같은 상호작용이 발생하는 사이버 공간이다. 디지털 기술이 급격하게 발전하면서 포털을 비롯하여 소셜미디어, 검색엔진, 동영상 공유플랫폼 등 하나의 형태로 정의내리기 어려운 복잡한 디지털 플랫폼 공간이 등장하고 있으며, 그 안에서는 다양한 형태의 온라인 콘텐츠가 폭발적으로 만들어지고 있다. 더구나 생성형 AI의 급속한 발달은 플랫폼과 디지털 환경의 대격변을 일으키고 있다.

그렇다면 디지털 플랫폼 사업자들은 어느 정도로 온라인 콘텐츠를 관리하는 것이 사회적 차원에서 바람직한 것일까? 표현의 자유 측면에서는 이용자들이 자유롭게 콘텐츠를 생성하고 의견을 표명하도록 플랫폼 사업자들이 콘텐츠 관리를 최소화하는 것이 바람직할 것이다. 그러나 명예훼손, 사생활 침해, 음란물 등 위법한 게시물과 청소년을 상대로 우울증과 섭식장애를 초래하는 유해한 게시물, 인공지능 기술을 이용하여 만들어낸 허위정보와 딥페이크까지 위험한 콘텐츠들이 넘쳐나는 디지털 환경에서 플랫폼 사업자들이 콘텐츠 관리를 최소화하는 것은 위험을 방치하는 것과 다름없다. 또한 디지털 플랫폼은 온라인 콘텐츠에 대한 통제권과 편집권을 갖고 있으며, 시민들의 온라인 커뮤니케이션을 매개하여 민주주의와 직접적 관련이 있는 토론과 여론 형성에 영향력을 미치고 있다. 따라서 디지털 커뮤니케이션에서 결정적 역할을 하는 플랫폼들은 이에 상응하는 사회적 책무와 법률적 책임을 부담할 필요가 있다. 하지만 플랫폼 사업자에게 지나치게 엄격한 책임을 지울 경우 콘텐츠를 자의적으로 삭제하는 '사적 검열(private censorship)'을 초래할 위험도 크기 때문에 플랫폼의 자유와 책임을 균형있게 조화시킬 필요성이 커지고 있다(박용상 2008).

유럽연합에서는 디지털서비스법(Digital Service Act)을 제정하여 플랫폼의 유형, 규모, 행위에 따라 차등적으로 준수해야 하는 법적 의무를 촘촘하게 부과하고 있다(김민정 · 최요섭 · 김유향, 2023). 디지털서비스법은 신뢰가능한 디지털 환경을 조성하기 위해 구체적인 절차적 보장수단을 규정하고 있으며, 특히 맞춤형 광고, 추천 시스템에 있어서의 투명성 보장을 강조하고 있다. 국내에서도 디지털 플랫폼의 자유와 책임에 대한 법률적 논의 및 법개정 노력이 계속되는 상황이다. 이하에서는 관련된 법과 판례를 살펴보기로 한다.

2) 인터넷 실명제와 표현의 자유

온라인에서 명예훼손적 게시물이나 댓글 등 위법한 콘텐츠가 문제될 때마다 실명(實名)으로 게시물을 올리게 하자는 주장이 지속적으로 제기되고 있다. 그러나 이러한 '인터넷 실명제' 즉, 정보통신망법상 '인터넷 이용자 본인확인제'는 이미 헌법재판소가 2012년 위헌으로 결정한 바 있다. 익명 표현의 자유는 표현의 자유의 핵심적 가치로서 온라인 상에서도 보호받아야 하기 때문이다. 구(舊)정보통신망법은 일일 평균 이용자 수가 10만 명 이상인 정보통신서비스 제공자는 게시판 이용자의 본인확인 조치를 취하도록 규정하고 있었다. 이 조항에 대해 헌법소원을 제기한 청구인들은 유튜브와 오마이뉴스, YTN 등의 게시판에 익명으로 댓글을 쓰려고 하였으나 당해 조항으로 인해 익명으로 글을 쓸 수가 없었다. 본인확인조치 의무를 부과받은 인터넷 언론사도 함께 헌법소원을 청구했다.

2012년 헌법재판소는 당해 조항이 1) 헌법이 보장하는 표현의 자유 중에서 이용자가 익명 또는 가명으로 자신의 사상이나 견해를 표명하고 전파할 익명 표현의 자유를 침해하고, 2) 이용자의 자유로운 의사표현을 바탕으로 여론을 형성·전파하려는 정보통신서비스 제공자의 언론의 자유를 침해하고, 3) 정보통신서비스 제공자에게 개인의 동일성을 식별할 수 있게 하는 본인확인정보 보관의무를 부과함으로써 이용자의 개인정보 자기결정권을 침해하는 것이므로 위헌이라고 판단했다(2010헌마47·252 병합).

이 사건에서 헌법재판소는 익명 표현의 자유의 중요성을 강조했다. 표현의 자유는 국민의 개인적 차원에서는 자유로운 인격 발현의 수단임과 동시에 합리적 의사형성 및 진리 발견의 수단이 되며, 국가와 사회적 차원에서는 민주주의 국가 및 사회의 존립과 발전에 필수불가결한 기본권이라고 보았다. 더구나 익명 또는 가명으로 이루어지는 표현은 외부의 압력에 굴복하지 않고 자신의 생각과 사상을 자유롭게 표출하고 전파하도록 하여 국가 권력이나 다수의견에 대한 비판을 가능하게 하며, 이를 통해 정치적·사회적 약자의 의사가 정책결정에 반영될 가능성을 열어준다고 보았다. 특히 인터넷 공간에서의 익명 표현은 다양한 계층의 국민의사를 평등하게 반영하여 민주주의 발전에 기여하기 때문에 익명 표현의 부작용이 우려되더라도 헌법적 가치에 비추어 강하게 보호되어야 한다고 헌법재판소는 강조했다.

그렇기에 본인확인제는 기간 제한 없이 표현의 내용을 불문하고 주요 인터넷사이트 대부분의 게시판 이용에 본인확인을 요구한다는 점에 문제가 있다고 판단하였다. 이용자들은 개인정보가 노출되어 불이익을 받게 될 것을 염려하여 표현 자체를 포기할 가능성이 있으며, 인터넷을 악용하는 소수의 사람들이 존재한다는 이유로 대다수 시민의 정당한 의사표현을 제한하는 것이므로 위헌이라는 것이다. 따라서 익명 표현의 부작용이 있음에도 불구하고 온라인에서 실명제를 실시하는 것은 헌법적 가치에 위배될 가능성이 크다.

▸ [깊이 살펴보기]

2012년 헌법재판소의 위헌결정으로 인해 포괄적인 인터넷 실명제는 무산되었으나 제한적이고 예외적인 실명제는 허용되었다. 그 대표적 예가 선거운동 기간 중 인터넷 게시판에 대한 실명제다. 이러한 공직선거법상 선거운동 기간 중 실명확인제에 대해서는 헌법재판소가 2010년과 2015년에 해당 조항이 명확성 원칙에 반하지 않으며 익명표현의 자유 등 기본권을 침해하지 않는다며 합헌이라고 결정한 바 있다(2008헌마342; 2012헌마734). 그러나 2021년 헌법재판소는 선거운동 기간 인터넷언론사 게시판과 대화방 등에서 실명확인제를 실시하도록 규정한 공직선거법 조항에 대해서도 위헌 결정을 내렸다(2018헌마456). 문제가 된 공직선거법 조항은 선거운동 기간 중 인터넷 언론사 홈페이지 게시판에 이용자들이 정당·후보자에 대한 지지·반대 등의 정보를 게시하는 경우 실명을 확인하는 기술적 조치를 해야 하고 실명 확인을 위한 기술적 조치를 하지 아니하거나 실명인증의 표시가 없는 정보를 삭제하지 않는 경우 과태료를 부과하도록 규정하고 있었다. 이에 대해 헌법재판소는 당해 조항이 정치적 의사표현이 가장 긴요한 선거운동 기간 중에 인터넷언론사 게시판 등의 이용자로 하여금 실명확인을 하도록 강제함으로써 익명표현의 자유와 언론의 자유를 제한하고, 모든 익명표현을 규제함으로써 대다수 국민의 개인정보자기결정권도 광범위하게 제한하고 있다는 점에서 이와 같은 불이익은 선거의 공정성 유지라는 공익보다 크다고 보았다. 따라서 심판대상 조항은 과잉금지원칙에 반하여 인터넷언론사 게시판을 이용하는 시민들의 익명표현의 자유와 개인정보자기결정권, 인터넷언론사의 언론의 자유를 침해한다고 보아서 위헌이라고 판단했다.

3 디지털 플랫폼과 인격권 침해

1) 플랫폼의 임시조치 의무

디지털 플랫폼 사업자의 책임을 일반적으로 포괄하여 규정한 단일한 법조항은 없지만, 플랫폼이 매개한 표현물이 타인의 인격권을 침해할 경우 플랫폼은 민사상 불법행위책임 내지 형사책임을 부담할 수 있다. 정보통신망법은 플랫폼 사업자를 포함하여 정보통신서비스 제공자는 '사생활 침해 또는 명예훼손 등 타인의 권리를 침해하는 정보'가 유통되지 않도록 해야 한다고 일반적 의무를 규정하고 있다(제44조 제2항). 또한 온라인에서 사생활 침해나 명예훼손 등 타인의 권리가 침해된 경우 정보통신서비스 제공자가 해당 정보에 대해 삭제요청을 받았을 때 지체 없이 삭제하거나 30일 이내 기간 동안 임시조치를 취하도록 규정한다(제44조의2). 그러나 임시조치는 표현의 자유 측면에서 논란이 되어 왔다(문재완, 2013). 권력자가 비판적 목소리를 잠재우기 위해 임시조치를 남용하거나 기업과 병원 등에서 소비자의 불만사항이 드러나지 않도록 하기 위해 임시조치를 활용하는 경우가 빈번했기 때문이다.

하지만 헌법재판소는 정보통신망법상 임시조치는 표현의 자유를 침해하는 것이 아니라고 판단했다. 헌법재판소는 임시조치에 대해 2012년 합헌 결정을 내렸으며, 2020년에도 다시 합헌으로 판단했다(2016헌마275·606, 2019헌바199 병합). 2020년 헌법재판소는 임시조치가 타인의 권리를 침해하는 게시물 때문에 플랫폼 사업자가 손해배상책임을 지게 되는 것을 두려워하여 서비스가 위축되는 것을 막기 위해 도입되었다고 보았다. 따라서 게시자의 이의제기권, 복원권 등이 비록 법률에 규정되지 않고 플랫폼 사업자의 정책으로 정하도록 재량에 맡겨 두었더라도 이는 표현의 자유를 과도하게 제한하는 것은 아니라고 보았다. 또한 임시조치가 행해졌더라도 해당 정보에 대한 표현의 금지를 뜻하는 것은 아니며, 동일한 정보를 다른 곳에 게재하는 것이 가능하며, 임시조치는 최장 30일 범위 내에서 행해지고, 플랫폼 사업자에게 약관에 따라 이의신청이나 재게청구가 가능하므로 표현의 자유를 크게 제한하지 않는다고 판단했다.

이 사건의 반대의견에서 3인의 재판관은 임시조치가 과잉금지원칙을 위반했다고 보았다. 임시조치가 문제되는 사안에서 어떤 표현이 '사실'인지 '의견'인지 또는 '진실'인지 '허위'인지 구별하는 것은 쉬운 일이 아니며, 명예훼손적 표현이 있더라도 공공의 관심사안이거나 공적 인물에 대한 논쟁일 경우 건전한 토론이 보장되어야 함을 지적했다. 현행법은 '권리침해 여부를 판단하기 어렵거나 다툼이 예상되는 경우'에 다른 절차적 요건 없이 임시조치를 할 수 있도록 규정하고 있어서 '입법적으로 선재(先在)적 법익형량'을 하여 표현의 자유보다 인격권을 우선시한다고 보았다. 또한 입법자는 형법 제310조의 위법성 조각사유처럼 공적 관심 사안이나 공공의 이익과 관련된 표현물에 대해서는 임시조치 배제의 예외조항을 두거나, 임시조치 후 일정 요건하에 정보게재자가 복원요청을 할 수 있는 근거를 두는 등 다른 수단이 가능함에도 이러한 수단이 결여되어 침해최소성 원칙에 위배된다고 판단했다.

또한 3인의 재판관은 임시조치가 법익 균형성도 위배한다고 보았다. 실질적으로 타인의 법익을 침해하는 '명백하고 현존하는 위험'이 있는 정보가 아니라, 권리침해 가능성 또는 개연성 있는 정보가 최장 30일 간 유통되는 것을 막기 때문이다. 임시조치가 행해진 사례에서도 소비자의 건전한 비판, 공직자에 대한 단순한 의견표명에 대해 무분별하게 임시조치가 이루어졌다는 것이다. 특정 사안에 대한 논쟁이 무르익었을 때 시의적절하게 자신의 의견을 표현해야 하는데, 30일이라는 기간은 논쟁을 냉각시킬 수 있어서 표현의 '시의성'도 해친다고 보았다. 따라서 3인의 재판관은 임시조치가 과잉금지원칙을 위배하여 표현의 자유를 침해하므로 위헌이라고 보았다.

결론적으로 플랫폼 사업자가 30일 이내의 임시조치를 취하는 것은 현행법상 합헌적이다. 그러나 공익적 이슈나 공인과 관련된 내용에 대해서는 임시조치를 통해 표현의 자유가 지나치게 제한되지 않도록 플랫폼 사업자는 주의할 필요가 있으며, 향후 임시조치가 취해진 게시물에 대한 이의신청 절차나 게시물복원 절차를 법제화하는 보완도 필요할 것이다.

2) 인격권 침해 게시물과 플랫폼 책임

포털 등 플랫폼의 매개책임에 대해서는 2009년 대법원 판결(2008다53812 전원합의체)이 중요한 선례가 되고 있다. 온라인 기사와 블로그 게시글, 지식검색란 답변에 의해 명예훼손을 당한 피해자는 포털을 상대로 소송을 제기했다. 대법원은 포털이 기사를 선별하여 매개한 부분에 대해 언론사 발행인과 유사한 책임을 지웠다. 즉, 포털이 언론 매체로부터 기사를 전송받아 자료저장 컴퓨터설비에 보관하면서 기사 가운데 일부를 선별하여 직접 관리하는 뉴스 게시공간에 게재하였다면 이는 단순히 언론 매체의 기사에 대한 검색·접근 기능을 제공하는 경우와는 다르다고 판시하였다. 이 경우 포털 사업자는 특정한 명예훼손적 기사 내용을 인식하고 이를 적극적으로 선택하여 전파한 행위를 하였으므로 명예훼손적 기사를 보도한 언론 매체와 마찬가지로 피해자에 대하여 불법행위로 인한 손해배상책임을 진다고 판시하였다. 포털 사업자들은 제공받은 기사를 임의로 삭제할 수 없다는 약정을 언론 매체와 맺었기 때문에 기사에 대한 책임이 없다고 항변하였다. 그러나 대법원은 이러한 약정은 포털과 언론사 간의 내부적 책임분담 약정에 불과하므로 이를 근거로 포털이 기사 선별 및 게재행위로 인한 책임을 면할 수 없다고 보았다. 따라서 대법원은 포털이 언론이라고 명시적으로 밝히지는 않았으나, 기사를 선별하여 매개한 경우 언론사와 동일한 책임을 진다고 판단하였다.

이 판결에서는 포털의 기사 댓글, 지식검색란에서의 답변, 사적인 온라인 게시공간의 게시물에 대한 플랫폼 책임도 검토되었다. 댓글의 경우 포털 사업자가 선별하는 것이 아니므로 언론사의 기사를 선별하는 것과 동일하게 볼 수는 없다. 지식검색란의 답변이나 개인의 블로그 게시물도 마찬가지다. 이에 대해 대법원의 다수의견과 별개의견은 포털 사업자가 댓글에 대해 언론매체와 동일한 책임을 지지 않는다는 점에서는 견해가 일치하였으나 그 요건에 대해서는 의견이 나뉘었다. 다수의견은 피해자의 삭제 및 차단 요구가 없더라도 포털 사업자에게 명예훼손책임이 발생한다고 판단한 반면에, 3인의 별개의견은 피해자의 삭제 요구가 있는 경우에 한하여 명예훼손책임이 발생한다고 보았다. 다수의견은 ① 인터넷 게시공간의 명예훼손적 게시물의 불법성이 명백하고, ② 인터넷 사업자가 그 게시물이 게시된 사정을 구체적으로 인식하고 있었거나 그 게시물의 존재를 인식할 수 있었음이 외관상 명백히 드러나며, ③ 기술적, 경제적으로 그 게시물에 대한 관리, 통제가 가능한 경우에 사업자가 그 게시물을 삭제하고 향후 같은 인터넷 게시공간에 유사한 내용의 게시물이 게시되지 않도록 차단할 주의의무가 발생한다고 보았다. 따라서 사업자가 게시물 삭제 및 차단의 주의의무가 있음에도 불구하고 게시물 삭제 등의 처리를 위해 필요한 상당 기간이 지나도록 그 처리를 하지 아니함으로써 타인에게 손해가 발생된 경우 부작위에 의한 불법행위책임이 성립한다고 판결하였다. 따라서 현행법상 플랫폼 사업자는 인격권을 침해하는 게시물에 대해 엄격한 관리책임을 부담하고 있음을 알 수 있다.

4 글로벌 플랫폼 규제의 문제

전 세계적으로 글로벌 대규모 플랫폼의 영향력이 커지면서 해외 플랫폼에 대한 규제 필요성이 증가하고 있다. 하지만 각국의 플랫폼 규제법이 다른 상황에서 효과적으로 디지털 플랫폼을 규율하기가 어려운 상황이다(박아란 · 양재규 · 오현경, 2019). 특히 미국의 경우 이용자가 인격권 침해 게시물을 작성했더라도 이를 매개한 플랫폼에 대해서는 책임을 지우지 않는다. 기본적으로 미국의 명예훼손법은 표현의 자유가 보장되지 않느니 차라리 과도하게 보장되는 것이 낫다는 수정헌법 제1조의 정신을 반영하고 있다(Harry Kalven Jr., 1964). 또한 미국 명예훼손법은 1964년 선구적 판결인 New York Times v. Sullivan(1964, 365 U.S. 254)에 의해 수립된 '현실적 악의(actual malice)' 원칙에 따라 공인에 의한 명예훼손 소송에서 언론의 자유를 더욱 보장하고 있다.

이처럼 표현의 자유를 강력하게 보장하는 미국의 전통은 1996년 통신품위법(Communications Decency Act)이 제정되면서 온라인에서도 구현되고 있다. 통신품위법 제230조 제1항은 '컴퓨터 서비스 제공자나 사용자는 다른 콘텐츠 제공자가 작성한 정보에 대해 발행인이나 화자로서 책임을 지지 않는다'고 규정하고 있다. 이러한 면책조항의 목적은 첫째, 디지털 플랫폼이 '선한 사마리아인(Good Samaritan)'으로서 온라인 게시물을 관리감독할 경우 이를 보호하여 자율규제 환경을 조성하려는 것이며 둘째, 정부 규제로부터 온라인 표현의 자유를 최대한 보장하려는 것이다. 미국은 플랫폼을 완전면책함으로써 온라인 표현의 자유를 보장하고 플랫폼 기업이 성장할 수 있는 법률적 기반을 마련하였다. 그러나 미국 플랫폼 기업이 전 세계에서 지배적 사업자로 성장하면서 각국의 법제와 충돌을 빚고 있다.

한국에서도 구글과 메타 등 글로벌 플랫폼의 영향력이 커지고 있으나 해외 플랫폼에서 발생하는 인격권 침해에 대해 국내법을 적용하여 해결하기가 어렵다. 실제로 트위터에서 반복되는 모욕적 표현으로 인해 괴롭힘을 당하던 이용자가 트위터를 상대로 소송을 제기한 사례가 있다. 익명의 이용자가 올리는 모욕적 트윗으로 괴롭힘을 당하던 피해자는 트위터 고객지원센터에 게시물 삭제를 수차례 요청했다. 그러나 트위터는 해당 게시물이 자사 정책에 위반되지 않는다며 삭제를 거부했다. 트위터 측은 개인 간 분쟁에는 개입하지 않으며 이는 각 국가의 관할 당국이 해결할 문제라는 입장을 고수했다. 이에 피해자는 트위터코리아를 상대로 손해배상청구소송을 제기했다. 그러나 트위터코리아는 국내 마케팅 업무만 담당하고 있으며 게시물 관리권한은 해외에 위치한 본사가 갖고 있었기에 결국 국내 법원에서 패소했다. 수년간 지속된 괴롭힘에 대해 피해자가 손해배상을 받지도 게시물을 삭제하지도 못한 채 사건이 종결된 것이다. 이는 한국 이용자가 온라인에서 인격권 침해를 당했을 때 글로벌 플랫폼을 상대로 법률적 보호를 받기가 어려움을 보여준다. 글로벌 플랫폼들은 해외 지사에는 마케팅 등의 권한만 부여하고 실제 콘텐츠 관리나 게시물 삭제, 계정 제재 등의 핵심권한은 미국 본사나 해외 법인이 별도로 수행하도록 하고 있다. 따라서 해외 본사가 협조하지 않는 한 인격권 침해 사건에 한국법을 적용하기가 어려운 상황이다.

유튜브에서도 조회 수를 높이기 위한 자극적 콘텐츠나 근거 없이 타인을 비방하거나 모욕하는 콘텐츠가 증가하고 있다. 특히 연예인을 상대로 악성 루머를 퍼뜨리는 유튜브 계정이 늘어나고 있는데 대표적 사건이 이른바 '탈덕수용소' 사건이다. '탈덕수용소'는 유튜브에서 연예인들을 비난하는 영상 콘텐츠를 주로 만들었으며, 악의적 편집을 통해 아이돌 가수에 대한 왜곡된 내용과 허위 사실을 유포해왔다. 그룹 아이브(IVE) 장원영과 방탄소년단(BTS) 뷔와 정국 등 유명 가수들은 '탈덕수용소'의 명예훼손에 대응하고자 했으나 해당 계정 운영자의 신상정보를 알 수 없어서 대처에 어려움을 겪었다. 그러나 미국에서 디스커버리(증거 개시) 제도를 통해 한국 내 소송을 위한 가해자 특정의 필요성을 민사 절차로 소명하여 당해 유튜브 계정 운영자의 신상 정보를 파악할 수 있었다. 결국 '탈덕수용소' 운영자의 신상이 밝혀져서 법정에 서게 되었다. 2025년 그 운영자는 형사재판에서 벌금형을 선고받았으며 민사재판에서도 거액의 손해배상책임을 지게 되었다. 이러한 사건은 더 이상 해외 플랫폼도 위법한 표현행위의 안전한 도피처가 될 수 없음을 보여준다.

5 마무리

핵심정리

- 플랫폼 사업자에게 지나치게 엄격한 책임을 지운다면 콘텐츠를 자의적으로 삭제하는 '사적 검열(private censorship)'을 초래할 수 있어서 플랫폼의 자유와 책임을 균형있게 조화시킬 필요가 있다.
- '인터넷 실명제'로 불리는 정보통신망법상 '인터넷 이용자 본인확인제'는 익명 표현의 자유를 심각하게 침해하여 헌법재판소가 위헌이라고 판단했다.
- 국내 플랫폼은 정보통신망법에 따라 인격권 침해 게시물에 대해 삭제, 임시조치 등의 의무를 부담하며 관리가 소홀할 경우 민사상 불법행위 책임이 인정될 수 있다.
- 헌법재판소는 정보통신망법상 임시조치는 표현의 자유를 침해하는 것이 아니라며 합헌이라고 판단했다.
- 대법원은 피해자의 삭제 및 차단 요구가 없더라도 포털 사업자에게 명예훼손책임이 발생할 수 있다고 보았다.
- 이용자 표현을 매개하는 디지털 플랫폼의 책임에 대해 한국과 미국은 전혀 다른 법률적 책임 구조를 갖고 있다.
- 글로벌 플랫폼에 대한 소송은 관할권과 준거법 문제가 복잡하여 이용자 피해 구제에 현실적인 어려움이 있다.
- 미국의 통신품위법 제230조는 이용자 게시물로 인한 인격권 침해에 대해 플랫폼을 면책시킴으로써 온라인 표현의 자유를 보장하고 플랫폼 기업이 성장할 수 있는 법률적 기반을 마련하였다.

실전활용 체크리스트

- 명예훼손 또는 사생활을 침해하는 게시물에 대해서는 플랫폼 사업자에게 삭제 또는 임시조치를 요청할 수 있음을 이해하고 있는가?
- 인터넷에서도 익명 표현의 자유는 중요하기 때문에 실명으로만 게시물을 올리도록 하는 인터넷 실명제는 위헌적 요소가 있음을 파악하고 있는가?
- 플랫폼 사업자는 게시물 관리 의무가 있음을 이해하고 적절한 관리조치 및 피해구제절차를 마련하고 있는가?

• 유튜브 등 해외 플랫폼에 위법한 게시물을 올리더라도 디스커버리 제도 등을 통해 본인의 신상이 드러날 수 있음을 인지하고 있는가?

6 참고 문헌

김민정 · 최요섭 · 김유향 (2023). 「EU 디지털서비스법의 뉴스미디어 분야 함의 분석」. 한국언론진흥재단.

문재완 (2013). 인터넷상 권리침해의 구제제도 - 헌법재판소 결정과 향후 과제. 「외법논집」 37권 1호. 111–129.

박용상 (2008). 「명예훼손법」. 현암사.

박아란 · 양재규 · 오현경 (2019). 「글로벌 미디어플랫폼과 뉴스」. 한국언론진흥재단.

박아란 (2020). 디지털 인격권 침해와 인터넷서비스사업자의 책임에 대한 비교법 연구. 「한국언론학보」 64권 3호. 5–46.

Kalven, Harry Jr. (1964). The New York Times Case: A Note on 'The Central Meaning of the First Amendment.' Supreme Court Review. 1964. 191–221.

제13장

온라인 허위정보

김가희

제13장
온라인 허위정보

1 들어가며

학습목표

- 허위정보의 개념 이해와 구별개념과의 차이에 대해 이해
- 헌법상 표현의 자유와 허위 표현 보호의 의의를 이해
- 허위정보 규제 논의에서의 명확성 원칙 준수의 중요성에 대해 이해
- 허위정보에 대한 법적 규율 현황 파악
- 허위정보에 대한 국제적 대응 동향 파악

학습사례

사례 1

2025년 총선을 앞두고, 한 SNS 계정이 "○○당 후보가 기업 후원금을 불법으로 수수했다"는 영상을 게시했다. 영상에는 후보가 돈봉투를 받는 듯한 장면이 담겨 있었고, 수만 명이 이를 공유했다. 그러나 선관위 조사 결과, 해당 영상은 실제 CCTV 화면에 후보자의 얼굴을 인공지능으로 합성한 딥페이크 영상이었다.

질문 1. 이 사례의 딥페이크 영상은 현행법상 어떻게 규율되는가?
질문 2. 선거의 공정성과 표현의 자유가 대립할 때, 무엇을 우선해야 할까? 그 이유는 무엇인가?

사례 2

한 온라인 커뮤니티에 "정부가 특정 백신의 부작용을 숨기고 있다"는 제목의 게시물이 올라왔다. 글쓴이는 "질병관리청 내부 문건을 입수했다"는 말을 덧붙이며, 실제 문서처럼 보이는 이미지를 첨부했다. 게시물은 단시간에 수천 건 이상 공유되며 사회적 파장을 일으켰다. 그러나 나중에 밝혀진 바에 따르면, 해당 이미지는 인공지능을 이용해 합성된 허위 문서였고, 게시물의 작성자는 특정 정치 성향의 단체 소속 활동가였다. 이 사건으로 인해 국민들 사이에서는 방역 당국에 대한 불신이 확산되었고, 일부 지역에서는 예방접종 거부 움직임까지 발생했다.

질문 3. 이 사례에서의 게시물은 현행법상 어떻게 규율되는가?

질문 4. 공중보건상의 이익과 표현의 자유가 대립할 때, 무엇을 우선해야 할까? 그 이유는 무엇인가?

2 허위정보의 개념

1) 허위정보의 개념과 구별개념

2016년 미국 대통령 선거를 전후로 온라인 공간에서 사실이 아닌 내용을 실제 뉴스인 것처럼 꾸며 의도적으로 유포하는 현상이 사회적 문제로 부각되었다. 국내에서는 이를 흔히 '가짜뉴스'라 불러 왔으나, 해당 표현은 의미가 불명확하고 정치적·수사적 용법으로 과도하게 확장되었다는 비판을 받아 왔다. 이에 따라 해외에서는 'fake news'라는 용어 사용을 지양하고, 정보의 허위성과 유포 의도에 주목하는 개념으로서 허위정보(disinformation)를 중심으로 논의를 전개하는 경향이 뚜렷하다.

허위정보 개념은 유사 개념과 구별하여 이해할 필요가 있다. 학계에서는 가짜뉴스 또는 허위정보와 구별해야 할 개념으로 오보(false or incorrect report), 루머(근거 없는 소문), 패러디(parody), 풍자적 뉴스(satirical news) 등을 제시한다. 오보는 언론이 사실관계를 잘못 전달한 경우로, 고의 없이 발생한 잘못된 보도를 의미한다. 루머는 출처가 불분명하고 검증되지 않은 정보가 확산되는 경우를 가리킨다. 패러디와 풍자적 뉴스는 의도적으로 사실을 비틀거나 과장하여 사회적 비판이나 웃음을 유도하는 표현물에 해당된다. 이러한 표현물은 표면적으로 허위 사실을 포함할 수 있지만, 수용자 또한 이를 문자 그대로의 사실로 인식하지 않는 경우가 많다. 따라서 규제 논의에서는 표현의 형식만이 아니라 맥락과 수용 가능성을 함께 고려해야 하며, 언론 보도 형식을 모방했다는 이유만으로 일률적으로 규제 대상으로 삼는 것은 부적절하다는 지적이 제기되어 왔다.

최근 개정된 정보통신망 이용촉진 및 정보보호 등에 관한 법률은 제44조의7 제2항에서 허위조작정보의 유통을 금지하면서, 금지되는 허위조작정보의 개념을 정하고 있다. 개정 정보통신망법은 내용의 전부 또는 일부가 허위인 정보를 '허위정보'로, 내용을 사실로 오인하도록 변형된 정보를 '조작정보'로 규정하면서, 손해를 끼칠 의도 또는 부당한 이익을 얻을 목적으로 타인의 인격권이나 재산권 또는 공공의 이익을 침해하는 '허위정보' 또는 '조작정보'를 '허위조작정보'로 보고 있다. 이 조항은 유통이 금지되는 허위조작정보에서 풍자와 패러디는 제외한다고 정하여 허위 표현의 표현 형식만을 이유로 한 규제가 이루어지지 않도록 경계하고 있다.

2) 딥페이크의 개념

'딥페이크(Deepfake)'는 인공지능의 딥러닝(deep learning) 기술을 이용하여 이미지·영상·음성을 인공적으로 합성함으로써 진짜처럼 보이게 만든 조작 미디어를 말한다. '딥페이크'라는 용어는 2017년 말 온라인 커뮤니티 Reddit에서 사용된 'deepfakes'라는 이용자명이자, 그가 만든 얼굴합성 포르노 영상에서 처음 사용되었다. 이후 생성적 적대 신경망(GAN, Generative Adversarial Network) 등 딥러닝 기술이 급속히 발전하면서, 단 몇 장의 사진이나 짧은 음성 샘플만으로도 특정 인물의 얼굴 표정이나 목소리를 사실적으로 합성할 수 있게 되었다. 기술 활용이 보편화되면서 실제로 존재하지 않는 영상이나 음성을 만들어, 마치 그 인물이 실제로 그런 행동이나 발언을 한 것처럼 보이게 하는 고품질의 조작 콘텐츠가 빈번하게 생성·유포되기 시작했다. 대표적으로 정치인의 연설 장면에 다른 사람의 얼굴을 입히거나, 유명인의 얼굴을 성적 영상에 합성하는 사례가 있다. 이러한 기술은 진위 판별이 어려울 정도로 사실적인 결과물을 만들어내기 때문에, 규제 필요성에 대한 논의가 이루어졌다.

딥페이크는 기술적으로는 중립적이지만, 현실에서는 허위정보 생산과 인권 침해의 수단으로 악용되는 경우가 많다. 조작된 성적 이미지나 음성은 개인의 명예와 사생활을 침해하고, 선거나 사회적 갈등 상황에서는 여론을 왜곡시킬 위험이 있다. 이러한 이유로 각국은 최근 법적 · 기술적 대응 체계를 마련하고 있으며, 우리나라에서도 비동의 성적 합성물 제작 · 유포 금지 규정(성폭력처벌법 제14조의2) 등이 신설되었다. 딥페이크는 "가짜를 진짜처럼 보이게 만드는" 전형적인 허위정보의 한 형태로서, 이후 장에서 다루는 허위정보 규제 논의와 밀접하게 연결된다.

3 허위정보의 확산과 문제

온라인 허위정보는 어떻게 확산되고 어떤 문제를 일으키는가? 현대 커뮤니케이션 환경에서 허위정보의 유통은 몇 가지 특징적인 양상을 보인다. 인터넷과 소셜미디어의 등장으로 누구나 손쉽게 정보를 생산 · 유포할 수 있게 되면서, 과거에 비해 허위정보가 퍼져나가는 속도는 빨라지고 범위는 물리적 한계를 갖지 않게 되었다. 과거에도 유언비어와 거짓정보는 있었지만, 기술적 전파 수단이 제한적이어서 확산에 한계가 있었다. 오늘날에는 트위터, 페이스북 등 소셜 플랫폼을 통해 한 개인의 게시물이 순식간에 수만 명에게 도달할 수 있는 시대가 되었다. 이러한 기술 환경은 허위정보의 확산 위험을 증폭시켰다는 평가를 받는다. 특히 허위정보의 확산이 가속화되면서 정부나 기업이 정보를 의도적으로 무기화하거나 오용하여 여론을 조작하는 사례에 대한 우려도 제기된다.

실제로 MIT 연구진이 2006~2017년 트위터상의 뉴스 유통을 분석한 결과, 거짓 뉴스가 진실한 뉴스보다 훨씬 빠르고 폭넓게 확산된다는 연구 결과가 있었다. 이 연구에 따르면 거짓 뉴스는 진짜 뉴스보다 약 70% 더 많이 리트윗 되었고, 동일한 수의 사람(1,500명)에게 도달하는 데 걸리는 시간도 진짜 뉴스의 6배 이상 빠르다고 한다. 이러한 현상은 단순히 자동화된 봇(bot)때문이 아니라 사람들의 행동에서 기인하는 것으로 나타났다. 즉, 사람들이 놀랍거나 충격적인 거짓 정보를 진실보다 더 적극적으로 공유하는 경향이 허위정보 확산의 동력이라는 것이다. 연구자들은 거짓 정보의 "참신성(novelty)"이 인간의 심리를 자극해 더 많이 퍼뜨리게 만든다고 분석했다. 새로운 소문이나 음모론을 남들보다 먼저 퍼뜨림으로써 "정보통(well-informed)으로 보이고자 하는 욕구"가 리트윗 행동을 부추긴다는 것이다. 또한 거짓 뉴스에 대한 사람들의 감정적 반응을 살펴보면, 놀라움이나 혐오감 같은 감정이 두드러져 이것이 공유 충동을 높이는 반면, 진실 뉴스에 대한 반응은 신뢰나 슬픔 등 비교적 차분한 정서가 많았다. 이러한 차이 역시 허위정보가 온라인에서 "더 자극적이고 화제성 높은" 콘텐츠로 소비 · 확산됨을 시사한다.

4 헌법상 표현의 자유와 허위정보 규제

1) 헌법상 표현의 자유의 의의

표현의 자유는 헌법이 보장하는 기본권 중에서도 민주주의의 존립과 개인의 인격적 자율성을 동시에 지탱하는 핵심적 가치이다. 헌법상 표현의 자유의 의의는 단순히 의견을 표출할 자유를 보장하는 데 그치지 않고, 이를 통해 사회 전체의 진리 탐구와 문화적 발전, 공동체적 소통, 그리고 민주적 의사 형성을 가능하게 한다는 점에 있다.

헌법재판소 또한 여러 결정에서 표현의 자유가 민주적 기본질서의 본질적 요소임을 반복적으로 강조해왔다. 헌법재판소는 언론 · 출판의 자유가 민주사회에 필수적인 기반으로서, 다양한 사상과 의견이 사회 전반에 전달되고 자유로운 비판과 토론이 이루어질 때 민주정치가 비로소 실현될 수 있다고 판시하였다(95헌가16). 또한 인간이 사고의 결과를 외부로 표현하고 타인과 소통함으로써 공동체의 일원으로서 자신을 실현하는 것이 표현의 자유의 본질적 기능임을 밝히고 있다. 더 나아가, 표현의 자유가 보장되지 않는다면 사상의 발전과 진리의 탐구가 정체되어 사회의 문화적 진보가 불가능하게 된다는 점을 명시하였다(95헌가16).

미국 연방대법원의 판례 전통이 표현의 자유에 헌법상 우월적 지위를 부여하는 이유 또한 동일한 맥락에서 이해된다. 즉, 표현의 자유는 민주국가의 존립과 발전을 위한 제도적 기반이며, 자유로운 의견의 경쟁을 통해 사회가 스스로를 정화하고 발전할 수 있도록 하는 헌법적 원동력이라는 점에서 그 의의가 크다.

이와 같이 표현의 자유의 기능은 다양한 측면에서 인정되고 있음에도, 허위 표현과 관련한 논의는 대부분 '보도'의 형태로 이루어진 허위 표현을 중심으로 이루어지고 있다. 이들 논의의 근거는 주로 표현의 자유가 입헌민주주의의 유지 · 형성이나 진리 탐구의 기능을 수행한다는 전제 위에 놓여 있다. 이러한 접근 속에서 표현의 자유의 중요한 축인 '개인의 인격의 자유로운 형성과 전개'의 측면은 상대적으로 간과되어 왔다. 그러나 허위 표현이 반드시 표현의 자유의 기능과 무관하다고 볼 근거는 없다. 실제가 아닌 이야기를 구성하고 전파하는 행위 또한 인간의 창조적 표현활동의 일환으로, 그것이 사회적 의미를 지니지 않더라도 개인의 사고와 상상력의 발현이라는 점에서 헌법적 보호의 대상이 될 수 있다.

유발 하라리는 "인간은 늘 탈진실의 시대를 살아왔으며, 호모 사피엔스의 특유의 힘은 허구를 만들고 믿는 데서 나온다"고 지적한다(유발 하라리, 2020). 그는 인간이 허구를 창조하고 공유하는 능력이 공동체 형성과 협력의 기반이 되어 왔음을 강조하며, 허구가 반드시 부정적이거나 해로운 것만은 아니라는 점을 지적한다. 이러한 관점은 허위적 · 허구적 표현 역시 인간의 표현능력의 본질적 일부이며, 사회적 의미를 넘어 개인의 인지적 · 정신적 자율성의 발현과도 맞닿아 있음을 시사한다.

결국 허위 표현은 그 내용이 반드시 사실에 부합하지 않더라도 인간의 사고와 감정, 상상력의 발현이라는 점에서 표현의 자유의 본질적 내용에 속한다고 볼 수 있다. 즉, 허위 표현은 진리 탐구나 민주적 여론 형성에 직접 기여하지 않더라도, 개인의 인격 형성과 자기표현의 자유를 실현하는 과정에서 불가분의 요소로 기능할 수 있다. 따라서 헌법상 표현의 자유의 보호영역은 사실의 진실성 여부만을 기준으로 한정적으로 파악될 수 없으며, 허위표현 또한 표현의 자유의 보호 영역 안에 있는 것으로 이해되어야 한다.

2) 표현의 자유와 허위사실 표현

표현의 자유와 관련하여 허위 표현이 적극적으로 논의된 대표적인 헌법재판소 결정은 '미네르바 사건'으로 많이 알려진 2008헌바157, 2009헌바88 병합 결정을 꼽을 수 있다.

(1) 사건의 배경

구 전기통신기본법 제47조는 "공익을 해할 목적의 허위의 통신을 한 자는 5년 이하의 징역 또는 500만 원 이하의 벌금에 처한다"고 규정하고 있었다. 인터넷 포털 다음(Daum)의 '아고라' 토론방에서 '미네르바'라는 필명으로 활동하던 청구인은 외환보유액이 소진되어 외화 환전이 중단된 것처럼 게시글을 올리고, 정부가 금융기관에 달러 매수를 금지했다는 허위의 내용을 게시한 혐의로 기소되었다. 이 조항이 헌법상 표현의 자유를 침해하는지 여부가 심판의 쟁점이 되었다.

(2) 법정의견

헌법재판소는 "이 사건 법률조항은 표현의 자유에 대한 제한입법이며, 동시에 형벌조항에 해당하므로, 엄격한 의미의 명확성원칙이 적용된다"고 전제하였다. 그리고 "이 사건 법률조항은 '공익을 해할 목적'의 허위의 통신을 금지하는바, 여기서의 '공익'은 형벌조항의 구성요건으로서 구체적인 표지를 정하고 있는 것이 아니라, 헌법상 기본권 제한에 필요한 최소한의 요건 또는 헌법상 언론·출판의 자유의 한계를 그대로 법률에 옮겨놓은 것에 불과할 정도로 그 의미가 불명확하고 추상적"이라고 지적하면서, "어떠한 표현행위가 '공익'을 해하는 것인지, 아닌지에 관한 판단은 사람마다의 가치관, 윤리관에 따라 크게 달라질 수밖에 없으며, 이는 판단주체가 법전문가라 하여도 마찬가지"라고 하였다. 따라서 "이 사건 법률조항은 수범자인 국민에 대하여 일반적으로 허용되는 '허위의 통신' 가운데 어떤 목적의 통신이 금지되는 것인지 고지하여 주지 못하고 있으므로 표현의 자유에서 요구하는 명확성의 요청 및 죄형법정주의의 명확성원칙에 위배하여 헌법에 위반된다"고 판단하였다.

(3) 보충의견 - '허위의 통신' 부분의 불명확성

재판관 조대현, 김희옥, 김종대, 송두환은 보충의견에서 "이 사건 법률조항의 본래 입법취지는 '허위의 명의를 이용한 통신'을 규제하려는데 있었다"고 밝혔다. 그러나 "장시간에 걸쳐 사문화된 상태에 있었던 이 사건 법률조항이 최근 몇 년 사이에 내용상 허위의 통신 행위에 대하여 갑작스레 적용되기 시작하면서 '허위의 통신'이 어떠한 행위를 말하는지 다시 의문이 제기되게 되었다"고 하였다.

나아가 "'허위' 개념에는 내용의 거짓이나 형식의 오류가 모두 포함될 수 있기 때문에, 법률 용어로 사용하기 위하여는 보다 구체적인 부연 내지 체계적 배치가 필요함에도 이 사건 법률조항은 그러한 구체화의 취지를 명백하게 드러내지 아니하였다"고 보았다. 따라서 "이 사건 법률조항은 '공익을 해할 목적'이 불명확하다는 점에서 뿐만 아니라 '허위의 통신' 부분이 불명확하다는 점에서도 죄형법정주의의 명확성원칙에 위반된다"고 하였다.

(4) 과잉금지원칙 위반에 대한 보충의견

또 다른 보충의견(이강국, 이공현, 조대현, 김종대, 송두환)은 "표현이 어떤 내용에 해당한다는 이유만으로 표현의 자유의 보호영역에서 애당초 배제된다고는 볼 수 없으므로, '허위사실의 표현'도 헌법 제21조가 규정하는 언론 · 출판의 자유의 보호영역에는 해당하되, 다만 헌법 제37조 제2항에 따라 제한될 수 있는 것"이라고 하였다.

그러나 "이 사건 법률조항을 공익을 해할 목적의 허위사실 통신에 적용하는 것은 '공익' 개념의 모호성 · 추상성 · 포괄성으로 말미암아 규제되지 않아야 할 표현까지 다함께 규제하게 되어 과잉금지원칙에 어긋난다"고 보았다. 또한 "자신이 행하고자 하는 표현이 규제의 대상이 아니라는 확신이 없는 기본권 주체로 하여금 규제를 받을 것을 우려하여 스스로 표현행위를 억제하도록 할 가능성이 높다"고 지적하며, "제재에 대한 두려움으로 인하여 표현이 억제된다면, 표현의 자유의 기능은 훼손될 수밖에 없"기 때문에 이 조항이 "과잉금지원칙에 위배하여 표현의 자유를 침해하는 것으로서 헌법에 위반된다"고 판단하였다.

(5) 반대의견

이에 대해 이동흡, 목영준 재판관은 소수의견에서 "이 사건 법률조항은 '공익을 해할 목적'이라는 초과주관적 구성요건을 추가하여 '허위의 통신' 가운데 구성요건 해당성이 인정되는 행위의 범위를 대폭 축소시키고 있는바, 초과주관적 구성요건 부분에 대하여 객관적 구성요건 행위와 같은 정도의 명확성을 요구할 것은 아니라"고 하였다.

반대의견은 "'공익' 개념은 '국민 전체 내지 대다수 국민과 그들의 구성체인 국가사회의 이익'을 의미하며, '공익을 해할 목적'은 행위의 주요 목적이 공익을 해하는 때를 의미하므로 불명확하지 않다"고 판단하였다. 또한 "'허위의 통신'은 내용의 거짓과 명의의 거짓을 모두 포괄하고, '의견표명'이나 '제안'은 이에 해당하지 않는다"고 하여 그 의미가 명확하다고 판단하였다.

따라서 “이 사건 법률조항은 침해의 최소성원칙에 반하지 않으며, 보호되는 공익과 제한되는 기본권 사이에 현저한 불균형이 있다고 보기 어렵다”고 보았다.

(6) United States v. Alvarez(2012)

United States v. Alvarez 사건은 ‘무공훈장을 받았다고 거짓말하는 행위를 처벌’하는 군인사칭처벌법(Stolen Valor Act of 2005)의 위헌 여부가 문제 되었다. 알바레즈(Xavier Alvarez)는 자신이 명예훈장(Congressional Medal of Honor)을 받았다고 공공연히 거짓말을 하여 유죄판결을 받았으나, 항소심과 연방대법원에서 이 법이 수정헌법 제1조(표현의 자유)를 위반한다는 이유로 뒤집혔다.

케네디(Anthony Kennedy) 대법관이 집필한 4인의 다수의견은 “거짓말이 수정헌법 제1조의 보호에서 완전히 배제되는 범주의 표현은 아니다”라고 하였다. “이 법률은 언제, 어디서, 누구에게, 어떤 맥락에서 한 거짓말인지에 상관없이 단지 허위성만으로 처벌하려는 것”이므로 내용에 근거한 규제이며, 따라서 “엄격한 심사(exacting scrutiny)”를 통과해야 한다고 보았다. 그러나 정부는 이러한 제한이 “군의 명예를 보호하기 위해 꼭 필요한 것도 아니며, 명예훈장의 무결함(integrity)을 보호한다는 이유만으로 허위표현을 처벌할 수 없다”는 점을 설득력 있게 증명하지 못했으므로 위헌이라고 판단하였다.

브라이어(Stephen Gerald Breyer) 대법관은 동조의견에서 “거짓말은 진실한 말보다 보호할 가치가 낮고, 정부가 이를 금지할 이유도 있으나, 표현의 자유를 위축시킬 수 있으므로 중간심사(intermediate scrutiny)를 적용해야 한다”고 하면서 “덜 침해적인 방식으로도 동일한 목적을 달성할 수 있음에도 불구하고 이 법은 비례성을 상실하였다”고 보았다.

반면 알리토(Samuel Alito) 대법관은 반대의견에서 “이 사건의 거짓말은 진위를 명확히 확인할 수 있고 내용 자체로 아무런 사회적 가치가 없으므로 수정헌법 제1조의 보호를 받을 가치가 없다”고 밝혔다.

(7) 정리와 시사점

미네르바 사건과 알바레즈 사건은 모두 거짓된 말, 즉 허위표현을 어디까지 처벌할 수 있는가를 다룬 판례이다. 두 사건 모두 ‘허위표현을 처벌하려면 법이 얼마나 명확해야 하는가’, 그리고 ‘그 처벌이 표현의 자유를 지나치게 제한하지는 않는가’가 핵심 쟁점이었다.

먼저 미네르바 사건에서 헌법재판소는 "공익을 해할 목적의 허위통신"이라는 문구가 너무 막연하다고 보았다. '공익'이 정확히 무엇을 뜻하는지도 불분명하고, 어떤 표현이 '공익을 해치는지' 판단 기준도 사람마다 다를 수 있기 때문이다. 이렇게 법이 불명확하면, 국민은 어떤 행동이 처벌받는지 알기 어렵고, 법을 집행하는 사람도 자의적으로 판단할 수 있게 된다. 그래서 헌법재판소는 이 조항이 명확성원칙에 어긋나 표현의 자유를 침해한다고 보았다. 또한 헌법재판소는 "자신이 하려는 말이 처벌받을 수도 있다는 두려움 때문에 스스로 표현을 포기하는 상황"이 생길 수 있다고 지적했다. 이런 현상을 '위축효과(Chilling Effect)'라고 하며, 표현의 자유를 지키기 위해 가장 경계해야 할 문제로 꼽았다.

미국의 알바레즈 판결에서도 비슷한 논리가 등장한다. 미연방 대법원은 "거짓말이라고 해서 항상 표현의 자유의 보호 밖에 놓이는 것은 아니다"라고 하면서, 단순히 허위라는 이유만으로 사람을 형사처벌할 수는 없다고 보았다. 다만 명예훼손이나 사기처럼 다른 사람에게 직접적인 피해를 주는 경우에는 예외적으로 처벌이 가능하다고 했다.

이 두 판례는 오늘날 허위정보 규제를 논의할 때 중요한 기준이 된다. 첫째, 법으로 허위표현을 규제하려면 무엇이 허위인지, 어떤 경우에 처벌되는지를 명확히 해야 한다. 둘째, 표현의 자유를 과도하게 제한하지 않도록 필요한 최소한의 규제만 허용해야 한다. 셋째, 허위표현이라도 실제 피해나 위험이 없으면 함부로 형사처벌해서는 안 된다.

결국 이 두 사건은 "거짓말"이라도 사회 안에서 자유로운 토론과 반박을 통해 스스로 걸러질 수 있다는 믿음, 즉 사상의 자유시장 이론(the marketplace of ideas)을 전제로 하고 있다. 이 이론은 다양한 의견이 자유롭게 표현되고 경쟁할 때, 그 과정 속에서 진실이 발견된다는 생각을 바탕으로 한다. 따라서 법이 개입해야 하는 경우는 이러한 공론의 작동이 불가능할 정도로 심각한 피해나 위험이 발생하는 경우로 한정되어야 한다. 허위표현 규제의 핵심은 단순히 "거짓이냐 아니냐"가 아니라, 그 표현이 실제로 타인이나 사회에 구체적인 피해를 주었는가에 달려 있다.

5 허위정보에 대한 법적 규율

1) 정보통신망법상 '허위조작정보'

정보통신망 이용촉진 및 정보보호 등에 관한 법률은 허위정보와 조작정보를 포괄하는 '허위조작정보' 개념을 명시적으로 도입하고, 그 유통 금지, 민사적 책임, 플랫폼의 절차적 의무, 분쟁조정 및 제재 체계를 종합적으로 규율한다. 정보통신망법 제44조의7 제2항은 허위조작정보를 "손해를 끼칠 의도 또는 부당한 이익을 얻을 목적으로 타인의 인격권이나 재산권 또는 공공의 이익을 침해하는 허위정보 또는 조작정보"로 정하고, 허위정보(내용의 전부 또는 일부가 허위인 정보)와 조작정보(내용을 사실로 오인하도록 변형된 정보)를 정의하고 있다. 여기에서 풍자와 패러디는 제외된다.

개정 정보통신망법에 따라 온라인상에서의 허위조작정보의 유통은 금지되며, 고의 또는 과실로 허위조작정보 등을 유통하여 타인에게 손해를 가한 경우 정보통신망법 제44조의10에 따라 손해배상 책임이 발생한다. 법원은 손해가 발생한 사실은 인정되나 구체적인 손해의 액수를 증명하는 것이 사안의 성질상 매우 어려운 때에는, 법 위반상태의 지속기간과 변론 전체의 취지 등을 고려하여 최대 5천만 원 범위 내에서 상당한 금액을 손해액으로 인정할 수 있다. 특히 사실이나 의견을 불특정 다수에게 전달하는 것을 업으로 하는 게재자가 허위조작정보임을 인식하고, 손해 발생 의도 또는 부당한 이익 목적을 가지고 이를 유통하여 법익 침해가 발생한 경우에는, 인정된 손해액의 최대 5배까지 가중배상이 가능하도록 규정하고 있다. 다만 공익신고, 부정청탁 · 금품수수 관련 사항 등 공공의 이익을 위한 정보에 대해서는 가중 손해배상이 적용되지 않는다.

한편, 정보통신망법은 가중 손해배상 제도의 남용을 방지하기 위한 특칙도 함께 두고 있다. 제44조의11은 공공의 이익을 위한 정당한 비판이나 감시 활동을 방해할 목적으로 제기된 가중 손해배상 청구를 금지하고, 피고의 중간판결 신청, 소송절차의 중지, 신속한 판단 기한, 소 각하 시 소송비용 부담 및 공인 등에 대한 판결 공표 명령 등 전략적 봉쇄소송을 방지하기 위한 장치를 정하고 있다.

허위조작정보의 유통과 관련하여 플랫폼의 역할도 구체화되어 있다. 정보통신망법 제44조의12는 대규모 정보통신서비스 제공자에게 허위조작정보 신고 접수 의무를 부과하고, 신고 접수 후 삭제·차단, 계정 정지, 수익화 제한 등의 조치를 취할 경우 그 사유와 이의신청 절차를 신고자와 게재자에게 통지하도록 한다. 신고인이나 게재자는 조치 통지를 받은 날부터 6개월 이내에 이의신청을 할 수 있으며, 해당 조치나 이의신청 결정에 대해 분쟁조정 절차를 신청할 수 있다. 또한 대규모 정보통신서비스 제공자는 허위조작정보의 판정기준과 신고·조치 절차에 관한 자율적인 운영정책을 수립하고, 이해관계자와 시민단체, 전문가의 의견을 반영하도록 규정되어 있다.

아울러 정보통신망법은 허위조작정보 신고 제도의 남용을 방지하기 위해, 명백히 근거 없는 신고를 반복하는 신고자에 대해서는 일정 기간 신고 접수를 제한할 수 있도록 하고, 그 판단 기준으로 신고 건수, 신고 비율, 정보의 성격과 사회적 영향, 신고자의 의도 등을 고려하도록 한다. 대규모 정보통신서비스 제공자는 허위조작정보 처리 현황과 신고·이의신청 처리 결과 등을 포함한 투명성 보고서를 정기적으로 공표해야 하며, 방송미디어통신위원회는 이러한 제도의 운영에 대해 감독과 조사를 수행한다.

나아가 정보통신망법은 허위정보 및 조작정보에 대한 사실확인 활동을 제도적으로 지원한다. 제44조의16은 대규모 정보통신서비스 제공자가 허위정보등의 처리에 관한 자율정책을 수립하도록 하고, 국제적 기준을 준수하는 사실확인 단체와 협약을 체결할 수 있도록 규정한다. 사실확인 단체는 사실확인 결과와 조치에 관한 보고서를 공개하며, 제공자는 이를 서비스 정책에 반영하고 그 사실을 이용자에게 공표할 수 있다. 이러한 사실확인 활동과 제도 운영을 지원하기 위하여 방송미디어통신위원회는 정보통신서비스투명성센터를 설치할 수 있도록 하고 있다.

이와 함께 정보통신망법은 허위조작정보가 법원 판결 등을 통해 이미 불법정보로 확정되었음에도 이를 반복적으로 유통하는 업 종사자에 대해서는 최대 10억 원의 과징금을 부과할 수 있도록 규정하고, 과징금 부과 전 의견제출 기회 보장, 징수 및 체납처분 절차도 함께 마련하고 있다.

2) 명예훼손적 및 사생활 침해적 내용의 허위정보

허위정보 중 가장 전통적인 법적 규제의 대상이 되는 것은 개인의 명예나 인격권을 침해하는 유형이다. 형법은 오프라인을 중심으로 한 명예훼손 행위를 규율하고, 정보통신망법은 온라인 환경에서의 명예훼손 정보 유통을 별도로 금지함으로써, 허위사실에 의한 명예침해를 다층적으로 규제하고 있다.

먼저 형법 제307조 제2항은 "공연히 허위의 사실을 적시하여 사람의 명예를 훼손한 자"를 처벌 대상으로 규정하고 있다. 여기서 '허위의 사실'이란 객관적 진실에 반하는 내용을 의미하며, 행위자가 그것이 허위임을 인식하고도 공공연히 적시한 경우에 해당한다. 형법상 명예훼손죄는 보호법익을 '사람의 사회적 가치 내지 인격적 명예'로 보고, 사실이든 허위이든 명예를 훼손한 경우를 모두 포섭하지만, 제2항은 그중에서도 특히 허위사실 적시에 의한 명예훼손을 가중하여 처벌한다. 제308조는 사자(死者)의 명예를 보호하기 위한 규정으로, 이미 사망한 사람에 대해서도 허위사실을 유포하여 사회적 평가를 저하시킨 경우 형사처벌이 가능하도록 한다. 또한 제309조 제2항은 출판물 · 방송 · 정보통신 등 매체를 이용한 허위사실 적시 명예훼손을 가중처벌 대상으로 두고 있으며, 이는 허위정보가 미디어를 통해 빠르고 광범위하게 확산될 때 그 사회적 해악이 크다는 점을 반영한 것이다.

한편 「정보통신망 이용촉진 및 정보보호 등에 관한 법률」(이하 정보통신망법) 제44조의7 제1항 제2호는 "사람을 비방할 목적으로 공공연하게 사실이나 거짓의 사실을 드러내어 타인의 명예를 훼손하는 내용의 정보"의 유통을 금지한다. 이 조항은 온라인 공간의 특수성을 고려하여, 명예훼손적 허위사실의 유통 자체를 불법정보의 유통으로 보고 금지한다. 정보통신망법 제70조 제2항은 비방 목적의 허위사실 명예훼손죄에 대하여 벌금형을 규정하고, 위반행위로 얻은 이익에 대한 몰수 · 추징도 할 수 있도록 정하고 있다. 정보통신망법은 정보의 유통단계에서부터 삭제 · 차단 등 행정적 조치를 가능하게 하고 형사제재까지 규정하여 온라인 플랫폼상의 허위사실 확산을 예방하고 신속히 차단할 수 있도록 한다.

3) 선거 및 정치적 내용의 허위정보

선거와 정치적 영역에서의 허위정보는 국민의 판단을 왜곡하여 민주적 의사형성 과정과 국민주권의 실현을 직접적으로 침해할 위험이 있다. 이러한 이유로 법은 일반적인 명예훼손적 허위정보보다 훨씬 엄격한 규제를 적용한다. 「공직선거법」을 중심으로 「정당법」 등이 정비되어 있으며, 이들은 허위정보의 생산 · 공표 · 유통을 통해 선거의 공정성을 해치는 행위를 형사적으로 제재하는 체계를 갖추고 있다.

먼저 「공직선거법」 제96조는 선거 관련 보도와 논평의 객관성과 진실성을 보호하기 위해 허위논평 · 보도를 금지한다. 제1항은 여론조사 결과를 왜곡하여 공표하거나 보도하는 행위를, 제2항은 언론인이 특정 후보의 당락에 영향을 줄 목적으로 허위사실을 보도하거나 논평하는 행위를 금지한다. 이는 선거 시기 언론보도의 사회적 영향력이 크다는 점을 고려하여, 허위정보가 여론을 왜곡하지 않도록 하려는 것이다.

또한 제247조와 제248조는 허위의 신고, 문서 위조, 신분 사칭 등 사위(詐僞) 행위를 금지하여 선거인명부 조작이나 부정투표 등 절차적 허위행위를 방지한다. 제249조는 투표결과의 위조나 증감을 처벌하고, 선거관리위원회 관계자가 이에 관여한 경우에는 가중처벌하도록 규정한다. 이러한 조항들은 '허위정보'가 단순히 언어적 표현을 넘어 문서나 행위 형태로도 나타날 수 있음을 보여준다.

특히 제250조는 후보자나 그 가족의 학력, 경력, 재산 등에 관한 허위사실 공표행위를 금지한다. 당선을 돕거나(제1항) 방해한 경우(제2항) 모두 처벌되며, 당내 경선 과정에서의 허위공표 행위(제3항)도 형사처벌 대상이다. 이는 정당 내부의 민주적 절차 역시 공직선거의 연장선상에서 보호하려는 입법 취지를 반영한다. 아울러 제253조는 통신수단을 이용한 허위 신분 표시나 허위 명의 사용을 금지하여, 온라인 공간에서의 익명 계정이나 가짜 신분을 이용한 정치정보 조작에 대응할 근거를 마련하고 있다.

한편 「정당법」 제52조는 당내 대표경선 등과 관련하여 허위사실을 공표한 행위를 별도로 처벌한다. 후보자나 그 가족의 경력 · 재산 등에 관한 허위정보를 유포하여 당선 또는 낙선을 도모한 경우 각각 3년 이하 또는 5년 이하의 징역에 처하도록 규정한다.

이처럼 정치적 허위정보에 대한 규제체계는 단순히 개인의 명예를 보호하는 차원을 넘어, 민주주의의 정당성과 선거의 공정성을 확보하기 위한 헌법적 가치 실현을 목표로 한다. 따라서 입법자는 허위표현을 무조건 금지하지 않고, 공익 보호와 표현의 자유 간의 균형을 유지하기 위해 처벌 범위를 명확히 한정하고 있다.

4) 국가적 · 사회적 법익 관련 내용의 허위정보

국가의 존립이나 사회질서의 안정을 해칠 우려가 있는 허위정보는 「국가보안법」에 따라 엄격하게 규제된다. 동법 제4조 제1항 제6호는 반국가단체의 목적 수행을 위한 행위로서 사회질서의 혼란을 조성할 우려가 있는 사항에 관하여 허위사실을 날조하거나 유포한 경우를 처벌 대상으로 규정하고, 3년 이상의 유기징역에 처하도록 하고 있다. 이 조항은 허위정보의 생산과 확산을 모두 금지함으로써, 국가안보에 중대한 위해를 초래할 수 있는 허위정보의 유통을 막고자 하는 것이다.

또한 제7조 제4항은 반국가단체를 찬양하거나 이에 동조하는 활동과 관련하여 사회질서의 혼란을 조성할 우려가 있는 사항에 관하여 허위사실을 날조하거나 유포한 자를 동일하게 2년 이상의 유기징역에 처하도록 규정한다. 이 조항은 정치적 · 이념적 목적을 가진 허위정보의 유포를 금지하여, 국가체제에 대한 불신 조장이나 사회 불안을 초래하는 행위를 방지하는 데 중점을 둔다.

이처럼 국가보안법상 허위정보 규정은 개인의 명예나 선거의 공정성 보호를 넘어, 국가적 법익을 침해할 위험이 있는 허위정보를 독립적인 범죄행위로 규정하고 있다. 허위사실이 사회질서의 혼란이나 국가안보의 위협으로 이어질 가능성이 있는 경우, 단순한 표현행위를 넘어 형사처벌의 대상이 되며, 이는 공공의 안전과 국가의 존립을 보호하기 위한 법적 장치로 기능한다.

5) 이미지, 음성 합성물(딥페이크)

딥페이크 기술은 인공지능을 이용해 특정 인물의 얼굴이나 신체, 음성을 합성함으로써 실제 존재하지 않는 영상이나 음성물을 만들어내는 기술이다. 이러한 기술이 악용될 경우 개인의 초상권과 성적 자기결정권을 침해하고, 나아가 성적 수치심과 사회적 피해를 초래할 수 있다. 특히 대상자의 동의 없이 성적 이미지를 편집 · 합성하거나 이를 유포하는 행위는 심각한 디지털 성범죄로 인식되고 있다.

이러한 문제에 대응하기 위해 2024년 「성폭력범죄의 처벌 등에 관한 특례법」이 개정되면서, 성적 딥페이크 영상물 제작 및 유포 행위를 처벌하는 규정이 신설되었다. 동법 제14조의2 제1항은 "반포 등을 할 목적으로 사람의 얼굴 · 신체 또는 음성을 대상으로 한 촬영물 · 영상물 또는 음성물(이하 '영상물등')을 영상물등의 대상자의 의사에 반하여 성적 욕망 또는 수치심을 유발할 수 있는 형태로 편집 · 합성 또는 가공(이하 '편집등')한 자는 7년 이하의 징역 또는 5천만 원 이하의 벌금에 처한다"고 규정하고 있다. 즉, 단순히 유포 행위뿐만 아니라 '편집 · 합성 · 가공' 단계에서부터 형사처벌이 가능하도록 하여, 허위 성적 영상물의 제작 자체를 범죄로 명확히 규정한 것이다.

개정법은 딥페이크 기술의 발전에 따른 새로운 형태의 성범죄를 실효적으로 대응하기 위한 법적 기반을 마련했다는 점에서 의의가 있다. 기존에는 딥페이크 영상의 제작자가 형법상 명예훼손이나 모욕죄로 처벌받기 어려웠지만, 이제는 성적 목적의 합성물 제작 자체가 처벌 대상이 될 수 있다.

6 허위정보에 대한 국제적 대응 동향

1) 유럽연합의 자율규제를 통한 대응

유럽연합(EU)은 2018년부터 허위정보(Disinformation) 문제에 대응하기 위해 플랫폼 중심의 자율규제 체계를 구축하였다. 유럽집행위원회는 전문가 그룹의 권고를 토대로 '허위정보 대응 실천강령(Code of Practice on Disinformation)'을 제정하고, 구글 · 페이스북 · 트위터 등 주요 플랫폼과 광고 · 언론 단체가 참여하도록 했다. 이후 2022년에는 '강화된 실천강령(The Strengthened Code of Practice 2022)'을 발표하여 참여 대상을 팩트체크 기관, 연구기관, 광고주 단체 등으로 확대하였다. 이 실천강령은 허위정보 확산을 줄이기 위해 알고리즘 투명성 제고, 신뢰할 수 있는 정보 출처의 노출 강화, 광고 수익 차단, 팩트체크 협력, 정치 광고의 투명성 확보 등을 포함한다. 자율규제라는 형식을 취하지만, 각 서명 기관은 정기적으로 EU 집행위원회에 이행 보고서를 제출해야 하며, 미준수 시

‘디지털 서비스법(DSA)’에 따라 법적 제재를 받을 수 있다.

이처럼 EU의 자율규제는 ‘민주주의를 위협하는 허위정보를 공공과 민간이 공동으로 대응한다’는 인식을 바탕으로 한다. 실천강령은 강제력이 없는 단순 선언이 아니라, 회원국과 플랫폼이 공동으로 책임을 지는 협약형 거버넌스 모델로 발전하고 있다. 특히 2022년 개정판은 단순히 콘텐츠 삭제나 검열보다, 투명성 · 책임성 · 플랫폼의 사회적 의무 강화를 핵심으로 한다. 이를 통해 유럽은 법적 규제 이전에 민간의 자율적 노력을 제도화하여, 표현의 자유를 보장하면서도 허위정보의 확산을 억제하려는 균형적 접근을 취하고 있다.

2) 미국의 플랫폼 자율규제와 간접적 대응

미국은 허위정보를 국가가 직접 규제하지 않고, 플랫폼의 자율규제와 기존 법률을 통한 간접적 대응을 중심으로 하고 있다. 특히 「통신품위법(Communications Decency Act)」 제230조(c)(1)은 “온라인 플랫폼은 이용자가 작성한 콘텐츠의 출판자(publisher)나 발언자(speaker)가 아니다”라고 규정하여, 이용자 게시물에 대한 법적 책임을 면책한다. 이에 따라 플랫폼은 허위정보나 극단주의적 발언을 삭제 · 차단하더라도 법적 분쟁에서 보호받을 수 있다. 이 조항은 인터넷 산업의 성장과 혁신을 가능하게 했지만, 동시에 플랫폼이 유해 콘텐츠에 소극적으로 대응하는 결과를 초래했다는 비판이 이어지고 있다.

이러한 비판을 계기로 2018년 미국 의회는 「FOSTA(Allow States and Victims to Fight Online Sex Trafficking Act)」와 「SESTA(Stop Enabling Sex Traffickers Act)」를 통과시켜, 성매매나 인신매매를 조장하는 온라인 사이트에는 제230조의 면책이 적용되지 않도록 했다. 그러나 2023년 미연방대법원은 Gonzalez v. Google 사건과 Twitter v. Taamneh 사건에서 “플랫폼이 테러단체(IS)의 선전 콘텐츠를 퍼뜨리는 데 책임이 있다”는 피해자 유족의 주장을 기각하고, 통신품위법 제230조에 따라 플랫폼의 면책을 인정했다. 이 판결은 플랫폼의 법적 책임 부과에 신중해야 한다는 기존 입장을 재확인한 것이다. 그러나 동시에, 이러한 면책이 증오발언과 허위정보의 확산을 방치하고 있다는 비판이 커지면서, 미국 내에서는 플랫폼 면책 범위를 축소하거나 제230조를 개정하려는 논의가 활발히 진행되고 있다.

7 마무리

핵심정리

- 허위정보란 사실이 아닌 내용을 진짜처럼 꾸며 유포하는 모든 정보를 말한다. 그중 허위조작정보(disinformation)는 의도적이고 조작적인 허위정보를, 오정보(misinformation)는 고의 없이 잘못 전달된 정보를 의미한다. 반면 루머, 패러디, 풍자적 뉴스 등은 허위적 요소를 포함하더라도 웃음이나 비판을 위한 창작물로, 수용자가 실제 사실로 받아들이지 않는다는 점에서 구별된다. 개정 정보통신망법은 유통이 금지되는 '허위조작정보'를 '손해를 끼칠 의도 또는 부당한 이익을 얻을 목적으로 타인의 인격권이나 재산권 또는 공공의 이익을 침해하는 허위정보 또는 조작정보'로 정하면서 풍자와 패러디는 제외하고 있다.
- 표현의 자유는 민주주의의 기반이자 개인의 자율적 사고와 창조적 활동을 보장하는 기본권이다. 허위 표현이라 하더라도 인간의 사고, 감정, 상상력의 발현이라는 점에서 표현의 자유의 본질적 영역에 포함된다. 즉, 진리 탐구에 직접 기여하지 않더라도 개인의 자기표현과 인격 형성 과정에서 중요한 의미를 가지므로, 사실성만을 기준으로 하여 허위 표현을 표현의 자유의 보호 대상에서 배제할 수 없다.
- 헌법재판소는 '공익을 해할 목적의 허위의 통신'을 처벌한 구 전기통신기본법 조항이 표현의 자유의 명확성 원칙에 위배된다고 판단하였다. '공익'의 의미가 불분명하고, 어떤 허위표현이 처벌 대상인지 국민이 예측할 수 없기 때문이다. 허위표현을 법으로 규제하려면, 무엇이 허위인지와 처벌 기준이 명확히 규정되어야 하며, 그렇지 않으면 위축효과를 초래할 수 있다.
- 정보통신망법은 '허위조작정보'의 개념을 정하여 온라인상의 유통을 금지하고 있으며, 고의 또는 과실로 허위조작정보를 유통하여 타인에게 손해를 끼친 경우 가중적 손해배상 책임을 물을 수 있도록 정하고 있다. 개인의 명예를 훼손하는 명예훼손적 허위정보는 형법과 정보통신망법에 의해 규제되며, 선거의 공정성을 해치는 선거 · 정치적 허위정보는 공직선거법과 정당법에 따라 처벌된다. 국가의 안전이나 사회질서를 위협하는 국가 · 사회적 법익 침해형 허위정보는 국가보안법이 적용되고, 인공지능 합성기술을 이용한 딥페이크 관련 허위정보는 성폭력처벌법 개정으로 제작 · 유포 단계부터 형사처벌이 가능하도록 규정되어 있다.
- 유럽연합(EU)은 2018년부터 '허위정보 대응 실천강령(Code of Practice on Disinformation)'을 마련해 플랫폼의 자율규제를 제도화하였으며, 2022년 개정판에서는 알고리즘 투명성, 팩트체

크 협력, 정치 광고의 투명성 등을 강화하였다. 반면 미국은 국가가 직접 규제하지 않고, 「통신품위법」 제230조에 따라 플랫폼의 자율규제와 기존 법률을 통한 간접 대응에 의존하고 있다. EU는 공공과 민간이 공동책임을 지는 협약형 모델을, 미국은 표현의 자유를 중시한 자율책임 모델을 취하고 있다는 점에서 접근방식이 다르다.

실전활용 체크리스트

- 내가 접한 정보의 출처가 신뢰할 수 있는 언론, 정부기관, 학술기관 등 공식적 근거를 갖추었는가?
- 제목, 이미지, 자막 등이 과도하게 자극적이거나 감정적 반응을 유도하고 있지 않은가?
- 기사나 게시물의 날짜, 작성자, 원 출처(링크)가 명시되어 있는가?
- 인공지능 합성(딥페이크) 영상 · 이미지 · 음성 등 기술적 조작의 가능성을 확인했는가?
- 선거, 공중보건, 사회갈등과 관련된 정보의 경우, 법적 규제(공직선거법, 정보통신망법 등)의 대상이 될 수 있음을 인식했는가?
- 허위정보를 발견했을 때, 단순히 삭제하거나 방관하지 않고, 정정정보나 공신력 있는 출처를 함께 공유했는가?
- 딥페이크나 합성물을 제작 · 공유하는 경우, 대상자의 동의 여부와 사회적 영향(명예훼손, 사생활 침해, 성적 수치심 유발 등)을 충분히 고려했는가?

8 참고 문헌

김민정 (2019). 가짜뉴스(fake news)에서 허위조작정보(disinformation)로 – 가짜뉴스 규제 관련 국내 법안과 해외 대응책에 나타난 용어 및 개념정의 비교 –. 「미디어와 인격권」 5(2). 43–81.

김현귀 (2021). 「허위사실의 표현에 관한 헌법적 연구」. 헌법재판연구원.

유발 하라리 (2020). 「21세기를 위한 21가지 제언」. 김영사.

윤성옥 (2018). 가짜뉴스의 개념과 범위에 관한 논의. 「언론과 법」 17(1). 51–84.

성낙인 (2023). 「헌법학」. 법문사.

European Commission. n.d. Code of Practice on Disinformation.Digital Strategy. Accessed November 5, 2025. https://digital-strategy.ec.europa.eu/en/policies/code-practice-disinformation

Vosoughi, Soroush, Deb Roy, and Sinan Aral (2018). “The Spread of True and False News Online.” Science359 (6380): 1146-1151.

제14장

인공지능

박아란

제14장
인공지능

1 들어가며

학습목표

- 인공지능 개념과 구분 습득
- 인공지능법에 대한 기초적 이해
- 인공지능에 의한 인격권 침해 가능성 인식
- 인공지능 윤리의 중요성과 가이드라인 파악
- 언론 분야에서의 인공지능 활용과 한계 이해

학습사례

사례 1

대학생 A는 영상편집 동아리 활동을 하면서 딥페이크 기술을 익히게 되었다. 평소 유명가수 B의 팬이었던 A는 자신이 수집한 B의 공연 영상과 음성을 활용하여 마치 B가 새로운 곡을 부르는 것처럼 보이는 딥페이크 영상을 제작하여 유튜브 계정에 게시하였다. 이 영상은 알고리즘을 타고 빠르게 확산되었고, 조회 수가 급증하면서 A는 광고수익까지 기대할 수 있는 상황이 되었다.

딥페이크 기술에 자신감을 갖게 된 A는 같은 대학의 인기있는 학생이자 인플루언서로 활동 중인 친구 C의 사진과 영상을 이용하여 C가 성적 행위를 하는 것처럼 보이는 가짜 영상을 생성프로그램으로 제작하였다. A는 이 영상을 절친들과 함께 하는 단체 채팅방에 올렸고, 친구들은 "진짜같다"며 놀라워했다. 그러나 채팅방의 누군가가 이 영상을 다른 사람에게 전송하였고, 결국 딥페이크 영상은 학교 전체에 퍼져나가 대학생 커뮤니티 '에브리타임'에도 업로드 되는 상황에 이르렀다.

질문 1. 대학생 A는 가수 B에 대한 딥페이크 영상물에 대해 자신의 창작행위임을 주장하며 저작권을 행사할 수 있을까?

질문 2. 대학생 A는 친구 C에 대한 딥페이크 성범죄물 제작 및 유포로 인해 어떠한 처벌을 받게 될까? A가 "단지 재미로 만들었으며 단톡방의 친한 친구들에게만 공유했고, 다른 사람에게 배포하지 말라고 강조했다"고 주장한다면 형사책임을 면할 수 있을까?

사례 2

경제지 기자 D는 어느 유명 기업의 인공지능 연구원 E가 내부정보를 유출하여 해고되었다는 소문을 접했다. D는 신속히 기사를 작성하기 위해 챗GPT에게 "최근 E가 회사 기밀을 외부에 유출하여 해고된 일이 있는가"라고 물었고 챗GPT는 "그런 사실이 있었고 해고 결정이 회사 인트라넷에 공지되었습니다"라고 답했다. D는 추가 확인없이 이 사실을 기사화했다. 그러나 이는 전혀 사실이 아니었으며 연구원 E는 해당 기업에 재직 중이었다. 이 기사로 인해 회사에서 의심을 받는 등 심각하게 명예를 훼손당한 연구원 E는 기자를 상대로 명예훼손소송을 제기하였다.

질문 3. 기자 D는 "챗GPT가 신뢰할 만한 출처라고 믿었으며 악의는 없었으니 명예훼손 책임은 없다"고 주장했다. 또한 기자 D는 "명예훼손에 대해 누군가가 책임져야 한다면 자신이 아닌 챗GPT를 만든 오픈AI가 손해배상책임을 부담해야 한다"고 주장했다. 이러한 주장은 타당한 것인가?

2 인공지능의 역사와 개념

인공지능 기술은 빠르게 우리 생활 속으로 스며들고 있다. 많은 이용자들이 생성형 인공지능 툴을 활용하여 여행, 음식점, 쇼핑 등 다양한 정보를 검색하고, 문서를 작성하며, 이미지나 영상을 손쉽게 만들고 있다. 한때 생성형 인공지능을 활용하여 지브리 스타일로 변환한 사진을 소셜미디어 프로필에 업로드하는 것이 유행했던 것처럼 인공지능은 오락과 재미를 위해서도 활용되고 있다. 인류는 새로운 기술이 등장하면 그에 빠르게 적응해왔으나, 특히 인공지능 기술에 적응하는 속도는 그 기술이 발전하는 속도만큼 더 빨라지고 있는 상황이다.

인공지능이라는 용어가 등장한 시기는 불과 70여 년 전이다. 1956년 다트머스 대학교에서 열린 워크숍에서 과학자 존 매카시(John McCarthy)와 동료들이 인공지능(Artificial Intelligence: AI)이라는 용어를 처음 사용하였다. 이후 인공지능은 기술 발전과 함께 다양한 방식으로 정의되어 왔다. 표준국어대사전은 "인간의 지능이 가지는 학습, 추리, 적응, 논증 따위의 기능을 갖춘 컴퓨터 시스템, 전문가 시스템, 자연 언어의 이해, 음성 번역, 로봇 공학, 인공 시각, 문제 해결, 학습과 지식 획득, 인지 과학 따위에 응용한다"라고 인공지능을 정의한다. 인공지능을 법률적 관점에서 정의하려는 노력도 진행 중이다. 대표적으로 유럽연합 인공지능법은 "다양한 수준의 자율성을 갖도록 설계된 기계 기반 시스템으로서 인간이 정한 명시적 혹은 암묵적 목적을 수행하기 위해 입력 데이터를 처리하여 예측, 콘텐츠, 추천 또는 결정을 생성하고 물리적 혹은 가상 환경에 영향을 미치는 출력물을 만들어내는 시스템"이라고 인공지능을 규정한다.

인공지능과 로봇은 혼용되어 사용될 때도 있으나 인공지능은 주로 소프트웨어 중심의 기술을 뜻하는 반면에 로봇은 물리적 하드웨어를 중심으로 한다는 점에서 차이가 있다. 즉, 인공지능은 비정형적이고 추상적 개념에 가깝지만 로봇은 물리적 실체를 가진 구체적인 존재라는 점에서 구별된다. 인공지능의 기능적 수준에 따라 약한 인공지능(weak AI)과 강한 인공지능(strong AI)으로 구분되기도 한다. 약한 인공지능은 특정 영역의 문제해결에 특화된 기술로서 인간의 사고 과정을 모방하되 자율적 사고 능력은 없다. 구글 검색, 음성 비서, 이미지 인식, 알파고 등이 이에 해당한다. 강한 인공지능은 인간과 유사한 사고 체계와 학습 능력을 갖고 있어서 모든 영역에서 스스로 판단하고 문제를 해결할 수 있는 수준을 의미하는데, 아직까지 강한 인공지능은 현실화되지 않은 단계이다.

작동방식을 기준으로 규칙기반 인공지능과 학습기반 인공지능으로 나눌 수도 있다. 규칙기반 인공지능은 인간이 미리 설정한 규칙이나 논리를 따라 결론을 도출하는 방식으로서 전문가 시스템이나 초기 챗봇이 이에 해당한다. 학습기반 인공지능은 방대한 양의 데이터를 스스로 학습하여 패턴을 인식하고 결론을 내리는 머신러닝(machine learning)과 딥러닝(deep learning) 기술을 기반으로 한다. 최근 급격하게 발전하고 있는 생성형 인공지능(generative AI)은 학습기반 인공지능의 발전된 형태이다. 이처럼 인공지능은 초기의 규칙기반 단계에서 점차 자율적으로 학습하고 사고하는 방식으로 발전하고 있으며, 인공지능의 개념과 범주도 기술 발달 및 사회 변화와 함께 지속적으로 재정의되고 있다.

3 인공지능과 법률적 이슈

1) 유럽연합 인공지능법

인공지능 기술이 발달하면서 새로운 법률적 문제들이 계속 발생하고 있다. 앞서 다른 장에서 살펴보았듯이 인공지능 기술을 활용하여 생성된 콘텐츠에 대한 저작권 귀속, 인공지능으로 생성된 허위정보의 확산, 인공지능 기술로 인한 인간의 일자리 대체 등 다양한 문제들이 발생하고 있다. 인공지능도 사람처럼 법인격을 부여받을 수 있는가도 논의되고 있다(박아란, 2021). 단체에게 법인격을 부여했듯이 사회적 효용성과 필요성이 있다면 인공지능에게도 법인격을 부여하여 권리관계를 명확하게 하자는 견해도 있는 반면, 인공지능은 권리능력의 시기(始期)와 종기(終期)가 불명확하고 피조물인 인공지능을 인간과 동격으로 취급하는 것은 윤리적으로 인정하기 어렵다는 견해도 맞서고 있다. 이처럼 인공지능 기술 발전 때문에 예기치 못한 문제들이 발생함에 따라 인공지능을 법으로 규율하기 위한 노력이 세계 각국에서 진행되고 있다.

유럽연합은 인공지능 규제 부분에서 선도적으로 국제적 표준을 제시하고 있다. 2024년 유럽연합 집행위원회(European Commission)는 인공지능법(Artificial Intelligence Act)을 제정하여 인공지능에 적용될 수 있는 일관성 있는 법체계를 구축하였다. 유럽연합 인공지능법은 위험기반 접근법(risk-based approach)을 사용하고 있는데, 인공지능의 위험 수준에 따라 ① 허용될 수 없는 위험, ② 고위험, ③ 제한된 위험, ④ 최소한의 위험으로 구분하여 차등적 규제를 시도하고 있다. 또한 범용 인공지능 모델에는 투명성 의무 및 불법적 내용 생성 금지, 학습용 데이터 요약 공개 등의 의무도 부과된다.

인공지능법이 금지하는 '허용될 수 없는 위험'에는 ① 인간의 잠재의식을 조작하거나 취약성을 이용하는 시스템, ② 특정 집단이나 개인을 부당하게 차별하거나 불리하게 대우하는 시스템, ③ 사회적 점수화를 통해 개인을 평가통제하는 시스템, ④ 공공장소에서 실시간 원격 생체인식을 수행하는 시스템 등이 포함된다.

'고위험' 인공지능 시스템은 인공지능법이 집중적으로 규제하고자 하는 대상이다. 이는 생체인식 또는 안면인식 기반 접근제어 시스템, 교통 · 에너지 · 수도 등 공공 인프라의 안전 · 운영을 제어하는 시스템, 교육과 직업훈련 시스템, 신용평가 · 대출심사 · 사회복지 등 필수공공서비스 시스템, 범죄예측 · 용의자분류 등 법집행 관련 시스템, 비자심사 · 거주허가 등 이민 · 국경 · 난민 관리 시스템, 재판지원 · 판결예측 · 선거관리 등 사법과 민주적 절차 관련 시스템 등 인간의 생명, 안전, 기본권에 중대한 영향을 미칠 가능성이 있는 인공지능 시스템을 포괄한다. 이러한 고위험 인공지능시스템은 사용자가 산출물을 충분히 이해하고 적절하게 대응할 수 있도록 투명하게 설계 · 운영되어야 한다. 따라서 사업자가 고위험 인공지능 시스템을 운용하기 위해서는 시스템의 성능과 한계, 기능 등을 명시해야 하며, 위험관리 시스템을 구축해야 하고, 데이터 품질관리, 기술문서 작성, 기록 유지, 품질관리체계 수립, 적합성 평가 등 다양한 절차적 의무를 이행해야 한다. 또한 인간의 감독이 가능하도록 설계되어야 하며, 시스템의 자동결정에 대해 인간이 개입하거나 작동을 중단할 수 있어야 한다.

유럽연합 인공지능법은 시스템의 투명성과 설명가능성을 중시하고 절차주의적 규제를 사용한다(양천수, 2024). 인간과 상호작용하는 인공지능 시스템은 이용자가 인공지능임을 명확히 인지할 수 있도록 고지되어야 한다. 특히 딥페이크 콘텐츠를 생성 · 편집하는 인공지능을 사용할 경우 해당 콘텐츠가 인공지능에 의해 생성되었음을 명확히 표시해야 한다. 이처럼 인공지능법은 인공지능 이용에 대한 한계를 설정함으로써 인간의 기본권과 안전을 보호하려 하지만, 기술 혁신을 저해할 수 있다는 우려도 따른다. 이러한 걱정 때문에 2025년 유럽의 40여 개 기업은 법 적용의 유예를 요청하는 공동설명을 발표하기도 했다. 하지만 유럽연합의 인공지능법은 전 세계 인공지능 규율의 방향을 결정짓는 국제적 기준으로 작동할 가능성이 높다. 유럽연합에 속하지 않은 국가의 기업이더라도 유럽연합 내에서 인공지능 결과물이 활용될 경우에는 당해 법의 적용을 받도록 규정하고 있기 때문이다.

한국에서도 2025년 '인공지능 발전과 신뢰 기반 조성 등에 관한 기본법'이 공포되었으나 하위법령 제정 등을 통해 보완방안이 논의되고 있다. 인공지능 발전을 저해하지 않으면서도 이를 적절하게 규제한다는 것은 현실적으로 매우 어려운 일이지만 인공지능의 발전속도를 고려했을 때 이를 규제하기 위한 노력을 포기할 수는 없을 것이다.

2) 인공지능과 인격권 침해

인공지능이 생성한 콘텐츠에는 오류나 허위사실이 포함되어 있는 경우가 있다. 자칫 부주의하게 인공지능이 생성한 내용을 그대로 활용할 경우 심각한 법률적 문제에 휘말릴 수도 있다. 하지만 인간이 이러한 오류를 파악하기는 쉽지 않은데, 이는 인공지능이 보기에는 그럴듯해 보이지만 사실과 다르거나 맥락과 무관한 결과물을 생성해내는 환각(hallucination) 현상과 관련 있다.

인공지능이 명예훼손적 내용을 생성했고 이를 그대로 사용했을 때 명예훼손의 책임은 누가 부담하게 될 것인가? 여러 나라에서 이러한 문제가 발생하고 있지만 아직까지 명확한 해답은 없다. 2023년 챗GPT는 '미국의 어느 로스쿨 교수가 성범죄를 저질렀다'고 매우 구체적인 허위 답변을 생성하였고 답변에 대한 근거로 워싱턴포스트가 2018년 발행했다는 허위 기사까지 제시하여 논란이 되었다. 이는 생성형 인공지능에 의한 명예훼손의 위험을 현실화시킨 사례로서 전 세계에 알려졌다.

2023년 미국의 라디오 진행자 마크 월터스(Mark Walters)는 인공지능 운영업체인 오픈AI(OpenAI)를 상대로 명예훼손 소송을 제기했다. 어느 기자가 챗GPT에게 연방법원 판결문을 요약해달라고 지시했더니 '월터스가 5백만 달러 이상을 횡령하여 고소당했다'는 허위내용을 포함시켰기 때문이다. 하지만 월터스는 소송에서 패했다. 2025년 5월 조지아주 그위넷카운티 고등법원(Superior Court of Gwinnett County, Georgia)은 알고리즘 오류에 대한 오픈AI의 과실이 입증되지 않았으며, 챗GPT의 생성물로 인해 월터스가 실제 손해(actual damages)를 입었음도 입증되지 않았다고 보았기 때문이다.

그럼에도 불구하고 생성형 인공지능의 명예훼손 사례들은 지속적으로 발생하고 있다. 2025년 4월에는 미국의 정치활동가 로비 스타벅(Robby Starbuck)은 자신이 2021년 1월 미국 의사당 난입에 참여했다는 허위 주장을 메타의 인공지능 챗봇이 생성했다며 메타를 상대로 명예훼손 소송을 제기했다. 이후 스타벅은 메타의 AI 제품정책팀의 고문(advisor)을 맡기로 하고 메타와의 소송을 합의로 마무리하였다. 이후 2025년 10월 스타벅은 구글을 상대로 유사한 소송을 제기했다. 구글의 인공지능이 자신을 백인우월주의 및 아동학대와 연관짓는 허위정보를 생성했다면서 1,500만 달러의 손해배상청구소송을 제기하였다.

생성형 인공지능의 결과물이 허위사실을 포함하고 있을 경우 명예훼손 논란은 지속될 것이다. 하지만 현재로서는 생성된 허위내용이 공표되지 않았거나, 실제 손해를 발생시키지 않았거나, 알고리즘의 명백한 오류를 입증하지 못한다면 인공지능 플랫폼 기업에게 책임을 묻기는 어려운 상황으로 보인다. 그러나 생성형 인공지능이 만들어낸 허위 내용을 기자가 팩트체크 하지 않고 그대로 기사로 작성하거나, 기업이 허위내용을 보고서를 만들어서 배포하거나, 온라인 크리에이터가 허위내용을 문서나 영상으로 만들어 유포할 경우에는 자신의 이름으로 콘텐츠를 만든 사람이 명예훼손 책임을 부담하게 될 것이다. 따라서 생성형 인공지능 결과물을 그대로 갖다쓰기보다는 그 내용을 의심하고, 확인하고, 검증하는 습관을 들여야 한다.

인공지능이 개인의 프라이버시를 침해할 위험성도 높아지고 있다. 인공지능은 방대한 데이터를 수집, 분석, 학습함으로써 작동하는데 이 과정에서 개인의 신상정보, 행동패턴, 위치정보, 생체정보 등 민감한 개인정보가 무분별하게 수집되고 학습될 가능성이 있기 때문이다. 생성형 인공지능의 사용이 보편화되면서 이용자들이 내밀한 이야기나 은밀한 정보, 이미지, 음성 등을 인공지능 플랫폼에 제공하면서 개인정보가 유출될 위험도 따른다. 특히 비식별화된 데이터의 재식별화로 인한 프라이버시 침해 위험이 높아지고 있다. 인공지능이 서로 다른 데이터셋을 결합 · 분석하는 과정에서 익명화된 데이터가 다시 식별가능한 정보로 바뀔 수 있기 때문이다. 생성형 인공지능으로 타인의 이미지와 유사한 모습을 만들거나 비슷한 목소리를 만들어낼 경우 초상권, 음성권 침해 책임으로부터도 자유롭기 어렵다.

개인정보의 수집, 이용, 제공 등에 대해서는 현재 개인정보보호법이 규율하고 있으나 이 법은 생성형 인공지능의 특성을 충분히 반영하지 못한다는 지적이 있다(박광배 · 이일신, 2024). 생성형 인공지능은 대규모 데이터 학습이 필연적이기에 최소한의 개인정보만을 수집해야 한다는 데이터 최소화 원칙과 충돌하는 측면이 있으며, 불필요한 개인정보 수집인지 여부를 사전적으로 파악하기 어렵다는 한계도 있다. 학습 데이터 수집과정에서 모든 정보주체로부터 개별적 동의를 받는 것도 현실적으로 불가능하다. 개인정보보호법은 개인정보처리자가 처리과정에서의 다양한 상황과 결과를 통제하고 설명할 것을 전제하여 제반 사항을 규정하고 있으나, 수많은 개인정보처리자가 생성형 인공지능의 복잡한 알고리즘과 의사결정과정을 명확히 이해하고 이를 기반으로 수집, 출처표기, 열람, 설명, 파기, 안전성 확보 등의 제반의무를 수행할 것으로 기대하기도 어렵다. 향후 개인정보와 프라이버시 관련하여 많은 제도 보완이 필요한 부분이다.

3) 딥페이크와 범죄

딥페이크(Deepfake)란 딥러닝(Deep Learning)과 페이크(Fake)의 합성어로서 인공지능의 심층학습 기술을 이용하여 기존 영상이나 음성, 이미지에 다른 사람의 얼굴, 목소리, 신체 등을 정교하게 합성하거나 조작하여 실제 존재하지 않는 콘텐츠를 만들어내는 기술을 뜻한다. 딥페이크는 고인이 된 가수나 배우의 목소리와 영상을 활용하여 새로운 문화콘텐츠를 만들어내는데 활용되기도 하고, 재난이 발생한 도시 모습을 시뮬레이션하여 시민들에게 재난에 대한 공감과 간접체험을 하게 하는 등의 순기능을 갖는 방식으로 활용되기도 한다(주현경, 2024). 2024년 개봉된 영화 '원더랜드'에서도 이러한 사례가 등장하는데, 사망 후 인공지능을 통해 재현된 어머니가 남겨진 가족들과 소통하면서 발생하는 여러 문제를 보여준다. 이 영화는 인공지능이 어디까지 인간의 감정과 기억을 복원할 수 있는지, 사망한 자의 권리나 망자를 복원하는 기술에 대한 윤리는 무엇인지 등에 대해 질문도 남긴다.

이처럼 딥페이크는 순기능도 있지만 역기능도 커지고 있다. 딥페이크 성범죄도 증가하고 있는데, 수익을 얻기 위한 범죄뿐만 아니라 헤어진 연인의 모습을 딥페이크 기술을 이용하여 음란물을 만들어 유포하는 사적 보복 방식의 범죄형태로도 발생하고 있다. 방송통신심의위원회 자료에 따르면, 2025년 1분기 딥페이크 성범죄 영상물 시정요구 건수는 9,443건으로서 전년도 같은 기간(3,541건)에 비해 166.87%나 급증했다고 한다. 특히 2023년에 비해 딥페이크 성범죄에 대한 시정요구 건수가 10배 가까이 증가했으며, 이는 생성형 인공지능 기술의 부작용이 본격화되고 있음을 보여준다.

딥페이크 성범죄는 현행법상 처벌대상이다. 성폭력범죄의 처벌 등에 관한 특례법(이하 성폭력처벌법) 제14조의2는 허위영상물 등을 편집, 합성, 가공하는 행위(제1항)뿐만 아니라, 그 결과물을 반포, 판매, 임대, 제공, 전시, 상영하거나 정보통신망을 통해 유포하는 행위(제2항)도 금지한다. 편집 당시 피해자의 의사에 반하지 않았더라도, 이후에 그 의사에 반하여 반포/유포하는 경우에도 처벌된다(제6항). 이러한 허위영상물의 제작/반포행위는 5년 이하의 징역 또는 5천만 원 이하의 벌금에 처해지며, 영리 목적일 경우 7년 이하 징역, 상습적인 경우 가중처벌된다(제3~5항). 따라서 친구나 연예인의 얼굴을 합성하여 성적인 허위영상물을 제작할 경우 형사처벌 대상에 해당한다.

딥페이크 기술을 이용한 합성물이 타인의 명예를 훼손하거나 타인을 모욕하는 내용을 담고 있다면 합성물의 형태에 따라 형법상 명예훼손죄나 모욕죄 또는 정보통신망법상 명예훼손죄, 불법정보 유통금지 위반 등으로 처벌될 수 있다.

딥페이크 기술을 악용한 사기범죄도 기승을 부리고 있다. 딥페이크로 가족의 모습을 합성한 가짜 영상을 전송한 뒤 가족을 납치했다고 협박하여 금전을 요구하는 사례가 전 세계적으로 늘어나고 있다. 2025년 5월, 한 중국인 부모에게 제주도로 놀러간 딸이 살려달라고 울부짖는 20초짜리 영상이 도착했다. 딥페이크와 딥보이스 기술을 이용한 범죄조직은 딸을 납치했다고 주장하며 8억 원을 요구했다. 이 부모는 제주에 있는 중국영사관에 연락했고, 신고를 받은 제주경찰청이 관광 중인 딸을 찾아내어 안전하게 귀가시킨 사례도 있었다. 딥페이크 사기범죄는 현행법으로 처벌대상임에도 그 심각성을 고려하여 처벌강화를 위한 법개정안이 국회에서 논의되고 있다. 이용자들도 스스로를 보호하기 위해 딥페이크 범죄에 대한 경각심을 가져야 하며 허위콘텐츠를 식별할 수 있는 미디어 리터러시 능력을 제고해야 할 것이다. 국가 차원에서도 국제 공조, 데이터 공유 및 탐지 알고리즘 개발을 위한 노력 등 안전한 디지털 환경 조성을 위한 제도를 정비해야 한다.

4 인공지능과 윤리

1) 인공지능 윤리의 중요성

미디어 기술을 법으로 규제하기 위해서는 항상 시차가 생겨날 수밖에 없다. 법조항을 만들고 제도적 틀을 준비하는 사이에 상당한 시간이 걸리기 마련이고 그 사이 기술은 급속도로 발전하기 때문에 법은 언제나 기술보다 한발짝 늦을 수밖에 없다. 법이 제정되었을 무렵에는 기술이 이미 예상을 뛰어넘는 속도로 진화하여 법의 테두리를 벗어나는 경우도 빈번하다. 실제로 유럽연합에서 인공지능법안을 준비하는 동안 챗GPT를 비롯한 생성형 인공지능이 급속도로 발전하면서 수차례 법안 수정을 거쳐야만 했다. 따라서 미디어 기술에 대한 법률적 규제의 시차에 대응하기 위해서는 윤리적 장치를 마련하여 이를 보완하려는 노력이 필수적이다. 법보다 윤리는 더 빠르고 유연하게 작동함으로써, 기술 발전을 저해하지 않으면서도 사회적 변화를 예측하고 이에 적응할 수 있기 때문이다(변순용 · 이영희, 2020).

그러나 인공지능을 위한 윤리적 기준을 수립하는 것은 쉽지 않다. 인공지능을 위한 판단의 기준을 제공하기 위해서는 인간의 윤리적 기준을 수립해야 하는데 복잡하고 다양한 변수로 인해 인간 또한 판단을 내리는 것이 어렵기 때문이다. 윤리 문제의 대표적 사례로 '트롤리 딜레마(trolley dilemma)'가 있다. '트롤리 딜레마'란 한 사람의 희생으로 여러 사람의 생명을 구할 수 있다면 어떤 선택이 도덕적으로 옳은 것인지를 묻는 고전적 윤리 사고실험이다. 이 딜레마에서는 한 대의 트롤리(전차)가 선로 위의 다섯 명을 향해 돌진하고 있는 상황을 가정한다. 당신은 트롤리의 진행 방향을 바꿀 수 있는 레버 옆에 서 있다. 하지만 다른 선로에는 한 사람이 서 있는 상황이다. 그렇다면 당신은 어떠한 선택을 할 것인가. 레버를 당겨서 트롤리의 방향을 바꾸어 한 명을 사망하게 할 것인가, 아니면 그대로 두어서 다섯 명을 사망하게 할 것인가. 만약 다른 선로에 서 있는 한 사람이 당신의 가족이나 친구라면 어떻게 할 것인가. 이처럼 다양한 갈등적 상황을 제시하며 트롤리 딜레마는 무엇이 윤리적 결정인지 고민하게 만든다. 또한 '행동에 의한 희생'과 '무위에 의한 결과' 중에서 무엇이 더 도덕적인가, 타인의 생명 가치는 어떻게 판단할 수 있는가 등 많은 고민을 하게 만드는 대표적 윤리 문제이다.

자율주행자동차 설계에서도 트롤리 딜레마와 유사한 '터널 딜레마'가 거론된다. 터널 딜레마는 다음과 같은 상황을 가정한다: 당신은 자율주행차에 탑승하여 산길을 주행하던 중 터널 진입 직전에 갑자기 도로에 뛰어든 어린이를 마주하게 된다. 자동차는 두 가지 선택을 할 수 있다: ① 그대로 주행하여 어린이를 치이게 하는 것과 ② 핸들을 돌려 벽면으로 돌진하여 탑승자가 사망하는 것. 이때 자율주행차는 어떤 결정을 내려야할 것인가? 결국 이 질문은 딜레마 상황에서 자율주행자동차가 어떤 선택을 하도록 설계되어야 하는지, 선택의 결정권은 누구에게 있어야 하는지의 두 가지 문제로 요약된다.

이에 대한 해답을 찾기 위해 매사추세츠공과대학교(Massachusetts Institute of Technology: MIT) 미디어랩은 2016년 '도덕 기계(Moral Machine)' 프로젝트를 실시했다. 전 세계 233 개국에서 4천만 명의 온라인 이용자들이 참여한 이 실험에서는 트롤리 딜레마를 다양하게 변형하여 보행자와 탑승자 수, 동물 탑승여부 등 다양한 변수가 적용된 상황을 제공하고 어떤 선택을 할 것인지 물었다. 조사 결과, 대부분의 참가자는 더 많은 보행자와 어린이를 구해야 한다고 선택했지만 연령과 국가, 문화적 배경에 따라 그 결과는 나뉘었으며, 결국 인류가 합의하는 절대적 최선의 선택이라는 것은 존재하지 않음을 보여주었다. 이러한 차이는 윤리적 판단이 사회적, 문화적 맥락에 뿌리내리고 있기에 인공지능의 윤리적 알고리즘도 단일한 기준으로 구성되기는 어렵다는 것을 보여준다.

결국 인공지능 규제에는 법과 윤리가 함께 작동되어야 한다. 법은 명확하고 예측가능한 규제의 틀을 마련해야 하며, 윤리는 법적 규제의 시차를 메우고 사회적, 문화적 맥락을 반영하는 방식으로 인공지능의 발전방향을 제시할 수 있기 때문이다. 법과 윤리는 둘 다 인공지능의 발전과 인류의 미래를 결정할 중요한 수단인 것이다.

로봇에 관한 것이지만 윤리적 원칙으로 가장 유명한 것은 1942년 소설가 아이작 아시모프(Isaac Asimov)가 단편소설에서 발표한 로봇 3원칙이 있다. 아시모프의 로봇 3원칙은 로봇을 객체가 아닌 주체로 삼아 의무를 부과한 최초의 시도였다. 그러나 이 원칙에 따르면 로봇은 인간을 다치게 해서는 아니 된다는 의무를 지니게 되는데, 이로 인해 누군가를 공격하는 자에 대해서는 어떻게 대응해야 하는지, 또한 두 명의 인간이 상충하는 명령을 내릴 경우 누구의 명령을 우선해야 하는지 등 현실에 적용하기에는 불분명한 부분이 많다.

이후 로봇과 인공지능의 윤리적 갈등상황을 다루기 위한 다양한 원칙들이 발표되었으나 아직 확실한 결론에는 도달하지 못하고 있다. 설령 윤리원칙이 마련되더라도 추상적인 원칙을 통해 구체적인 상황에서 인공지능이 판단을 내리도록 하려면 이를 매개할 수 있는 중간수준의 원칙도 필요하며, 원칙과 행위가 연결될 수 있도록 응용과 상세화, 원칙 간의 조정 작업이 필요하다는 견해도 있다(변순용, 2018). 따라서 인공지능 윤리원칙이 모든 문제를 해결할 수는 없으며, 인공지능이 항상 합리적이거나 윤리적일 것을 기대할 수도 없다. 사회 여러 영역에서 세분화된 원칙과 가이드라인 개발이 필요하고, 언론 또한 예외가 아니다. 이하에서는 언론 부문에서의 인공지능 윤리 가이드라인을 살펴본다.

2) 언론과 인공지능 윤리 가이드라인

인공지능은 언론 현장에서도 이미 활발하게 사용되고 있다. 기자들은 인공지능을 활용하여 기사 작성을 위한 아이디어를 얻고 있으며, 취재를 위한 자료를 수집하고, 음성-텍스트 변환 도구를 활용하여 기사를 작성하고 있다. 영상뉴스에서는 인공지능 앵커와 아나운서, 기자들이 다양하게 등장하고 있다. 하지만 인공지능 언론인을 접하는 이용자들은 불편한 느낌을 가질 수 있는데 이를 '불쾌한 골짜기(uncanny valley)' 효과라고 한다. '불쾌한 골짜기'는 모리(Mori, 1970)가 고안한 개념으로서 로봇이 사람과 흡사해질수록 인간이 로봇에 대해 느끼는 호감도는 증가하지만 어느 정도에 도달하게 되면 섬뜩함과 혐오감을 느끼게 된다는 것이다. 인공지능 앵커를 활용한 실험에서는 인공지능 앵커가 진행하는 뉴스를 들을 때 피험자들이 섬뜩하게 느낀다고 답했는데, 주로 입모양과 목소리의 불일치, 단조로운 목소리, 같은 동작의 반복 등 비정상적 특징을 그 이유로 지적했다(Wu et al., 2024).

생성형 인공지능 도구가 전 세계적으로 보편화된 시점인 2023년을 기점으로 해외에서는 많은 언론사와 언론 관련 단체들이 저널리즘 영역에서의 윤리적 인공지능 활용을 위한 다양한 가이드라인을 발표했다. 해외 언론의 인공지능 가이드라인은 명칭과 내용에서 차이가 있으나 대체로 ① 민주주의와 저널리즘 원칙 보호, ② 생성형 인공지능 활용범위 제시, ③ 인간의 감독과 사실 확인, ④ 투명성과 라벨링 표시 의무, ⑤ 타인의 창작물 보호, ⑥ 공정성과 비편향성, ⑦ 데이터와 영업비밀 보호 등을 주요내용으로 삼고 있다(박아란, 2024).

국내에서도 언론의 윤리적 인공지능 활용을 위한 가이드라인이 발표되고 있다. 국내에서는 2023년 12월 인터넷신문윤리위원회가 <인터넷 신문의 인공지능 활용을 위한 기본원칙>을 마련하여 864개 회원 언론사에 윤리적 기준을 제공하였다. 이 가이드라인은 ① 인간 중심, ② 정확성, ③ 투명성, ④ 공정성, ⑤ 권익보호의 5가지 기본원칙을 담고 있으며, 3대 규범으로서 ① 기사의 전부 또는 상당부분을 인공지능으로 작성해서는 안 되지만 날씨, 스포츠, 재난, 금융 등 데이터 또는 사실만을 인공지능 프로그램을 이용하여 전달하는 경우는 예외로 허용되며, ② 인공지능 기술은 기사 작성과 배포를 위한 보조수단으로서 활용될 수 있으나 이 경우 눈에 띄도록 활용 사실을 명확하게 표시하고 기사책임자 성명 명시를 요구했으며, ③ 이미지나 동영상의 경우 인간이 촬영하거나 제작한 것을 우선적으로 사용하고, 보완적으로 사용할 때는 투명성과 표시의무를 준수할 것을 규정했다. 구체적인 10개의 가이드라인은 세부적 설명에 관한 것인데, 특히 인공지능 활용이 가능한 부분으로서 기사 오탈자 체크, 기사 작성 아이디어 얻기, 데이터 분석 도구, 대량 정보 정리, 요약 텍스트 생성 등을 예로 들고 있다.

국내 언론사 중에서는 한국일보가 2024년 4월 '생성형 AI 활용 준칙'을 발표했다. 한국일보 준칙은 책무성(제1조), 인간의 감독(제2조), 허용 범위와 제한(제3조), 투명성(제4조), 다양성과 포용성(제5조), 개인정보 보호와 기밀 유지(제6조), 신뢰성 제고 책임(제7조), 기술 적응과 준칙개정(제8조)으로 구성되었다. 특히 제3조는 허용범위에 대해 아이디어 추출, 정보 검색 등 기획과 자료 조사, 문장이나 이미지 생성, 제목 추출, 요약, 번역 등 뉴스 제작, 기사 분류, 연관기사 검색, 오탈자 체크 등 뉴스 제작의 보조적 기능, 뉴스이용자 개인화 서비스 등의 언론 업무에 활용할 수 있으나, 인공지능 활용 사실은 제4조 투명성 원칙에 따라 공개해야 한다고 규정했다. 또한 "AI가 생성한 문장을 검토나 수정 없이 보도하지 않는다"고 제한하였으며, "현장 보도를 위한 사진 · 오디오 · 영상에 생성형 AI를 이용해 어떤 요소를 추가 · 삭제해서는 안 된다. 인포그래픽 목적 등 필요한 경우 생성형 AI로 현장을 재구성할 수 있으나 그것이 현실을 기록한 것으로 오인하게 보도해서는 안 된다"고 밝혔다. 즉, "실물과 실존 인물 촬영은 언론의 핵심적인 사실 보도 영역"이므로 인공지능 생성물로 실사를 대체해서는 안된다고 규정했다. 그 밖에도 중앙일보, 경향신문, 연합뉴스 등 여러 언론사가 인공지능 활용에 관한 규정을 제정했다.

언론사의 인공지능 활용 가이드라인은 저널리즘 영역을 넘어서 글과 이미지 등 콘텐츠를 생성하는 모든 영역에서 고려되어야 할 요소들을 제시하고 있다. 인공지능 시대에는 누구나 기술을 활용하여 손쉽게 콘텐츠를 만들 수 있지만 그 내용의 진위 여부 확인과 생성물로 인해 발생하는 문제점에 대한 책임은 결국 작성자 본인에게 있음을 유념해야 할 것이다.

5 마무리

핵심정리

- 인공지능은 규칙기반 단계에서 점차 자율적으로 학습하고 사고하는 방식으로 발전하고 있으며, 인공지능의 개념과 범주도 지속적으로 재정의되고 있다.
- 유럽연합 인공지능법은 위험기반 접근법(risk-based approach)을 사용하고 있는데, 인공지능의 위험수준에 따라 ① 허용될 수 없는 위험, ② 고위험, ③ 제한된 위험, ④ 최소한의 위험으로 구분하여 차등적 규제를 실시한다. 특히 고위험 인공지능시스템은 사용자가 산출물을 충분히 이해하고 적절하게 대응할 수 있도록 투명하게 설계·운영되어야 한다.
- 생성형 인공지능의 결과물이 허위사실을 포함하고 있을 경우 명예훼손의 가능성이 있으며, 현재로서는 인공지능 플랫폼 기업에게 책임을 묻기는 어려우며 그 결과물을 활용하여 콘텐츠를 만든 사람이 책임을 지게 될 가능성이 높다.
- 인공지능의 데이터 수집과 활용 과정에서 비식별화된 데이터의 재식별화로 인한 프라이버시 침해 위험이 높아지고 있다.
- 딥페이크는 순기능도 있지만 역기능도 커지고 있으며, 딥페이크 성범죄는 성폭력처벌법에 의해 처벌 가능하다.
- 인공지능 규제를 위해서는 법과 윤리가 함께 작동되어야 한다. 법은 명확하고 예측가능한 규제의 틀을 마련하며, 윤리는 법적 규제의 시차를 메우고 사회적, 문화적 맥락을 반영할 수 있기 때문이다.
- 언론의 인공지능 가이드라인은 민주주의와 저널리즘 원칙 보호, 생성형 인공지능 활용범위 제시, 인간의 감독과 사실 확인, 투명성과 라벨링 표시 의무, 타인의 창작물 보호, 공정성과 비편향성, 데이터와 영업비밀 보호 등을 주요내용으로 삼고 있다.

실전활용 체크리스트

- 생성형 인공지능을 활용하여 만든 콘텐츠에 오류나 허위내용이 없는지 확인하였는가?
- 생성형 인공지능으로 만든 콘텐츠에 타인의 명예를 훼손하는 내용이 담겨있지는 않은가?
- 인공지능을 활용하여 만든 콘텐츠가 타인의 저작권 또는 초상권, 음성권과 같은 인격권을 침해할 가능성은 없는가?
- 딥페이크로 제작한 합성물이 성범죄에 이용될 가능성은 없는가?
- 자신의 분야에서 윤리적 인공지능 활용을 위한 가이드라인은 어떤 것이 있는지 확인하고 그 내용을 숙지하였는가?
- 인공지능을 활용하여 기사를 작성할 경우 인공지능은 보조수단으로만 활용해야 하며, 인공지능으로 생성한 기사 이미지나 콘텐츠에는 인공지능 생성 표시를 하고 책임자를 명시했는가?

6 참고 문헌

박광배 · 이일신 (2024). 생성형 AI의 개인정보 이슈와 과제. 「생성형 AI와 법」. 박영사.

박아란 (2024). 인공지능 시대의 저널리즘 원칙. 「미디어와 인격권」 제10권 제2호. 1-50.

박아란 (2021). 「인공지능 법 · 윤리 · 저널리즘의 이해」. 커뮤니케이션북스.

변순용 · 이영희 (2020). 「인공지능 윤리하다」. 어문학사.

변순용 (2018). 인공지능 로봇을 위한 윤리 가이드라인 연구: 인공지능 로봇 윤리의 4원칙을 중심으로. 「윤리교육연구」 47집. 233-252.

양천수 (2024). AI 규제법과 AI 규제의 방향. 「생성형 AI와 법」. 박영사.

주현경 (2024). 생성형 인공지능 이용범죄의 쟁점과 규제방안 - 딥페이크 범죄를 중심으로. 「생성형 AI와 법」. 박영사.

Mori, M. (1970). The uncanny valley. Energy 7(4). 33-35.

Wu, H., Chen, Z., Huang, Y., & Tu, H. (2024). Research on the uncanny valley effect in artificial intelligence news anchors. Multimedia Tools and Applications, 83, 62581-62606

저자 약력

심석태

- 법무법인(유) 세종 고문
- 세명대학교 저널리즘대학원 특임교수
- 법학 박사(서강대학교), 미국 뉴욕주 변호사

김민정

- 한국외국어대학교 미디어커뮤니케이션학부 교수
- (전) 미국 콜로라도주립대학교 부교수
- 언론학 박사(미국 노스캐롤라이나대학교)

이혜온

- 법무법인(유) 지평 변호사
- (전) MBC 기자
- 법학 석사(연세대학교)/LL.M.(UCLA)

김현귀

- 국립한국해양대학교 해사법학부 부교수
- (전) 헌법재판소 헌법재판연구원 책임연구관
- 법학 박사(연세대학교)

김선량

- 서울시립대학교 법학연구소 전문연구원
- 한국외국어대학교 등 강사
- 법학 박사(성균관대학교)

양재규

- 언론중재위원회 조정본부장
- 변호사
- 언론학 박사(국민대학교)

상윤모

- 연세대학교 언론홍보영상학부 부교수
- (전) 성신여자대학교 미디어커뮤니케이션학과 부교수
- 언론학 박사(미국 텍사스오스틴대학교)

이영희

- 한양대학교 미디어커뮤니케이션학과 겸임교수
- 언론학 박사(한양대학교)

손형섭
- 경성대학교 법학과 교수
- (전) 헌법재판소 헌법연구원
- 법학 박사(도쿄대학)

표시영
- 강원대학교 미디어커뮤니케이션학과 조교수
- 인터넷신문윤리위원회 기사심의분과 심의위원
- 언론학 박사(이화여자대학교)

박아란
- 고려대학교 미디어대학 부교수
- (전) 한국언론진흥재단 책임연구위원
- 언론학 박사(미국 오레건대학교)

김가희
- 이화여자대학교 법학연구소 연구원
- 한국방송통신대학교 강사
- 법학 박사(이화여자대학교)

AI 시대의 미디어 법과 윤리

초판발행 2026년 2월 20일

지은이 심석태 · 김민정 · 이혜온 · 김현귀 · 김선량 · 양재규
상윤모 · 이영희 · 손형섭 · 표시영 · 박아란 · 김가희

펴낸이 안종만 · 안상준

편 집 전혜민
기획/마케팅 김한유
표지디자인 BEN STORY
제 작 고철민 · 김원표

펴낸곳 (주) 박영사
서울특별시 금천구 가산디지털2로 53, 210호(가산동, 한라시그마밸리)
등록 1959. 3. 11. 제300-1959-1호(倫)
전 화 02)733-6771
f a x 02)736-4818
e-mail pys@pybook.co.kr
homepage www.pybook.co.kr
ISBN 979-11-303-9941-6 93360

정 가 20,000원